이제 다시 시작이다

이제 다시 시작이다 나의 삶, 운동, 정치 그리고 사람들

1판1쇄 | 2011년 12월 5일

지은이 | 노옥희

펴낸이 | 박상훈
주간 | 정민용
편집장 | 안중철
책임편집 | 윤상훈
편집 | 이진실, 최미정
제작·영업 | 김재선, 박경춘

펴낸 곳 | 폴리테이아
등록 | 2002년 2월 19일 제300-2004-63호
주소 | 서울시 마포구 합정동 413-7번지 1층 (121-883)
전화 | 편집_02-739-9929 제작·영업_02-722-9960 팩스_02-733-9910
홈페이지 | www.humanitasbook.co.kr

인쇄 | 강원문화_031-904-1775
제본 | 일진제책_031-908-1407

값 13,000원
ⓒ 노옥희, 2011

ISBN 978-89-92792-27-1 03340

이 도서의 국립중앙도서관 출판시도서목록(CIP)은 e-CIP홈페이지(http://www.nl.go.kr/ecip)와
국가자료공동목록시스템(http://www.nl.go.kr/kolisnet)에서 이용하실 수 있습니다.
(CIP제어번호: CIP2011005023)

이제 다시

나의 삶, 운동, 정치 그리고 사람들

시작이다

노옥희 지음

이가서

차례

나는 왜 이 책을 쓰게 되었나

1.

그동안 참 바쁘게 살아왔다.

자연인 노옥희로 살아왔던 시절부터 공직 후보자 노옥희로 살아가고 있는 지금까지 참 거침없이 살았던 것 같다. 언제부터인가 살아온 날들을 정리할 필요가 있겠다는 생각이 들었지만, 책으로 낼 생각은 하지 못했다. 그러던 차에 주변의 권유로 용기를 내게 되었다.

책을 쓸 용기를 내게 된 이유는, 나와 우리가 살아온 시대의 삶을 함께 공유하고 싶어서였다. 그다지 빛나는 삶은 아니었을지라도 주어진 소명을 피하지 않고 살아온 우리의 삶을 긍정하고 싶었다.

일반적으로 정치가들의 책은 미래 비전과 정책을 주 내용으로 한다. 하지만 책을 쓰려고 보니 내가 가진 정치적 열정의 원천은 지금까지 우리가 함께했던 삶 그 자체가 아니었나 하는 생각이 들었다. 우리가 꿈꿨던 것, 열망했던 것, 분노했던 것을 되돌아보고 재확인하는 것 없이 내가 하고자 하는 정치를 말할 수 있을까?

이 책에서 나는, 우리가 함께한 과거를 돌아보며 다시금 힘찬 미래를 함께 도모해 가자는 소망을 말하고 싶다.

2.

뒤를 돌아보자니, 먼저 오늘의 나를 있게 한 부모님과 가족들 생각이 난다. 비록 선택이 아닌 운명이 맺어 준 관계였지만, 그 소중한 인연을 좀 더 따뜻하게 보듬고 가꾸어야 했는데, 사회 활동을 한다는 이유로 소홀히 했다. 어떤 변명으로도 그 점은 잘못이 아닐 수 없다.

학창 시절에 만났던 친구들과 선생님들 또한 내가 성장하는 데 많은 영향을 끼쳤다. 우정과 존경의 가치도 알게 해주었다. 점점 아련해져 가는 그때 그 시절의 여러 기억들을 되살리려다 보니, 알 수 없는 그리움이 북받친다.

사회문제에 눈을 뜨기 시작하면서 현대공고에서 만났던 순수하고 따뜻했던 수많은 제자들이 있다. 그 뒤 노동운동과 교육운동의 길목에서 뜻을 같이했던 수많은 동료들이 있다. 이들로 인해 그전까지 안온하게 살아온 나의 인생은 완전히 달라졌다. 그들은 모두 내 속에 잠재되어 있던 또 다른 나를 발견하게 해주었고 그것을 끄집어내어 열정의 삶을 살게 해주었다.

이 모든 이들 덕분에 행복했다. 물론 좋은 일만 있었던 것은 아님을 우리 모두 잘 알고 있다. 적지 않은 오해와 상처도 주고받았다는 것 역시 너무나 잘 안다. 아직도 그 생채기가 다 아물지 않았는지 모르겠다. 고맙고 미안하고 행복하고 아프다.

3.

그 뒤 정치 운동의 길에 들어섰는데, 그 이전의 삶의 무게를 다 합쳐도 모자랄 만큼 무거운 짐을 짊어지고 산 것 같다. 그 무게감은, '정치가 내 인생이 될 수 있을까' 하는 고민 때문이기도 했지만, 그보다는 '잘못된 정치로 인해 고통 받으며 살아가는 사람들을 책임지는 정치가가 될 수 있을까' 하는 걱정과 두려움에서 비롯된 문제이기도 했다.

그래서 더 힘들었다. 열심히 선한 의지만으로 성취할 수 있는 게 아니라는 생각이 들 때의 고통이란 정말 어떤 말로도 표현할 수가 없었다. 왜 이런 고통을 겪으면서 정치를 하려 하느냐고 나 자신에게 수없이 묻고 또 물었다. 앞으로 제대로 된 정치가로 성장하고 우뚝 서게 된다면, 그동안의 고통도 좋은 정치가가 되기 위한 과정으로 여기게 될지 모르겠다.

정치라는 영역은 누구나 참여할 수 있어야 하지만, 정치를 소명으로 삼는다는 것이 아무나 할 수 있는 일은 아니라는 생각을 하게 된다. 고민과 노력 속에서 단련된 좋은 정치가가 되어야 한다는 결의를 조용히 다시 다져 본다. 그런 정치가를 배출해 내는 좋은 정당만이 우리 사회의 희망이라고 생각하며 다시금 힘찬 발걸음을 내딛고자 한다.

제대로 된 진보 정치를 세우지 못한 것에 대해 그동안 많은 부분을 남 탓으로 돌리며 살아왔다. 이제는 우리 그리고 내가 잘못해서 빚어진 문제들이 더 많다는 것을, 가슴 아프지만 인정하는 일부터 시작하고 싶다. 사회가 문제라고 말하고 나는 다르다고 여기면서, 나 스스로 높은 울타리를 치고는 변하기를 두려워했던 것은 아닐까 하는 생각이 들기도 한다. 더는 실패하지 않기 위해, 뼈아픈 자기 고백에서 출발하고자 한다.

4.

흥미롭게도 책을 쓰면서 그간 내가 안고 있던 상처가 아물고 치유되는 느낌을 받았다. 아픈 상처이지만 드러냄으로써 다시는 되풀이하지 않기를 바라는 마음이 더 절실해졌다. 개인의 문제일 수도 있겠지만 대부분은 시대의 아픔이 아닐까 싶다.

지난 과거만이 아니라 우리가 살아가는 지금 이 순간, 이 길이 바로 역사라고 생각하니, 과거보다 더 나은 현재를 만드는 일의 중요성이 더 엄중하게 다가온다.

물론 이 책에서 모든 문제를 다 말하고 내 생각을 모두 드러내기는 어려웠다. 세월이 좀 더 흐르면 우리 모두 좀 더 편하고 자연스럽게 그때의 이야기를 할 수 있을까? 꼭 그렇지는 않을 것이다. 있었던 사실이라고 해서 모든 것이 다 표현되고 따져져야 한다는 강박관념에서 자유롭고 싶다.

과오 없는 삶, 후회 없는 삶, 상처 없는 삶이 어디 있으랴. 하나씩 하나씩 더 좋은 관계를 쌓아 가고 협력과 상호 이해의 경험을 더해 가면서 자연스럽게 잊히는 과거가 많아지는 삶이 더 좋은 것이 아닐까 싶다.

이른바 '운동'이라는 것을 하게 되면서 그 이전의 나의 삶을 부정한 적이 있다. 우리 사회를 따뜻한 공동체로 만들기 위해 운동의 길로 들어섰지만 그 길에 깊이 들어갈수록 그 이전의 나의 삶과 멀어져 가는 나를 발견하면서 놀란 적이 있다.

이제 내 삶을 다시 성찰하면서 가족과 친구, 동료, 선생님 그리고 이웃들과 함께할 수 있는 좋은 관계를 새롭게 만들어 가고 싶다. 나는 정말 좋은 정치가가 되고 싶다. 우리 주변과 우리 공동체를 살 만한 곳으로 바꾸는 데 힘을 보태고 싶다. 그것이 나와 우리가 살아 낸 삶의 진정성, 그 원초적 순수성을 지켜 내는 일이라 생각한다.

5.

먼 과거가 아님에도, 기록되어야 할 중요한 내용을 빠뜨리거나 잘못 기록한 것도 있을 것이다. 이에 대한 책임은 모두 내게 있다. 앞으로 다른 기회를 통해 보완하거나 수정하겠다는 약속을 미리 한다.

그동안 내가 살아온 길에 함께 있어 주고, 이 책을 위해 글을 써준 박진한, 안현호, 정익화, 박준석, 조용식, 정찬모, 명숙 님께 감사한다.

어디 이분들뿐이겠는가. 나이가 한 살씩 늘어 가면서 이론이나 개념보다 애정과 공감이 더 소중하게 느껴진다는 말로, 오늘의 나를 있게 한 모든 사람들에게 진정 고맙다는 말을 하고 싶다. 그들 모두 나의 일부였고 지금도 그러하며 앞으로도 그럴 것이다. 나 또한 그들의 일부로 영원히 남을 수 있었으면 좋겠다.

2011년 12월
울산 동구 더불어숲에서
노옥희

울산에서 시작된
나의 사회적 삶

울산과의 첫 만남, 현대공고 교사가 되다

1979년 3월 현대공고 수학 교사로 부임하면서 울산과의 인연은 시작되었다. 졸업 당시 입주 과외 아르바이트를 하고 있었는데, 그 집에서 마련해 준 두꺼운 앙고라 담요와 살림살이 몇 가지를 들고 울산의 동쪽 끝 방어진에 있는 남목 마을에 도착했다. 사범대학을 나온 것이 아니라 문리대로 진학해 교직과목을 이수해 교사가 되었고, 거창한 꿈이나 기대를 갖고 출발한 교사 생활도 아니었다. 다른 진로에 대해서도 생각해 보았지만 더 이상은 부모님께 의존하지 않고 스스로 자기 삶을 살아가야 한다는 단순한 생각에서 우선 교사로 취직한 것이었다.

친구들 대부분이 부산에서 자리를 잡았던 데 반해 내가 울산의 현대공고로 오게 된 가장 큰 이유는, 문리대 게시판에 붙은 현대학원의 교사 모집 광고에서 사택을 제공하고 월급도 더 많이 준다는 문구를 봤기 때문이었다. 고등학교와 대학까지 7년을 부산에서 생활했는데, 처음에는 오빠와 함께 자취했고, 오빠가 졸업하고 언니가 결혼하게 되면서는 결혼한 언니 집에 살았고, 대학에 가서는 언니 집에 살거나 입주 과외를 하며 지냈다. 그랬던 내게 사택을 제공받는다는 것은 더 빨리 독립할 수 있다는 것을 의미했다. 울산과의 첫 만남, 현대공고와의 첫 만남은 이렇게 단순한 이유로 시작되었다. 이 인연이 내 인생에 어떤 영향을 미치게 될지를 그때는 전혀 알지 못했다.

처음 본 울산은, 정확히 말하면 울산이라기보다는 울산에서도 한참 떨어진 방어진, 그것도 학교가 있는 남목은 시큼으로시는 상상하기 어려운 모습이었다. 울산 시내에서도 버스로 한참을 달려 남목고개를 넘어야 했는데, 울산이라기보다는 어느 시골로 가는 느낌이었다.

　지금은 20평 정도 크기의 15층짜리 아파트 단지로 덮여 있지만, 당시에는 현대건설이 헐값에 땅을 사서 그 위에 건축한 10평 내지 15평 정도의 3층짜리 허름한 복도식 사원 주택이 전부였고, 나머지는 옛날식 가옥과 논밭이 대부분인 그런 모습이었다.

　당시 결혼한 현장 노동자들은 마루도 없는 방 두 칸의 3층짜리 작은 아파트에 거주하고 있었다. 대표적인 아파트가 남목의 돌안아파트라는 곳이었고, 남목 이외의 여러 곳에 이런 형태의 아파트들이 흩어져 있었다. 아파트 복도에는 집집마다 연탄이 줄지어 늘어서 있고, 안으로 들어가면 어두컴컴한 부엌을 사이에 두고 방 두 개가 있는 그런 아파트였다. 미혼인 노동자들은 닭장집이라 불리는, 겨울에 더운물도 나오지 않는 독신자 숙소에 거주하고 있었다. 일요일이면 아파트와 아파트 사이에 빨랫줄을 연결해 널어놓은 빨래가 온 아파트를 뒤덮었는데, 그 장면은 지금도 기억에 남는다. 키보다 훨씬 높은 곳에 어떻게 빨래를 널었는지 참 궁금하고 신기했는데, 알고 보니 도르래를 이용해 빨랫줄을 당기고 풀었던 것에 비밀이 있었다.

　교사들에게는 빨간 벽돌로 외양을 치장한, 노동자들의 아파트와는 다소 구별되는 5층짜리 아파트가 제공되었다. 기혼자는 한 채를, 미혼자는 두 사람당 한 채를 쓰도록 했다. 나는 함께 발령받은 미술 선생님과 한집에 기거했다. 겉으로 보기엔 그럴싸한 아파트였으나 연탄아궁이를 써야 했고, 문틀의 아귀가 맞지 않아 거센 바람이 마구 들어오는 등 허술하기 짝이 없었다.

그래도 공짜로 제공하는 아파트라 별 불만은 없었다. 아파트는 학교까지 걸어서 20분가량 걸리는 산등성이에 있었는데, 비가 내리는 날이면 우산이 소용없을 정도로 비바람이 거세게 불었다. 결국 우산은 다 부러지고 옷도 흠뻑 젖은 채로 출근하곤 했다. 이곳에는 교사들과 현대그룹 계열사에 다니는 사원들이 함께 살았는데, 몇 년 후에는 교사들만 사는 학교 옆 교사 아파트로 옮기게 되었다.

학생·교사들과 일상을 나누다

학생들은 대부분 객지에서 왔다. 현대그룹에서 설립한 현대공고를 졸업하면 현대그룹에 취직이 잘된다는 이유로 어린 학생들이 방을 얻어 자취 생활을 하며 학교에 다녔다. 내가 울산에 왔을 때 울산에는 설립된 지 40년이 넘는 울산공고와 개교 2년째인 현대공고가 현장 노동자들의 다수를 배출하고 있었다. 이 두 학교는 지금도 현장 및 각종 선거에서 동문의 힘을 발휘할 만큼, 당시로서는 울산의 대표적인 실업계 고등학교였다. 지금은 대부분 가정 형편이 어려워서라기보다는 성적이 뒤처져 실업계 고등학교에 진학하지만, 그때만 해도 가정 형편 때문에 진학하는 학생들이 많았고 이들은 나름대로 열심히 공부하고자 했다. 학생들도 낯선 곳에 온 셈이고, 교사들 또한 객지인데다 처음 부임한 사람들이 많아 교사와 학생 사이에는 친근감이 넘쳤다. 간혹 학교 갈 시기를 놓쳐 늦은 나이에 입학한 학생도 있었고 소년원을 기쳐서 온 학생도 있었지만, 그래도 잘 지냈다.

졸업 후에는 거의 대부분 공장에 취직했는데, 취직을 위해 자격증을 따는 것이 학교생활에서 가장 중요한 일이었다. 자격증은 과별로 전공을 정해 준비했는데, (학생들을 위한다는 명분이었지만) 실습 교사들에 의한 기합과 구타가 일상화되어 있어 안타까운 마음으로 바라봐야 했다. 실업계 학교라 전문 교과 중심으로 모든 일정이 이루어져 나처럼 수학을 가르치면서 담임도 안 맡고 있는 교사들은 아웃사이더처럼 지낼 수밖에 없었다.

교사들은 크게 두 부류였다. 인문계 학교에서 오랫동안 근무하다 지쳐서 좀 쉬려고 실업계 학교에 온 나이든 교사들과, 나처럼 사택과 더 나은 처우가 제공된다는 이유로 온 젊은 교사들이었다. 젊은 교사들은 대부분 가족과 떨어져 객지 생활을 하던 터라 학교를 마치고 나면 삼삼오오 몰려다니면서 밥도 같이 먹고, 현대중공업 정문 앞 현대백화점 3층에 있던 '아리아'라는 음악다방에 모여 학생들 얘기와 동료 교사들 얘기로 하루를 마감하곤 했다. 매일 비슷한 얘기들이었지만 지치지도 않고 재미있게 놀았다. 처녀 총각 선생님들은 객지 생활을 하는 외로운 처지라 서로 쉽게 가까워졌고 동료 교사들끼리 결혼한 커플도 여럿이었다.

이렇게 평범한 일상을 보내던 중 10·26이 터졌다. 대통령이 누군지 알만한 나이부터 언제나 대통령은 박정희였기 때문에 그의 죽음은 충격이었다. 내가 다녔던 부산대학교는 '유신 대학'이라는 이름이 붙을 정도로 박정희 정권 내내 별다른 정치 행동이 없었던 것으로 유명했다. 학생회 대신 학도호국단으로 편제되어 교련 수업을 받는 등, 나를 포함해 대부분의 학생들

16

은 민주화를 위한 집단적 경험을 하지 못한 채 졸업했다. 따라서 박정희 대통령의 갑작스러운 죽음을 보며 혼란스러웠던 나는 앞으로 어떻게 될지에 대해서도 종잡을 수 없었다. 내가 뭘 어떻게 해야 한다는 생각은 하지 못했다. 대학생들의 데모 소식이 들려왔고, 때마침 그해 부산대학교에 입학한 동생이 걱정되기도 했다. 그래서 퇴근 후에 시외버스로 부산에 가서 동생이 어떻게 하고 있나 확인하고서야 울산에 온 적도 있다.

역사의식이나 정치의식이 거의 없던 시절이었지만, 그래도 학교생활을 계속하면서는 많은 생각을 했다. 현대공고는 현대그룹 정주영 회장이 이사장으로 있는 현대학원에 속한 학교로, 보통의 학교와는 많이 달랐다. 정주영 이사장은 1년에 한두 번 올까 말까 했는데, 그가 학교에 오는 날이면 온통 난리가 났다. 학교장도 교사들이나 학생들, 학부모들의 눈치보다는 윗사람인 현대재단 관계자의 눈치를 보기에 바빴다. 실제로 이들의 눈밖에 나서 그대로 목이 달아나거나 강제로 다른 학교에 옮겨 가는 일도 많이 봤다. 뭔가 알 수 없는 거대한 힘이 학교를 움직이고 있다는 것을 느낄 수 있었고, 여러 가지 부당한 지시에 대해 뭐라 표현하기는 힘들었으나 마음속에 이상한 반항심 같은 게 싹트기도 했다. 그러면서 차츰 말수가 줄고 생각이 복잡해지기 시작했다. 한편으로는 객지 생활을 하는 어린 제자들이 늘 안쓰럽고 불쌍해 보여 내가 할 수 있는 한 뭐라도 해주고 싶은 생각이 자꾸만 커져 갔다.

위: 1979년 6월 현대공고 부임 첫해 선배 교사들과의 야유회.
아래: 1980년 현대공고 동료 교사들과의 야유회.

사회에 눈뜨다

어느 날 고향 친구가 근무하는 울산 YMCA(기독교청년회)라는 곳에서 여름 방학 캠프를 가는데 자원 봉사를 할 교사가 모자란다며 도와 달라고 부탁해 왔다. 초등학생 반을 맡아 3박 4일 일정을 마쳤는데, 다음 기수에 오기로 한 교사가 못 오게 되었다고 해서 결국 6박 7일을 봉사하게 되었다. 이 일로 YMCA와 가까워졌고 당시 간사였던 이상희 선배와 알고 지내게 되었다. 그러면서 '글우리' 독서회와 교사 모임, 그리고 교사 모임이 중심이 된 근로 청소년 야학 활동을 하게 되었다.

이상희 선배는 울산 YMCA에 있는 동안 많은 활동을 하며 울산 지역 초창기 운동에 큰 영향을 끼쳤다. 나중에 울산 경실련(경제정의실천시민연합)을 만들고 이후 참여연대와 통합하기까지 큰 역할을 했다. 또 다른 선배로는 이상희 선배와 같은 연배인 진영우 선배가 있었는데, 울산 지역 초창기 운동 공간인 형제교회를 중심으로 활동하며 후배들에게 많은 영향을 끼쳤다. 두 분 모두 그 후 만들어진 울산사회선교실천협의회와 산하의 노동문제상담소에도 특별한 애정을 기울였고 참여와 지원도 아끼지 않았다.

나는 1982년경 이상희 선배의 도움으로 YMCA에서 글우리 독서회를 만들었다. 독서회에서는 주로 소설이나 사회과학 책을 읽고 독후감을 나누며 그 내용을 회보로 만들어 배포하는 활동을 했다. 독서회 회원 중에는 당시 현대중공업에 군 특례 사원으로 다니던 김연민 현 울산대 교수와 독문학을 전공해 책읽기를 좋아하던 동생뻘 김명숙, 그리고 나중에는 김명숙과 결혼

1986년 YMCA 글우리 독서회와 성공회 교회에 함께 다녔던 후배 명숙·김외화와 함께.

하게 된 냉동공장 노동자 이영도 등이 있었다. 특히 울산여고를 나와 영남대 독문학과를 졸업한 김명숙은 도스토옙스키 등 고전을 즐겨 읽어 글우리 독서회에 들어왔는데, 주로 사회과학 서적을 읽는 것 때문에 한동안 갈등이 생기기도 했다. 그러다 차츰 글우리 독서회에 가장 열심히 참여하는 회원이 되었고 나중에는 현장에 위장 취업해 노동운동을 하는 단계로까지 발전했다.

글우리 독서회에서는 당시 사회문제에 대해 비판적 의식을 일깨워 주는 역할을 했던 각종 소설과 현장 수기, 『현대의 휴머니즘』, 한국 현대사를 다룬 『해방전후사의 인식』, 베트남 전쟁의 진실을 파헤친 리영희 선생의 『전환시대의 논리』, 경제사를 다룬 『인간의 역사』, 변증법의 기초를 가르쳐주는 『철학에세이』, 뜨거운 눈물을 흘리게 한 『전태일 평전』 등을 읽었다. 내가 본격적으로 사회에 눈뜨기 시작했던 것이 바로 이때다. 그간 살아왔던 삶에 대한 부정이 시작되었고, 알 수 없었던 것에 대해 뭔가 어렴풋이 알아가는 과정이었다. 당시 울산 YMCA에서 이상희 선배를 제외하고 총무나 이사 분들은 대체로 보수적이었다. 그럼에도 김소아과 원장인 김용언 이사장은 글우리 독서회에 많은 관심을 보이며 멀리 수련회 장소까지 방문해 격려해 주기도 했다.

교사 모임을 만들다

글우리 독서회 활동을 열심히 하던 1980년대 초반은 전국적으로는 YMCA 내에 교사 모임이 만들어지고 있던 시기였다. 울산에서도 기독교 신자인 교사들을 중심으로 모임이 만들어졌다. 워낙 탄압이 심하던 시절이라 YMCA 내에 모임을 만들 수밖에 없었다. 이 교사 모임은 전국적인 교사 모임의 하부 지역 모임 성격을 지녔지만 울산만의 독자적인 사업을 하기도 했다. 대표적인 사업은 고등학교를 졸업하고 형편이 어려워 대학에 진학하지 못한 학생들을 위한 근로 청소년 야학이었다. 교사 모임에 참여한 교사들은 과목별로 수업을 맡아 가르쳤다.

처음에 나는 나이도 어리고 해서 내가 맡은 일만 열심히 했다. 그러나 모임의 성격이 교육운동으로 흐르자, 기독교 교인으로서 친목을 도모하고 소박한 봉사 활동을 꿈꾸면서 모임의 주축을 이루던 분들이 모두 빠지게 되었다. 결국 나는 울산을 대표해서 전국 모임에 참여하는 등 바쁘게 움직여야 했는데, 선배 교사들도 없이 울산을 대표해야 한다는 책임감에 밤낮으로 더 열심히 매달리지 않을 수 없었다.

매월 한 차례 울산 대표로 영남권 모임에 참석하고 매주 울산에서 교사 모임을 해가면서 교사 조직을 만들기 위해 노력했다. 그리고 여름방학에는 영남권 연수, 겨울방학에는 전국 연수가 있었다. 학교에서 혼자 답답해하던 차에 전국에서 뜻이 맞는 선생님들을 만나게 되자, 좋은 선생님이 되어 교육 환경을 바꾸겠다는 마음으로 가슴이 벅차올랐고, 그런 감동 덕분에 활동을 계속할 수 있었다. YMCA 활동을 하면서 잊을 수 없는 선생님이 한 분 있다. 체육 선생님이었는데, 여느 활동가 선생님들과 달리 춤과 노래에 능하고 잘 놀아서 늘 주변을 밝게 하던 이순덕 선생님이었다. 동료 교사의 소개로 교육운동에 뛰어들었고 학교 측의 부당 전보와 갖은 탄압에도 굴하지 않고 열정적인 삶을 살다 31세라는 젊은 나이에 쓰러진 분이다. 선생님을 마지막으로 본 건 YMCA 전국 연수회였는데 눈이 소복이 쌓인 곳에서 밤새 즐겁게 어울렸던 기억이 새롭다. 다른 세상에서도 그분은 곁에 있는 사람들을 행복하게 해주고 있을 것이다.

독서 모임과 교사 모임, 근로 청소년 야학에다가 학교에서도 대학에 진학하고자 하는 학생들을 방과 후나 일과 시작 전에 따로 모아 보충수업을 하고 있던 터라 몸에 무리가 갔는지 건강검진 결과 결핵 판정을 받았다. 가슴이 철렁 내려앉았다. 아침이면 약을 한 움큼씩 먹고, 학교에 와서는 양호 선생님의 도움으로 주사를 맞으면서도 그 여러 일들을 계속했다. 초기에 발견하기도 했고 젊어서인지 6개월가량 지나자 완치되었다. 교육운동과 사회운동, 노동운동에 대해 조금씩 알아 가는 시간이었고, 아는 만큼 정직하게 실천하며 어떻게 살 것인가에 대한 고민으로 보내던 나날들이었다.

잊을 수 없는 제자

나에게는 잊을 수 없는 제자가 한 명 있다. 그는 부모를 모두 잃고 고모 댁에서 학교를 다니고 있었다. 교회를 열심히 다니던 고모는 조카도 그러길 바랐지만 뜻대로 되지 않아 늘 괴로워했다. 고모도 살림살이가 넉넉지 않아서 그 학생은 쉬는 시간이면 학교 매점에서 일했고, 그렇게 돈을 벌어 가며 학교에 다녔다. 원래는 성격이 밝았지만 생활이 그렇다 보니 어두운 얼굴로 있을 때가 더 많았다. 당시 나는 수학 교사라 계산을 잘할 것이라는 이유로 매점 업무를 담당하게 되었는데, 이때 이 학생을 알게 되었다. 어려운 사정을 알았기에 특히나 더 애정이 가는 학생이었다.

그러다 그 학생은 졸업 후 부산 사상공단에 취업하게 되었다. 취업한 공장은 이른바 '마찌꼬바'(영세기업)로 불리는 금형 공장이었는데 그곳에서 그만 사출기에 손이 눌려 결국은 손목을 자르게 되는 대형 산재 사고를 당하고 말았다. 1980년대 초 노동조합조차 없는 회사가 많았고 산재를 당해도 제대로 치료받지 못하던 시절이라 대공장도 아닌 영세기업에서 산재를 당한 노동자의 처지가 어땠을지는 짐작하고도 남을 것이다. 주변에 적극적으로 나서서 도와줄 사람이 없었기 때문에, 매점 담당 교사로 가까이 지냈던 내가 이 일을 해결하기 위해 백방으로 뛰어다녀 보았지만 아무것도 할 수가 없었다. 산재보험에도 가입되어 있지 않았고 사장이란 사람 앞으로 되어 있는 재산도 없어서 보상금 한 푼 받을 수가 없었다. 이 일을 겪으며 그의 절망은 더 깊어졌고 세상을 향한 분노 또한 더욱 커져만 갔다.

그러던 어느 추운 겨울 밤늦은 시각에, 그 졸업생이 비에 흠뻑 젖은 채로 당시 학교 사택에서 자취하고 있던 나를 찾아왔다. 술이 많이 취해서 몸도 제대로 가누지 못하는 상태라 도저히 그냥 돌려보낼 수가 없었다. 학교 사택에서 결혼도 안 한 여교사가 졸업한 제자를 재워 주다 무슨 소문이 날지도 모른다는 생각으로 잠시 망설였지만 방에 들어오게 하지 않을 수 없었다. 방 윗목에다 이불을 깔아 재웠지만, 어린 나이에 부모도 없고 손목까지 잘렸으니 그 절망이 얼마나 클까 생각하면서 정작 나는 잠을 잘 수가 없었다. 내가 무엇을 할 수 있을까 생각하며 뜬눈으로 밤을 새웠다.

이런 사건들을 접하게 되고 어렵게 살아가는 제자들을 지켜보면서, 선생으로서 늘 편치가 않았다. 학생들에게 전공과목만 열심히 가르치는 게 무슨 의미가 있는지, 교사로서 어떻게 살아야 하는지, 학생들에게 도움이 되는 길이 없을지 등의 고민은 계속되었다. 아무런 도움이 되지 못하면서 아이들과 함께하고 있다고 말하는 것이 위선은 아닐까 하는 두려움에 괴로운 나날이었다.

어떻게든 사건을 해결하기 위해 노력하면서 산재 보상과 노동자들의 권리를 지키는 노동조합이란 것이 법으로 보장되어 있음을 알게 되었다. 앞으

2006년 5월 울산시장 후보 사무실에 찾아온 제자들과 함께.

로 어떻게 살아야 하는가에 대한 한 가닥 희망이었다. 제자들이 졸업 후 어떻게 살고 있는지에도 관심을 갖게 되었고, 노동자로 살아가는 제자들을 보면서 나의 교사 생활도 이전과 같을 수 없었다. 노동자로 살아갈 제자들에게 노동자 의식을 갖게 하는 책도 읽게 하고, 동료 교사들을 조직하는 일에 집중하는 등 노동문제에 많은 관심을 기울이게 되었다.

한편 그 제자는 하느님을 택했다. 교회 다니기 싫어 그렇게 고모와 갈등하더니 산재 사고를 당한 후 신학대학에 진학해 지금은 목사가 되어 있다. 어떤 연유로 신학대학을 선택했는지는 알 수 없으나 종교에 의지하지 않고는 자신이 짊어진 삶의 무게를 감당하기 어려웠으리라 짐작한다. 지금은 목사가 되어 결혼도 하고 딸 둘을 낳아서 잘 살고 있다. 젊은 날 자신이 방황했던 그 기억으로 진심을 다해 교인들을 대하리라 믿는다.

담임이 되다

처음에는 여교사에게 담임을 맡기지 않다가 몇 년이 지나자 여교사도 담임을 맡을 수 있게 되었다. 나보다 나이 어린 남교사들도 모두 담임을 맡는데 여교사라는 이유로 담임을 할 수 없어 그동안 불만이 많았던 차에 드디어 꿈에도 그린 담임을 맡게 되었다. 아이들의 생활 하나하나에 대해 더 잘 알게 되었고 관심도 더욱 깊어졌다.

요즘은 부작용이 많다며 대부분 없어졌지만 당시에는 가정방문이라는 게 있었다. 가정방문을 통해 학생들이 어떤 집에서 어떻게 살고 있는지를 구체적으로 알게 되면서 아이들과 더욱 가까워졌다. 대충 형식적으로 하는 교사들도 있었으나 나는 한 학생도 빼먹지 않고 가정방문을 했다. 자취하는 집이나 부모님과 살고 있는 집을 아이들과 함께 방문했고, 가정방문 도중 피곤하면 학생들 자취방에서 잠깐 눈을 붙이기도 했는데, 그동안 아이들은 기다렸다 함께 가주곤 했다.

지금은 철거되어 없어진 전하동 산 151번지 산동네에 사는 학생의 어머니가 날마다 진통제를 먹으며 생활하고 있다는 것도 알게 되었고, 그때만 해도 귀했던 커피를 예쁜 커피 잔에 내오는 집을 가보기도 했다. 버스로 한참이 걸리는 울산 외곽의 어느 시골집에 갔는데 나이 드신 아버님이 택시비 하라며 꼬깃꼬깃 구겨진 오천 원짜리를 손에 쥐어 주던 것을 차마 거절하지 못했던 기억도 난다. 고향에서 가져왔다며 반찬거리를 주는 학생이 있었는가 하면, 결혼할 때 가져가라며 밥그릇 세트를 보내 주신 학부모도 있었다.

1982년 11월 가을 소풍 때 동료 교사인 고복실 선생, 제자들과 함께.

어렵지만 소박하게 살아가는 그분들을 통해서 많은 것을 배울 수 있었다. 한편으론 아이들의 생활을 구체적으로 알게 되면서 내가 이 아이들을 위해 뭘 할 수 있을까 고민도 깊어졌다.

부모님과 떨어져 객지에서 생활하고 있는 학생들이 많아서 이런 아이들에게는 부모 역할까지 해야만 했다. 울산 인근에 사는 아이들은 매일 아침 기차나 시외버스를 타고 먼 길을 통학했다. 나도 고등학교 때부터 객지 생활을 했던 터라 그 시절을 떠올리면서 이 아이들에 대해 안쓰러운 마음이 더 커졌다. 토요일이면 고향에 못 가는 아이들을 데리고 놀러 다니기도 하고 집으로 데려와 라면도 끓여 먹이면서 아이들과 가까워졌다. 적성에 맞지도 않은데 집안 형편 때문에 공고에 진학한 아이들에게는 따로 수학 공부도 가르치면서 진학의 꿈을 키울 수 있도록 도왔다.

담임을 하면서 아이들을 만난다고 해도 시간이 절대적으로 부족했고 또 아이들 얘기를 다 들어주기도 힘들어서, 아이들이 무슨 생각을 하는지 모두 알 수는 없었다. 그래서 학급에서 모둠 일기 쓰기를 시작했다. 10명씩 모둠을 정해 일기장을 만들고 돌려 가면서 쓰는 것이었다. 교사인 나와는 물론 학생들끼리도 이 일기를 통해 소통할 수 있었다. 매일 6권의 모둠 일기에 적힌 글을 읽고 그 밑에 담임이 답글을 달아 주는 방식으로 운영했다. 온라인 공간에서 얼마든지 소통이 가능한 지금과 달랐던 그때에는 꽤나 유용한 소통 방법이었다. 그 덕분에 평소에 피상적으로 알고 있던 아이들의 모습과는 다른 면모를 발견하게 되었다. 특히 글솜씨가 탁월한 아이들을 볼 수 있었던 것은 큰 성과였다. 글쓰기를 괴로워하는 학생도 많았지만, 평소 말수는 적으나 글로 자기를 표현하면서 자신감을 갖게 된 아이들도 있었다. 형식에 구애받지 않고 원하는 글을 쓰게 하니 각자 마음속에 있는 고민을 더 많이 털어놓았고 서로를 이해할 수 있는 폭은 훨씬 넓어졌다.

노동자로 살아갈 제자들

가정방문을 통해 아이들의 생활을 이해하는 것과는 별도로 학생의 진로를 지도하기 위해 아이들이 졸업 후 어떻게 살아가는지를 알아봐야겠다는 생각이 들었다. 그래서 졸업생을 대상으로 어떤 생각을 하며 어떻게 살고 있는지를 묻는 설문지를 만들어 돌렸다. 울산은 물론이고 멀리 광양에 있는 졸업생들까지 도와줘서 5백 부 넘게 수거할 수 있었다. 수거된 설문지는 혼자 바를 정(正)을 써가며 그야말로 수공업적 방법으로 분석했다.

설문 조사를 통해 제자들이 하루에 몇 시간 일하며 임금은 얼마를 받는지 구체적인 근무 조건을 알게 되었다. 그리고 대학을 나오지 않았다는 이유로 갖가지 차별을 받고 있으며 아무런 희망이 없는 노동자 생활을 벗어나고 싶어 한다는 것도 알게 되었다. 그래서 야간대학에 다니고 있는 경우도 있었다. 물론 이들이 대학을 나온다고 해서 모두 노동자 생활을 면하게 되는 것도 아니었기에, 어떻게 하면 이들이 희망을 가지고 살아가게 할 수 있을까 고민하게 되었다. 결국 졸업하면 노동자로 살아갈 제자들에게 노동자라는 것에 대한 자부심을 심어 주는 게 무엇보다 중요하다고 생각했다.

이 설문 조사 결과를 알게 된 교장은 아주 좋은 논문이라며 학교 교지에 싣도록 했다. 그뿐만 아니라 학교에서 시키지도 않았음에도 자발적으로 이런 일을 한 것이 기특했는지 당신이 진행하고 있던 일본 교과서 번역 작업을 함께하자고 제안하기도 했다. 어느 해에는 깨진 안경을 수리할 돈이 없어 수업 시간마다 안경을 들었다 놨다 하며 어렵게 공부하던 제자에게 안경을 사준 적이 있었다. 이를 고맙게 여긴 학생의 아버님이 교장 선생님에게 감사 편지를 보내 스승의 날에 표창을 받기도 했다. 물론 쑥스러워 조례에 참석하지 않아 직접 받지는 않았지만, 이런 일들을 계기로 교장의 신임이 두터워졌다. 그러나 나중에 교육 민주화에 앞장섰다는 이유로 해직될 때에

1984년 5월 현대공고 교무실에서.

는 이런 신뢰와 애정도 온데간데없이, 교장은 나로 인해 불이익을 당할까 노심초사했다. 그런 모습을 보며 새삼 '교장이라는 자리가 어쩔 수 없구나.' 하고 생각했다. 그러나 해직된 뒤 해고 무효 소송을 진행할 때 이런 표창과 모든 항목에서 '수'를 받은 근무평정이 큰 도움이 되기는 했다.

아무튼 이야기를 계속하면, 노동자로 살아갈 제자들에게 노동자라는 것에 대해 부끄럽게 생각하지 않고 당당하게 살아갈 수 있도록 하기 위해 함께 책도 읽고 자신의 생활에 대해 글도 쓰게 했다. 주로 자신의 처지를 긍정하고 꿋꿋하게 살아가는 데 도움이 될 만한 책을 보게 했는데『몽실언니』라는 책도 그중 하나였다. 나중에 학교에서 해직될 때 해직 사유 중 하나가 학생들을 의식화시켰다는 것이었는데,『몽실언니』를 읽혔다는 것도 징계 사유에 들어 있었다. 책 내용 중에 인민군을 좋은 사람으로 묘사한 부분이 있다는 것이었다. 당시『몽실언니』는 텔레비전 드라마로도 만들어져 방영되던 터라 해고 무효 소송에서는 문제없는 것으로 판결되는 웃지 못할 일도 있었다. 이 소송을 맡아 해고 무효 판결을 한 1심 판사가 지금 한나라당 대변인으로 있는 김기현 국회의원인데, 이 판결에 대한 자부심을 그 뒤 나를 만날 때 여러 번 표현하곤 했다.

제자의 산재 사고를 지켜보고 졸업생 설문 조사를 진행하면서 노동조합의 필요성을 절감했다. 그래서 노동조합에 대해 구체적으로 공부해, 졸업한 뒤 노동자로 살아갈 제자들에게 힘이 되었으면 좋겠다는 생각을 했다. 학생들과 함께 책도 읽고 노동자의 권리에 대한 이야기도 많이 나누다 보니, 실습 나가서 부당한 처우를 받게 될 때 이전처럼 침묵하거나 묵인하지 않는 학생들이 생겨났다. 창원의 현대정공에 실습을 나갔던 한 제자가 회사 화장실에 낙서한 사실이 밝혀져 야단이 난 경우가 있었는데, 교사라는 직업이 학생들에게 얼마나 큰 영향을 미치는지를 새삼 느낄 수 있었다.

연행, 폭풍 전야

1985년을 거쳐 1986년에 접어들면서 많은 변화가 있었다. 특히 담임을 맡은 뒤부터 아이들이 겪는 구체적인 문제를 알게 되면서 교사의 힘으로 해줄 수 있는 것이 별로 없음을 깨닫고 고민이 깊어졌다. 적성에 맞지 않아 현장 실습을 나가지 않겠다는 학생, 편모슬하에서 어렵게 살아가는 학생, 공납금이 밀려 학교에 다닐 수 없게 된 학생 등에게 과연 어떤 도움을 줄 수 있을시를 고민하고 갈등하는 시간이 많아졌다. 그다지 동의할 수 없었던, 교장 선생님의 긴 훈화를 들으면서, 또 원치 않는 강제 자습을 감독하면서 교사로 계속 지낼 수 있을지를 회의하기도 했다.

이런 와중에 울산에 처음 생긴 공해추방운동연합이란 단체에서 주최한 기도회에 참석해 거리 행진을 했는데, 경찰이 갑자기 덮치는 바람에 넘어져서 연행되는 사건이 생겼다. 그동안 그냥 열심히 근무하는 교사로만 알았던 내가 연행되었다며 경찰서에서 연락이 오자 교장 선생님은 꽤 당황한 듯했다. 이때만 해도 우연히 기도회에 가게 되었고 거리 행진을 하는 줄도 몰랐다는 식으로 답변하고 넘어갈 수 있었다. 사실 아는 선배의 권유로 참석한 기도회였고 거리 행진이 있는 줄도 몰랐다. 기도회가 끝나자 갑자기 누군가가 참석한 사람들을 선동해 거리 행진에 함께하게 된 것이었다.

결국 학교에서 요주의 인물이 된 탓에 동료 교사들을 조직하는 일을 할 때 더욱더 긴장해야 했다. 동료 교사들에게 자료를 하나 전달하는 것도 다른 선생님들 모르게 해야 했기에 아침 일찍 와서 책상 위 고무판 밑에 두거나, 빈 시간 또는 방과 후에 틈을 내 이야기하는 것으로 대신했다. 그러면서 학생들에게 더 집중했다. 학생들에게도 책을 읽히고 자신의 생활을 글로 쓰게 했으며 글마다 내 의견을 적어 주면서 교감의 폭을 넓혀 갔다. 말로만이 아니라 모든 일을 학생들과 '더불어' 해야 한다는 생각에서 청소도 같이하고, 특별히 더 관심을 기울여야 하는 아이는 따로 만나거나 편지를 써서 전해 주기도 했다.

그러던 어느 날 교장 선생님이 불러 교장실로 갔다. 취업 의뢰 차 회사에 나갔던 선생님들이 회사 인사과 담당자로부터 "노옥희 선생에게서 교육받은 학생은 취업시키기가 어렵다."는 얘기를 들었다며, 수업 시간에 수학 외에는 가르치지 말라고 거듭 충고했다. 그러나 이 면담이 있은 다음 날 교육 민주화 선언이 이루어졌는데, 여기에 내가 참여한 게 알려지자 교장 선생님은 심한 배신감을 느꼈다며 그동안 내게 보여 준 애정을 접고 다른 교사들을 동원해 교육 민주화 운동을 저지하고 나서기 시작했다.

교육 민주화 선언

전국적인 교사 조직인 YMCA중등교육자협의회(이하 'Y중등교협')는 1982년 창립되어 1983년 '역사와 교육', 1984년 '교육과 교육권', 1985년 '인간화 교육', 1986년 '교육의 민주화'를 주제로 연구 활동을 진행했는데, 그러면서 실천에 나서자는 열의도 커졌다. 매년 여름방학과 겨울방학에 권역별 연수와 전국 연수를 통해 그해 의제를 정해 실천 활동을 펼치고 결과를 발표하는 방식으로 활동을 전개했다. 몇 년간의 활동 성과와 조직적인 힘을 바탕으로 민주화를 갈망하는 각계각층의 선언에 힘입어 1986년 5월 10일, 이날을 교사의 날로 정해 교육 민주화 선언을 하기로 했다. 그동안 5월 15일을 스승의 날이라 했는데, 허울만 남은 강요된 스승상을 버리고 교육의 한 주체로 당당히 서겠다는 시도였다. 울산에서는 나와 정익화 선생님이 나섰고, 영남권에서는 80명의 교사가 함께 부산 YMCA 집회에 참석했다. 교육 민주화 선언이 발표되자 교육 당국은 선언에 참여한 교사들에 대해 문답서를 요구하며 징계 절차에 들어갔고, 다른 한편 교육 민주화 선언을 지지하는 각 단체의 성명도 이어졌다.

교육 민주화 선언은 교육의 정치적 중립성 보장, 교사·학생·학부모의 교육권 보장, 교육 자치제 실현, 자주적인 교원 단체 설립 및 활동 보장, 비교육적인 잡무와 강요된 보충수업 및 심야 학습 철폐 등 지극히 상식적인 내용이었다. 하지만 당시로서는 교사들이 일으킨 최초의 집단행동이라 교육계는 물론이고 사회가 발칵 뒤집히는 큰 파문이 일었다. 그때 제시한 주장 가운데는 25년이 지난 지금까지 실현되지 않은 게 있을 정도이니, 당시의 충격이 이상한 일만은 아니란 생각도 든다.

교육 민주화 선언에 참여했다는 사실이 알려지자 경상남도교육위원회에서 문답서를 요구했고, 교장 선생님 또한 나를 시도 때도 없이 교장실로 불러 들였다.

……그런 짓을 하지 못하도록 교장이 그렇게 말했으면 좀 알아들어라. 여태까지의 일을 상세히 적어 내고 또 앞으로는 일체의 Y활동을 하지 않겠다고 하면 내가 힘이 되어 줄 수 있으나 그렇게 하지 않으면 행정적인 조치를 취하겠다. 더 이상 막아 줄 수가 없다. 그런 짓을 하려면 나가서 해라. 니만 똑똑하고 니만 애국자냐? 나도 전쟁 났을 때 총 들고 싸웠다. Y회보를 어디에다 보냈는지 상세히 적어 내라. 정보기관에서 연락이 왔다. 내가 뭘 알고 있어야 답할 게 아니냐? 여태까지 니가 나한테 한 말은 전부 거짓말이었다.

1983년 7월 28~29일 Y중등교협 영남권 연수에서 발표하고 있는 거창고 전성은 교장.

이미 이성적인 대화를 주고받을 수 있는 단계는 지났고, 오로지 나로 인해 자신의 신변에 무슨 일이 생길까만 걱정하고 있었다. 후배 교사들이 어떤 고민에서 집단적으로 교육 민주화 선언에 참여했는지를 이해해 보려는 태도는 전혀 찾아볼 수가 없었다. 1979년 학교에 부임해 학생들과 동료 교사들과 함께 지내 온 시간이 주마등처럼 흘러가면서 '이렇게 끝나는 거구나.' 하는 생각이 들자 가슴이 미어지는 것 같았다. 그러나 교육 당국과 학교 당국의 탄압이 거셌기 때문에 이런 감상에 젖어 주저앉아 있을 수만은 없었다.

Y중등교협에서는 중등교협의 활동을 보장하고 왜곡 선전을 중단할 것을 요구하며 권역별로 교육 민주화 실천 결의 대회를 진행했다. 영남 지역 Y중등교협은 9월 6일 부산 YMCA에서 개최하기로 했다. 부산·경남(마산·울산·거창), 대구, 경북(안동)에서 활동하던 교사들이 속한 영남권은 부산으

로 모여 '민주·민족 교육 실천 대회'를 하게 되었는데 당시 울산은 경남에 속해 있어 부산 대회에 참석했다.

교사 대회에 참석할 것으로 예상되는 교사는 경찰까지 나서서 참석을 방해했다. 그래서 경찰의 눈을 피해 행사장인 부산 YMCA 강당까지 몰래 들어 갔는데, 이미 장학사들과 경찰들이 진을 치고 있어서 참석하지 못한 사람도 있었다. 영남권 대표를 맡은 김관규 선생이 경찰의 방해로 들어오지 못해 행사는 계획대로 진행될 수 없었다. 애초 행사에서 별다른 역할을 맡은 바 없던 내가 어쩔 수 없이 축시를 낭송하는 역할을 맡게 되었다. 당시 축시의 제목은 김진경 선생의 "백두산 사진을 보면"이었다. '교실 안에 걸어 둔 백두산 사진을 본 장학사가 사진을 붙였다는 이유로 선생을 그만두게 했다.'는 내용 이었다. 난 시의 내용이 뭔지도 모르고 즉석에서 읽는 역할을 했는데, 징계 과정에서 그 내용이 무슨 뜻이냐고 몰아붙여 무척 난처했던 기억이 난다.

울산에서는 정익화 선생과 나 이렇게 두 사람이 활동하고 있었는데, 당시 정익화 선생은 안동에서 활동하다 울산에 온 지 얼마 되지 않을 때였다. 교사 대회에 참석하면 해임된다는 이야기가 있었기 때문에, 이미 결혼도 했던 정 선생님에게 차마 함께 가자고 말하지 못해 속을 태우고 있었다. 그런데 부산 YMCA 강당에서 만난 것이다. 말로는 표현할 수 없는 감동과 신뢰가 샘솟는 걸 느낀 순간이었다.

징계를 막기 위해 나선 제자들

전국적으로 교육 민주화 선언에 참여한 교사에 대한 징계 방침이 발표되자 곳곳에서 선생님을 지켜 내자며 학생들이 움직였다. 내가 있던 현대공고에서도 어느 날 출근하니 학교가 발칵 뒤집혀 있었다. 학생 중에 누군가가 유인물을 만들어 교실에 돌린 것이었다. 유인물에는 그동안 Y중등교협의 교육 민주화 선언에 대한 소개와, 학우들에게 선생님을 지켜 내자는 호소가 담겼다. 당시 기계과에 다니던 송준기 학생이 이 호소문을 만들어 배포했다는 사실은, 이 일이 있고 나서도 한참 지나서야 알게 되었다. 지금은 현대자동차에 근무하면서 노동조합 활동을 열심히 하고 있기도 하다.

……이 문제는 선생님만의 문제가 아니라 우리의 문제이기도 한 것입니다. 왜냐하면 우린 교육을 받고 있는 입장이기 때문입니다. 서울 모 고등학교에서는 선생님들이 학생들의 힘으로 다시 복직했다는 이야기를 신문에서 보았습니다. 우리도 선생님을 지켜야 합니다. 바른 것을 바르다고 이야기할 줄 아는 용기 있는 선생님이 우리에게 필요하기 때문입니다. 학우 여러분, 제자의 도리로서가 아니라 한 인간으로서, 바른 것을 아름답게 보는 인간으로서, 진정한 용기에서 우러난 행동과 바른 말을 사랑하고 지켜 나갑시다.

학교에서는 북한에서 삐라를 뿌렸다며 모두 수거하게 했는데 한 학생이 몰래 신발에 숨겨서 나에게 가져다주었다.

내가 담임을 맡았던 1학년 학생들은 입학한 지 얼마 안 되는 5월부터, 교육 민주화 선언이 뭔지도 모르는 가운데 주목과 감시를 받았다. 특히 1986년 9월 민주·민족 교육 실천 대회 이후 더욱 심해졌다. 학생주임은 우리 집에 한 번이라도 온 학생들을 불러내, 교장 선생님의 지시로 만들어진 진술서에 답하게 했다. "노옥희 선생을 어떻게 알게 되었으며, 집에는 몇 번이나 갔으며, 가서는 수학 공부를 했는지 책을 빌려 보았는지, 노사문제에 대한 이야기를 들었는지, 만나고 난 느낌은 어땠는지" 등 교사와 학생 사이를 갈라놓는 질문에 대답하라고, 교사라는 분들이 버젓이 학생들에게 강요했다. 원하는 답이 나오지 않으면 몇 번이고 반복해서 진술서에 답하게 하여 결국 원하는 답을 끌어내는 모습을 봐야 한다는 것이 너무 힘들었다. 심지어는 "간첩은 처음에 친절하게 하다가 나중에는 본심을 드러낸다."는 막말도 일삼았다.

그러나 학생들은 그에 굴하지 않았다. 이제 갓 중학교를 졸업해 어리게만 보이던 학생들은, 9월 말 징계가 본격화되면서 담임이 바뀌자 집단행동에 나섰다. 추석과 시험이 얼마 남지 않은 시기에 시험을 거부하고 추석도 포기한 채 선생님을 지키겠다고 결의한 것이다. 집단적으로 등교를 거부한 학생들은 울산교육청으로 갔다가, 고등학교 문제는 마산에 있는 경상남도 교육위원회로 가야 한다는 말을 듣고는 한나절이나 시내를 돌아다닌 뒤에야 내게 전화를 했다. 나는 이 사실을 학교 측에 알렸는데, 학생들은 교장 면담을 약속받고 나서야 해산했다. "왜 그렇게 했냐?"고 학생들에게 물었는데, "추석은 매년 오지만 선생님은 한번 가면 다시는 못 온다."는 말에 나도 모르게 눈물을 흘리고 말았다.

　동료 교사인 이병욱 선생님은 내가 담임이었던 반의 학생인 김영곤·황병득을 만나 나눈 이야기를 전해 주었다. 이병욱 선생님이 "밖으로 나가면 어떻게 되는지 알고 그런 거냐?" 묻자 "퇴학이 되겠지요. 감옥에 가겠지요. 저 하나 희생해서 다음에 현대공고에 입학하는 학생들이 올바른 교육을 받을 수 있으면 됩니다."라고 답하고, "부모 생각은 해봤느냐?"라고 하자 "저는 우리 부모님을 믿습니다."라고 말했다는 것이다. 어린 나이에 자신의 모든 것을 걸고 선생님을 지키려다 결국 몇몇 학생은 학교에서 잘리거나 징계를 당하고 말았다. 두고두고 빚이 되는 부분이다.

　해고를 당한 나는, 그동안 나 때문에 여러모로 힘든 나날을 보냈을 학생들에게 진실이 무엇인지, 내가 왜 교육 민주화 선언에 참여했는지를 "학생들에게 드리는 글"이라는 글을 써서 등굣길에 배포하는 등 전국을 다니며 복직 투쟁을 했다. 새로운 생활이 시작되었다.

동료 교사, 졸업생들의 구명 운동

이런 학생들과는 달리, 교장 선생님의 지시를 받은 일부 교사들은 각종 인맥을 동원해 나를 괴롭혔다. 대학 선배, 특히 수학과 선배가 매일 불러내 회유와 협박을 반복했다. 파면이나 해직이 되면 퇴직금도 제대로 못 받는다며 스스로 반성문을 쓰라거나, 공군 장교로 있는 큰오빠가 나로 인해 진급도 안

되고 불이익을 당한다며 가족을 위해 여기서 멈추라는 식이었다. 물론 잘못한 게 없었기에 반성문을 쓰지는 않았다. 당시에는 그들을 원망하는 마음이 컸지만, 지금 생각해 보니 굴절된 시대에 한 개인이 양심을 지키며 산다는 것이 쉬운 일만은 아니라서 한편으론 이해가 가기도 한다. 다행히 직업군인이던 큰오빠를 비롯해 우리 가족 중 어느 누구도 나를 나무라지는 않았다. 나의 선택을 존중해 주는 가족이 있어서 흔들리지 않고 버틸 수 있었다.

그런 와중에도 젊은 여교사들이 중심이 되어 후원금을 거두거나 집까지 찾아와 위로하고 격려해 주었다. 구명을 위한 서명운동도 하려 했으나 사전에 교장 선생님께 들켜 성사되지는 못했다. 다른 선생님들을 만나지 못하게 방해하고 나를 격리하고는 사실을 왜곡하는 일이 심해져서, "선생님들께 드립니다"라는 유인물을 만들어 돌리고 교무 회의에서 신상 발언을 하기도 했다. 징계위원회 결정과 재심을 거쳐 마침내 해임이 결정된 뒤에는 인사할 기회마저 주지 않아 마지막 인사도 나누지 못한 채 헤어졌다. 해직 이후에도 한동안 후원금을 보내 주며 도움을 준 선생님들도 있었다.

1986년 10월 24일, 나는 교직 생활 7년 8개월 만에 내 생활의 전부라고 생각했던 학교에서 쫓겨나 거리의 교사가 되었다. 내가 징계되었다는 소식이 알려지자 졸업한 동문 회장단까지 달려와 교장 선생님과 면담을 했다. 이 자리에서 교장 선생님은 "동창회가 들고 일어나면 학교가 망한다. 제발 자제해 달라. 더 이상 노옥희 선생을 막아 줄 수 없고, 현대정공 사건 때문에 학생들이 취직이 안 된다."고 했다고 한다.

교장 선생님이 두고두고 얘기하는 현대정공 사건은 이런 것이다. 전기과에 다니다 현대정공 창원 공장에 실습을 나간 오정석이라는 학생이 있었다. 공부도 잘하고 책 읽기도 좋아하는 학생이어서, 읽을 만한 책을 권해 주고 이런저런 이야기를 나누곤 했다. 창원에서 자취를 하며 실습 생활을 하고 있었는데, 하루는 주인집 아저씨가 같이 술이나 한잔하자며 오 군의 방에 들어왔는데 '노동'이라는 단어가 들어간 책들이 책꽂이에 꽂혀 있는 것을 보고는 놀라서 간첩으로 신고했다. 결국 해프닝으로 끝났지만 경찰에 연행되고 조사하는 과정에서 내 이름이 나왔다. 하지만 내게 피해가 갈까 걱정된 오 군은, 우리 집에서 딱 한 번 만났을 뿐인 내 여동생이 준 책이라고 둘러댔다고 한다. 이 일로 교장은 학생들을 줄지어 불러내 진술서를 쓰게 했고, (학생들이 누군지도 모를) 내 동생을 만난 적이 있느냐고 물어보기도 했다. 웃지 못할 일이다.

아무튼 오 군은 이 일을 계기로 회사에 찍혀, 그전에 화장실에 낙서한 사건을 빌미로 부당 전보를 당했다. 그 뒤로 현대공고 졸업생들이 취직 면접시험을 볼 때면 "노옥희 선생을 아느냐? 어떻게 생각하느냐?"는 질문을 받았는데, 이때 긍정적으로 답한 학생은 불이익을 당했다고 한다. 여러 가지로 학생들에게 미안한 입장이 되고 말았다.

지역사회의 관심

IMF 이후 해고가 일상화되다 보니, 한 사람 쫓겨나는 것쯤은 이제 대수롭

지 않은 세상이 되었다. 하지만 아무리 해고가 다반사로 일어날지라도 당하는 사람에게는 심각한 일이 아닐 수 없다. 당시 교육 민주화 선언에 참여했다는 이유로 교사들이 해직되는 일은, 학교는 물론 지역사회에도 큰 충격이었다. 울산 지역에서도 갓 생긴 울산사회선교실천협의회 어르신들이 경상남도교육위원회와, 정익화 선생이 해직된 상북학원, 내가 해직된 현대학원을 번갈아 찾아가 항의했다.

하지만 징계 절차가 진행되어 결국 해직 결정이 났다. 최종적으로 해직이 확정된 10월 24일, 울산구세군교회에서 기도회가 열렸다. 학교에서는 교사와 학생들이 기도회에 참석하지 못하도록 여러 차례 단속했고, 심지어는 기도회 장소까지 찾아온 학생들을 끌어내려고 해 마찰을 빚기도 했다. 기도회에서 그간의 상황을 보고하고 앞으로의 계획을 발표하는 자리가 있었다. 여기서 '노동 시인'으로 잘 알려진 백무산 시인이 '백성'이라는 필명으로 "가르치는 것이 싸우는 것이라면, 싸우는 것도 가르치는 것이리라"라는 시를 발표해 우리를 격려해 주었다. 나중 일이지만, 백무산 시인은 노동운동을 했던 천창수 씨와 내가 결혼식을 올릴 때도 직접 쓴 축시를 낭독해 주기도 했다. 천창수 씨가 현대그룹으로부터 테러를 당하고 1주일 후에 결혼식을 치렀는데, 이 이야기는 뒤에서 다시 하겠다.

노옥희·정익화 선생님께 부쳐

가르치는 것이 싸우는 것이라면, 싸우는 것도 가르치는 것이리라

_백성(백무산)

추억을 분탕질해 버린 교사에 대해
우리는 나쁜 편견을 갖고 있다

새벽 신문 배달길에서 늦은 우리를
허구헌 날 빠따질해서가 아니다
밀린 등록금 때문에 창밖으로
내동댕이쳐진 헤어진 책가방 때문도 아니다
우리가 교사 증축 공사장 아시바에 매달릴 때
불량 학생의 전형적인 장래의 인간으로
수업 도중에 교편으로 우리를 가르친 때문도 아니다

36호봉에서 1호봉 층층
한 층에 몇 천 원 풍선
준교사 병장, 1·2급 교사 분대장
주임교사 소대장, 교장·교감 중대장
장학사·교육감 대대장, 문교부 장관 연대장,
독재 정권 사단장, 재벌 기업 사단 참모,

바다 건너 군단장······ 사령관······

열중쉬어 차렷, 열중차려 쉬엇

툭하면 쪼인트 여차하면 줄빠따

이등병, 일등병, 상등병은 학생 그 밑에는 땅바닥

열중차렷, 원산폭격, 받들어총, 뒤로 굴러, 박아!

국민교육헌장 그늘까지 헤쳐 모여 제국주의 깃발까지 선착순!

드르륵 윙윙 쾅쾅

작업 명령서대로 따를 것

설계 청사진대로 만들 것

흑판에서 눈을 떼지 말 것

천분의 일 오차도 없도록

명령을 어기는 자에겐 휴전선 철조망으로 목을 조이도록

사지선다, 팔 다리 대갈통 중 하나만 개발토록

분필 닦이가 면상에서 철대반죽[칠갑]되지 않도록

다들 조심 조심토록!

소비재 상품을 만들 학생을 만들기 위해

생산재 상품이 되어야 하는 교사

아니다 이것이 아니다

우리는 기술자가 아니다

우리는 교관이 아니다

우리는 증오를 가르칠 수 없다

우리는 상품을 가르칠 수 없다

우리는 굴욕을 가르칠 수 없다

우리는 로봇을 만들 수 없다

우리는 바담풍을 가르칠 수 없다

우리는 제국주의의 종을 만들 수 없다.

우리 선생님을 돌려주세요.

옳고 그른 일을 판단할 수 있는 일을 주시는 일이 의식화 교육인가요?

편협하고 획일적으로 만들어 놓은 제도 교육이야말로 의식화 교육이 아닐까요?

결백한 저희 선생님을 돌려주세요. *

이 아이들을 어찌할 것인가

새싹을 자르는 일은 이제 하지 못하리라

제국주의의 종을 훈련시키는 채찍을 들지 않으리라

이제야 바른 싸움에 깃발을 들었구나

곪은 살에 칼을 들었구나

그대들 싸움에서 아이들은 껍질을 깨리라

가르치는 것이 싸우는 것이라면

싸우는 것도 가르치는 것이리라

이 아이들을 어찌할 것인가
이 아이들을 어찌할 것인가

_____

● 학생의 편지 중에서 인용한 구절이다.

　해직 교사에 대한 지역사회의 관심은 전국교직원노동조합(이하 '전교조')
결성 이후에도 지속되었다. 이런 관심 덕분에 교사들은 학교라는 울타리 안
에만 있는, 학생들만의 교사가 아니라 국민의 교사, 지역사회의 교사라는
소명 의식을 키울 수 있었다. 한 아이를 제대로 키우는 데 마을 전체가 필요
하다는 말처럼 한 사람의 교사가 제대로 서기 위해서는 지역사회의 관심이
필요하다는 것을 알게 되었다. 교사 한 사람의 역할이 얼마나 중요하며 교
사에게 거는 기대가 얼마나 큰지를 이때 지역사회가 보여 주었던 관심을 통
해 배우게 되었다.

현대그룹의 실체와 대면하다

징계는 현대학원에서 이루어졌는데 징계위원회의 첫 모임은 같은 학원 소
속인 이웃 학교에서 열렸다. 징계위원회에 출석해 보니 잔인하게도 그동안

믿고 따랐던 선배 교사가 징계위원장이었다. 그간의 인간적 관계를 무시하고 안면을 바꾸는 모습을 보면서 인간의 나약함에 대해, 인간이란 존재에 대한 회의가 왈칵 쏟아졌다. 해임을 당했다는 사실보다 더 슬펐다. '아무리 곤란한 지경이라도 이럴 수가 있을까. 사는 게 이런 걸까.'를 생각하니 눈물이 멈추지 않았다. 징계위를 통해 구제되겠다는 생각은 애초에 하지 않았기에 별다른 대항을 하지는 않았으나 '우리 교육을 바꿔 보고자 하는 것이 죄가 되어 이렇게 심판을 받는구나.' 하고 생각하니 서글픈 상념이 한없이 밀려왔다.

재심은 현대중공업 안에 있는 한 건물에서 열렸고 징계위원장은 현대중공업 신익현 상무였다. 징계의 직접적인 계기가 된 교육 민주화 선언에 대해서는 별 얘기가 없었다. "수학 교사가 왜 학생들에게 노동조합 운운하느냐?" "졸업해서 노동자로 살아가야 할 학생들에게 노동조합에 대해 기본적인 것을 가르치는 것은 너무나 당연한 것이 아니냐." "현대는 노동조합이 필요가 없다. 그래서 우리는 노동조합을 안 한다. 만들라고 해도 안 만든다. 노사협의회가 있어서 다 하기 때문에 안 한다." "어떻게 노동조합과 노사협의회가 같은가?" 이런 얘기로 고성이 오가며 설전을 벌였다. 회사에서 노동자들을 징계할 때는 경험하지 못한 대응이어서인지, '감히 누구 면전이라고' 하는 식의 태도만 보였다. 나는 나대로 교사가 이런 사람에 의해 거취가 결정된다는 사실이 한심하고 화가 났다. 교사인 나를 대하는 태도에서 현대중공업이 노동자들을 어떻게 대하는지 미루어 짐작할 수 있었다. 역설적이게도 이 징계위를 통해서 노동자는 물론이고 교사도 자신의 권리를 지키기 위해서는 노동조합이 필요하다는 것을 깨닫게 되었다.

전국적인 사안인 교육 민주화 선언에 참여했다는 사실을 근거로 삼아 봐야 해고 무효 소송 과정에서 승산이 없다고 판단했는지 다른 징계 사유를 넣은 듯했고, 이런 사유들은 두고두고 복직을 가로막는 걸림돌이 되었다. 어쨌든 결국 해직이 되었음은 물론이고 내가 가르친 제자들이 취업하는 데 불이익을 받는 이유가 되기도 했다. 뒤에서 이야기하겠지만, 어쩌면 이 때문에 현대그룹과 새로운 인연으로 마주치게 되었는지도 모르겠다. 하지만 악연이었다. 이후 나는 노동운동의 길에 들어섰고 당연히 현대그룹이 상대가 될 수밖에 없었기 때문이다.

당시 나는 교사 아파트라고 불리는 학교 사택에 살고 있었고, 해고되면서 방을 빼야 했지만 계속 버티고 있었다. 어느 날 저녁 늦게 집에 오니 내 짐을 모두 빼서 아파트 문 앞에 비닐 천막으로 덮어 놓고, 아파트 문에는 큰 널빤지를 가위표 모양으로 대고 대못을 박아 놔 들어갈 수 없게 되어 있었다. 해고를 받아들일 수 없었기에 짐을 그대로 둔 채 친구 집에서 지냈다. 한 달쯤 지나 찾아가 보니 짐은 없어지고, 아파트 문에 종이쪽지 한 장만 붙어 있었다. 짐을 학교 창고로 옮겼으니 연락하라는 것이었다. 적혀 있던 번호로 연락하니 이사 경비를 지원해 주겠다고 했으나 거절했다. 1979년 울산에 온 이후 줄곧 살았던 동구를 잠시 떠나서 지내야만 한 순간이었다.

2

나와 노동운동

노동문제상담소 간사가 되다

해직될 즈음 지역에서는 목사님과 신부님, 지역사회 활동가들이 지역 운동을 위해 '울산사회선교실천협의회'(이하 '울사협')라는 단체를 만들고 있었다. 지역의 선배들이 이 단체 산하에 노동문제상담소를 두기로 했는데, 해직된 내게 상담소에서 일할 것을 권유했다. 한 선배는 나를 배려해 상담소를 만들었다고 농담을 하기도 했다. 노동문제에 대해 관심이 많았던 터라, 상담소 운영을 맡기에는 아직 능력이 부족하다고 생각했지만 현장에서 소모임을 하고 있던 동료들과 의논을 한 끝에 일단 일을 시작하기로 했다.

상담소 소장은 장태원 선생님이 맡았고 상담은 요일을 나눠 진영우·이상희 선배와 최현오 선생님, 지금은 고인이 된 유재일 선생님이 맡아 주었다. 초창기에는 부산 노무현·문재인 변호사 사무실에서 노동법률상담소를 운영하고 있던 하동삼 선생님이 매주 토요일 특별 상담을 맡아 주었다. 나는 간사로 이분들의 도움을 받으며 구체적인 상담 업무를 비롯해 실무 전반을 맡게 되었다.

상담소에서 일을 하겠다고는 했으나 산재나 임금, 노조 설립 등에 대해 구체적인 지식을 갖추지 못한 상태였다. 그래서 부산·경남의 활동가들과 함께 1박 2일 부산 수련회에 참석해 노동 상담의 기본부터 공부했다. 교육 내용은 노동운동의 신학적 근거, 노동 상담의 실제, 노동 상담 사례 발표, 울산 지역 현황, 노동법 해설 등이었다. 노동운동의 신학적 근거라는 교육이 포함된 것은 상담소가 사회 선교를 목적으로 하는 울사협 산하에 있었기 내문이다. 이 중 특히 기억에 남는 것은 노동 상담의 실제를 강의했던 박석운 소장이다. 당시 박석운 소장은 『전태일 평전』의 저자이자 인권 변호사인 조영래 변호사 사무실에서 일하고 계셨다. 무박 2일이라고 할 정도의 강행군에 교육생들은 피곤해서 졸기도 했으나, 예나 지금이나 박석운 소장은 전혀 피로한 기색 없이 수강생들을 압도할 만큼 열정적인 강의를 해주었다. 강의 내용 또한 열정 못지않게 중요한 것들이어서 필기해 가며 꼼꼼히 들었을 정도로 부산·경남의 실무자들에게 큰 도움을 주었다.

이 교육을 통해, 아는 것이 별로 없더라도 열정을 가지고 시작해야겠다는 결심을 굳게 다졌다. 상담하면서 잘 모르는 내용은 서울로, 부산으로 전화해 물어 가면서 익히고 배웠다. 시기별로 상담 사례를 모아 토론하는 방식으로 교육을 지속했고, 점차 상담 실무자로서 역할을 수행할 수 있게 되었다. 초기에는 산재 상담과 임금 관련 상담이 대부분이었다. 특히 산재 상담이 많았는데, 산재 보상액을 계산하기란 그리 어렵지 않았다. 이 시기에 만난 사람들은 물론이고, 〈근로기준법〉·〈노동조합법〉(〈노동조합 및 노동관계조정법〉)·〈산업재해보상보험법〉 등에 대해 공부하고 상담 업무를 했던 것이 이후 여러 활동을 하는 데 큰 도움이 되었다.

우리는 상담소를 알리기 위해서 명함 크기의 두 배쯤 되는 조그마한 홍보물을 만들어 각 공장 앞에서 배포했다. 상담을 함께했던 선배들도 앞장서 배포해 주었고, 그러면서 상담 업무가 점차 늘어났다. 특히 이런 과정을 통해 무엇보다도 울산 지역 산업체의 현황을 알게 되었다는 점은 내게 큰 성과였다. 그동안 현대그룹에만 머물러 있던 문제의식의 틀을 깨고 울산 전체에 대해 생각하게 되었다. 현대그룹을 비롯해 석유화학단지의 2백 인 이상 사업장 50개 업체의 현황을 집중적으로 파악했다. 상담소 활동을 하며 각 현장의 활동가들을 알게 되고 울산 지역 노동 현황도 파악할 수 있게 되어 이후 활동에 큰 자산이 되었다. 한편으로 상담소에서는 상담뿐만 아니라 노동 관련 서적이나 자료를 비치해 빌려주는 일도 함께했다.

6월 항쟁에 나서다

노동운동에 관심을 가지고 상담소 일을 하고 있었으나, 상황은 이 일만 계속할 수 없는 방향으로 전개되고 있었다. 박종철 학생 고문치사 사건이 세상에 알려지면서 울산에서도 대중 집회를 준비했다. 그 당시 울사협을 제외하고는 이런 일을 담당할 단체가 없었기 때문에, 울사협이 중심이 되고 각 종교단체에서 후원하는 형식으로 진행되었다. 1987년 1월 26일 저녁 울산성당에서 '고 박종철 군 추모 및 고문·폭력 범시민 규탄 대회'가 열렸다.

당시 울산성당에는 지금은 고인이 된 손덕만 베드로 신부님이 계셔서 이런 종류의 집회와 대중 강연 등을 할 수 있었다. 장명국·노무현 강연회를 비롯해 단체교섭 실무 교육 등을 할 장소를 구하기가 매우 힘들었는데 신부님은 울산성당을 이용하라고 허락해 주셨다. 이런 탓에 손덕만 신부님은 요주의 인물로 경찰의 주목을 받고 있었다. 그럼에도 한결같이 지원을 아끼지 않으셨다. 이분을 빼놓고 울산의 6월 항쟁에 대한 역사를 쓸 수는 없을 것이다. 손덕만 신부님은 별로 말이 없으신 분으로, 이런저런 부탁을 드리면 표시도 잘 안 나게 웃으면서 그렇게 하라고 간단히 말씀하셨다. 신부님이 기거하는 방에도 여러 번 가봤는데 참 소탈하고 격의가 없는 분이었다. 2007년 민주노총 울산지역본부에서는 노동자 대투쟁 20주년을 기념하는 기념사업을 펼치면서 손덕만 신부님을 공로상 수상자로 선정한 바 있다. 이미 고인이 되신 관계로 신부님을 잘 아는 다른 신부님께 대신 공로패를 전달했다. 개인적으로는 천주교 신자가 아닌 우리 부부에게 성당 교육관에서 결혼식을 올릴 수 있도록 배려해 주시기도 해 늘 감사한 마음이다.

이후 4·13 호헌 조치가 발표되고 전국적으로 '민주헌법쟁취국민운동본부'가 만들어져 국민 항쟁이 시작되었다. 울산에서는 울사협이 중심이 되어 각종 시국 집회를 준비하게 되면서 상황은 눈코 뜰 새 없이 바쁘게 돌아갔다. 매일 밤 경찰의 눈을 피해 행사를 알리는 유인물을 인쇄하고, 인쇄된 유인물을 배포하기 위해 기다리고 있던 동료들에게 전달했다. 다음 날 행사를 준비하느라 며칠이고 집에도 들어가지 못하는 날이 계속되었다.

당시에는 인쇄소가 경찰의 감시 아래 있었기 때문에 인쇄하기가 무척 힘들었는데, 신정 지하도 근처에 있던 영남인쇄소가 경찰의 감시에도 불구하고 단골로 그 일을 맡아 주었다. 김진석 사관님이 계시던 구세군 교회, 윤운룡 선배가 운영하던 요가 학원이 인쇄물을 기다리는 사람들이 대기하는 장소였다. 그리고 시위는 주로 성남동 시계탑 사거리 주변에서 시작되었는데, 경찰이 장소를 원천봉쇄하고 있었기 때문에 그 근처에 있던 시민약국 건물에 숨어서 바깥을 살피고, 행사 현수막을 배에 감고 있다가 기회를 봐서 순식간에 모여 집회를 시작했다. 오래 진행할 수 없어서 집회를 시작한 후 곧바로 행진을 하고 최루탄을 쏘면 흩어져서 '호헌 철폐, 독재 타도'를 외치며 이곳저곳 산발적인 시위를 하는 방식으로 진행했다.

나는 동료들과 밤에 봉고차를 타고 다니며 집집마다 유인물을 뿌렸는데, 주로 '6·10 범시민 결의 대회'와 '6·26 평화 대행진' 등 가두시위를 알리는 내용이었다. 6월 26일에는 "노동 생존권 압살하는 군부독재 몰아내자."라는 내용을 담은 유인물을 뿌리다가, 따라온 경찰에게 붙잡혔다. 이 일로 남부 경찰서 대용감방에서 3일간 구류를 살게 되었다. 경찰에 연행되었으나 끝까지 묵비권을 행사해 다른 사람들에게는 피해를 주지 않았다. 이때 같은 방에 도박·간통·절도로 들어와 있는 사람들과 만나게 되었다. 처음 들어갈 때 이들은 신입을 길들인다며 내게 이불을 덮어씌워서 발로 차고 호되게 때리기도 했지만, 있는 동안 친하게 지냈다. 2개월 후 구속되었을 때는 함께 철창에 밥을 던지며 부식 개선 투쟁을 벌이기도 했다. 아무튼 당시 2인 1조로 다니며 유인물을 배포했는데, 나중에 보니 함께 다니다가 정이 들어 결혼하게 된 사람도 있었다.

6월 항쟁은 야당 지도자들과 지역 활동가, 학생들은 물론이고 참으로 다양한 사람들이 참가했다. 울산대의 김승석 교수도 시위를 하던 중 연행되기도 했다. 시위의 양상은 시간이 지나면서 조금씩 달라졌다. 근무를 마친 공단의 노동자들이 작업복 대신 평상복으로 갈아입고 시위에 참가하기 시작했던 것이다. 노태우의 6·29 선언이 있고 난 뒤, 시위에 참여했던 사람들은 일상으로 돌아갔다. 하지만 노동자들은 우리 사회를 뿌리부터 흔들어 놓을 새로운 투쟁을 준비하고 있었다.

7, 8월 노동자 대투쟁을 통해 노동자의 힘을 경험하다

당시 울산의 경우 석유화학단지에는 한국노총 소속 노동조합이 있었지만 현대그룹에는 노동조합이 한 군데도 없었다. 그러나 현장에서는 노동조합을 설립하기 위한 준비가 치밀하게 진행되고 있었다. 나는 교육운동 선배인 유상덕 선생의 소개로 현대중전기에 근무하던 천창수 씨(나중에 남편이 되었다)를 알게 되어 함께 소모임 활동에 참여하거나 지원하는 역할을 했다. 현대엔진의 권용목·오종쇄·사영운과 현대중전기의 천창수, 그리고 현대자동차의 이상범·하인규 등이 따로 또 같이 모임을 진행하며 서로 정보를 교류하고 함께 교육을 받기도 했다. 먼저 노조 활동을 해왔던 창원 통일중공업의 문성현과 이혜자, 경주 삼도물산의 윤명희, 진주 대동중공업의 이석행, 부산 대한조선공사의 김진숙 등을 강사로 모셔 와 앞선 경험을 듣기도 했다. 이 과정에서 같은 여자로서, 노동자 출신으로 당당하고 똑소리 나게 강의하는 윤명희와 김진숙에게 큰 감동을 받았다.

1987년 7월 5일 현대엔진에서 권용목이 주도해 드디어 노동조합을 설립했다. 한국노총 금속노조 조직부장 이진우는 현대엔진인 줄도 모른 채 노조 설립을 지원하러 왔다가 현대엔진이라는 것을 알고는 벌벌 떨었다고 한다. 당시 현대그룹에는 노조가 없었고, 노조를 설립한다는 생각조차 감히 하지 못했기 때문이다. 보안을 유지하기 위해 나이트클럽에서 노동조합 결성식을 가졌다.

내가 근무하고 있던 울사협 노동문제상담소는 『울산노동소식』 지면을 통해 현대엔진 노조가 설립되었다는 소식을 다른 사업장에 알렸다. 울사협 노동문제상담소는 이미 1987년 4월 20일 『울산노동소식』 창간호와, "이 땅의 민주화는 민주 노조 결성으로부터"라는 제목의 『울산노동소식』 제2호를 만들어 배포한 바 있었다.

기사는 타자기로 타이핑하고 제목 글씨는 직접 손으로 써서 만들었다. "현대엔진, 노동조합 결성하다"라는 제목의 속보 기사와 현대중전기 중식 거부 운동 등의 기사가 실린 『울산노동소식』을, 노동조합이 결성된 바로 다음 날 출근을 앞둔 새벽에 노동자들이 밀집해 있던 골목골목마다 뿌렸다. 현대엔진 노조 설립 신고필증 교부 소식과 현대미포조선 노동조합 설립을 비롯해 현대그룹 노조 설립 소식을 계속해서 발행했다.

그러자 상담소에는 신규 노조 설립, 어용 노조 민주화 관련 문의가 빗발쳤다. 현대중공업과 현대자동차에서는 회사 측의 사주를 받은 어용 노조가 먼저 만들어졌고, 태광산업과 동양나일론 등 석유화학단지 노동조합은 노조 민주화 투쟁의 깃발을 올려 새로운 투쟁으로 번져 갔다.

현대자동차에서는 그동안 소모임을 통해 노조 설립을 준비해 왔던 이상범·하인규 등이 어용 노조 퇴진을 요구하는 파업에 돌입해 민주 노조를 쟁취했으나 현대중공업은 그리 만만치 않았다. 이에 현대중공업 노동자들은 어용 노조 퇴진을 주장하며 11인 대책위를 구성하고 파업에 돌입했다. 그럼

1987년 8월 18일 현대중공업에서 출발해 남목고개를 넘어 공설운동장까지 행진하고 있는 노동자 대열.

에도 회사 측이 "그룹 종합기획실이 결정할 문제"라고 핑계를 대며 임금 교섭에 성실하게 임하지 않자, 현대엔진 노동조합을 이끌던 권용목을 중심으로 현대그룹의 다른 노동조합들은 '현대그룹노동조합협의회'를 만들어, 현대그룹을 대상으로 연대 투쟁을 벌이기로 결정했다. 그리고는 8월 17일, 18일 이름도 낯선 샌딩머신, 트럭, 지게차를 끌고 그 더운 여름날 장장 10킬로미터를 걸어서 공설운동장까지 행진하며 단결력을 보여 줬고, 결국 "내 눈에 흙이 들어가도 노동조합은 인정할 수 없다."던 왕회장(정주영)도 어쩔 수 없이 현대중공업 노동조합을 인정하게 만들었다.

이날 중장비로 무장한 노동자 대군이 남목고개를 넘자 막고 있던 경찰이 혼비백산해 달아났다. 노동자들은 노래 〈아리랑 목동〉을 소리 높여 부르면서 해방의 기분을 만끽했다. 노동자들이 단결하면 그 힘이 얼마나 큰지, 책에서만 보고 상상하던 광경을 직접 목격하니 감동으로 가슴이 벅찼다. 이 거대한 대군을 스스로 이끌어 가는 노동조합 지도부와 대중을 보면서 노동자가 역사의 주인임을 굳게 믿게 되었다. 그러나 노동자들의 단결에 한 발짝 물러섰던 현대그룹 측은 다시 반격을 시작했고 노동조합 간부들을 잡아 가두기 시작했다.

연행과 구속

87년 노동자 대투쟁이 끝나 갈 무렵인 8월 말, 상담소의 장태원 소상님과 나는 〈집시법〉(〈집시 및 시위에 관한 법률〉)과 〈노동쟁의조정법〉의 3자 개입 금지 위반으로 함께 구속되었다. 몇 달을 밤낮없이 뛰어다녔던 터라 좀 편안하게 쉴 수 있겠구나 생각했다. 나는 아직 젊기도 하고 미혼이라 구속에 따른 부담이 덜했지만, 장태원 소장님은 가족도 있고 연세도 있어 함께 구속된 것이 못내 미안하고 안타까웠다. 그러나 장태원 소장님은 오히려 쪽지를 보내 젊은 나를 격려해 주시기도 했다.

……노 선생님, 지금 우리가 어디쯤 서있지요? 요사이 나는 여러 가지 사회 모순을 보고 듣고 생각하면서 또 내 나이를 생각하면서 자꾸만 부끄럽고 뒤가 돌아보아지고, 특히 노 선생님 같은 이들에게 나이가 좀 더 많은 세대로서 할 말이 없소. 하지만 그렇고 저런 것을 현실적인 바탕으로 깔고 우리가 서있는 자리를 확인합시다. ……

나는 그해 6월 말 유인물을 배포하다가 잡혀서 3일간 구류를 살 때 알게 된 분들이 있어 남부경찰서 유치장 생활이 그리 낯설지 않았다. 구류 때와는 달리 구속된 상태라 소내 환경 개선도 요구하고 책읽기를 통해 공부도 제대로 해야겠다고 생각하고 준비를 했다. 1식 2찬인 부식을 1식 4찬으로, 3주일에 한 번 담요 먼지 터는 것을 1주일에 한 번으로 조정할 것, 금서 외 모든 책의 차입을 허용할 것, 접견 금지를 해제할 것, '명상의 시간'을 없앨 것, 접견 시간 자유 생활을 보장할 것, 영치물 가격을 인하할 것 등을 걸고, 함께 구속되어 있던 울산대 학생인 박종석과 함께 단식에 들어갔다. 단식은 구속 상태에서 할 수 있는 최상의 투쟁 방법이었다. 그러나 단식이 길어지

2010년 5월 울산시장 후보 선거대책본부 발대식에서 축사를 하는 장태원 선생님.

자 박종석이 울산경찰서로 강제 이감되었다. 그 뒤 단식이 힘든 게 아니라 모든 걸 혼자 판단해야 한다는 것이 큰 부담이었다. 단식 15일째 1식 3찬, 2주에 한 번 담요 털기 등으로 경찰서 측과 합의가 되어 16일 만에 단식을 풀었다. 단식 중에 일반 재소자들이 동참해 철창에 밥을 던지는 행동을 함께 했다. 요구가 관철되자 이들과도 더 친하게 지내게 되었다.

당시 울산에는 구치소가 따로 없어 남부경찰서 대용감방이 구치소 역할을 대신하고 있었다. 남부서 대용감방은 1, 2층이었으며, 가운데가 뚫린 원형으로 20개의 방이 있었는데, 방의 위치에 따라 통방을 할 수 있었고, 접견할 경우 서로 얼굴도 볼 수 있었다. 그리고 접견을 다녀오면서 쪽지를 전달하기도 하여 대용감방에 같이 있던 사람들과는 교류가 가능했다. 노동자 대투쟁이 진행되고 있던 시점이라 많은 노동자들이 구속되어 들어왔다. 현대중공업·현대엔진·정일공업·대림유화·삼성전관·금강목새 노동자와 울산대 학생 등 다양한 사람들이 함께 있었다. 바깥에서 상담소 일을 했던 경험을 바탕으로 노동조합 문제에서부터 개인 신상에 이르기까지 다양한 내용의 상담을 쪽지로 주고받으면서 이들과 교류했다. 이곳도 사람 사는 곳이라 바깥 걱정 말고는 어려움 없이 적응할 수 있었다.

나와 장태원 소장님이 구속되고 며칠 지나지 않아 현대중공업 노조 집행 간부들이 대거 구속되어 들어왔다. 이들은 8월 17일, 18일 어용 노조를 몰아내기 위한 대규모 파업 투쟁을 벌여 민주 노조를 건설했고 회사 측과 단체교섭을 진행했다. 교섭은 난항에 부딪혔고, 단체교섭 잠정 합의 시한으로 정한 9월 1일을 넘기면서 단체교섭은 결렬되었다. 그러자 이들은 다음 날인 9월 2일 오후 1시 1만여 명의 노동자들과 함께 현대중공업을 출발해 장장 6시간을 걸어서 울산시청에 집결했다. 그런데 시청에서 유리창과 차량이 파괴되고 방화가 일어나 간부들이 이 혐의를 뒤집어쓰고 구속된 것이었다. 이형건 위원장, 김진국 수석부위원장, 3명의 부위원장, 사무국장을 비롯해 집행 간부 거의 전원이 구속되었다. 집행 간부 중에는 민주 노조 건설을 위한 11인 대책위원이었던 이재식·김형권·조성훈·정병모·박우신과 상임고문 김필수 등이 있었다. 현대중공업 노조를 말살하고자 했던 사람들에게 시청 시위가 빌미를 준 것 같았다. 그렇게 해서 세상을 뒤흔든 대투쟁을 주도했던 사람들을 만나게 되었는데, 가까이서 보니 더없이 소박한 분들이었다. 구속 노동자를 석방하고 민주 노조 활동을 보장하라는 단식 농성을 함께했는데, 보석을 신청해 둔 상태라 보석 결정에 영향을 준다고 해서 몇 차례로 나눠서 단식을 진행하기도 했다.

62

10월 말경 현대엔진 권용목 위원장도 구속되어 남부경찰서로 들어왔다. 권 위원장과는 이때 많은 쪽지를 주고받았으며 바깥에 있을 때와는 또 다른 관계를 가질 수 있었다. 권 위원장도 현대중공업 간부들이 단식을 할 때 동참했는데, '흐리멍덩하고 무기력한 자신을 위해', '애쓰고 고생하시는 동지들에게 사죄하는 마음으로', '말로만 화합을 외치는 자들의 불쌍한 영혼을 위해' 단식한다고 했다. 권 위원장답다는 생각이 들었다.

김진국 등과 현대엔진의 권용목을 제외한 현대중공업 간부 대부분이 석방되었고, 나는 12월 31일 징역 1년 집행유예 2년으로 장태원 소장님과 함께 석방되었다. 김진국은 이후 출소했지만 현대엔진 투쟁을 지원하다가 다시 구속되었다. 그는 1988년 4월 총선에서 옥중 출마해 정몽준과 맞붙었는데 이 때문인지 그해 12월이 되어서야 석방되었다. 권용목 또한 뒤늦게 구속된 오종쇄 등과 함께 1988년 12월 말에야 자유의 몸이 되었다.

권용목에 대한 추억

87년 7, 8월 노동자 대투쟁을 이야기하면서 권용목을 빼놓을 수는 없을 것이다. 25년의 세월이 흘렀지만 그에 대한 기억은 너무나 생생하고, 그의 운명이 너무나 안타까워 가슴이 아프다. 권용목을 처음 만난 것은 소모임을 통해서였다. 굵은 검정 테 안경을 쓴 예쁜 얼굴에 수줍음을 띤 미소년의 모습이었다. 그는 대중투쟁을 하기 전부터 고적 답사반과 이시회라는 조직을 만들어 동료들을 조직했으며, 반장으로, 노사협의회 위원으로 현장 문제를 해결하기 위해 활발하게 활동하면서 동료들의 신뢰를 받고 있었다.

권용목은 현대엔진 노조 설립을 주도하고 위원장을 지냈으며 이후 현대 그룹노동조합협의회를 만들어 의장을 맡으면서 현대그룹 전체 노동자들의 지도자로 우뚝 서게 되었다. 권용목의 연설을 들은 사람이라면 누구나 그를 잊지 못할 것이다. 나는 아직까지도 그보다 더 나은 연설을 들어 본 적이 없다. 1987년 7월 5일 현대엔진 노조 결성 보고 대회와, 8월 17일, 18일 3만 대군 앞에서 호령하던 그의 연설은 현대그룹 노동자들의 가슴에 깊은 감동과 자부심으로 남았으리라 생각한다.

그는 현대엔진 노조 결성과 8월 17일, 18일 연대 투쟁으로 구속되었고 석방되자 바로 해고되었다. 여기에 굴하지 않고 민주 노조를 사수하고자 조합원들과 함께 본관을 점거하고 파업 농성에 돌입했는데, 이 때문에 또다시 구속되었다.

외아들인 권용목이 구속되자 권처홍 아버님을 비롯해 어머니와 부인은 매일 구치소로 출근하다시피 하며 면회를 했다. 이분들의 지극한 사랑은 보는 사람들을 안타깝게 했다. 처음에 아버님은 나와 같은 이른바 '외부 세력'에 대해 부정적인 생각을 가졌으나 투쟁 과정에서 생각이 바뀌셔서 울산 노동자의 아버지로 노동자들의 존경을 받았다. 또한 '재벌의 아들'인 정몽준에 맞서 '노동자의 아버지'로 1992년 총선에 출마하기도 하면서 가족 차원의 지원을 넘어 투쟁의 한복판에서 헌신하는 삶을 살았다.

개인적인 인연으로는 우리 부부의 주례를 맡아 주신 분이기도 하다. 주변

1987년의 권용목.

에 훌륭한 분들이 많았지만, 노동자로서의 삶을 살겠다는 의지를 담고자 주례를 부탁했는데, 그 후 지역의 많은 노동자들의 주례를 서주셨다. 그리고 권용목의 자형인 윤재길은 권용목의 직장 동료이자 동지로, 권용목이 자기 누나를 소개했다고 한다. 그는 2008년 내가 동구에서 총선에 출마했을 때 월차를 내서 법정 선거 기간 내내 선거운동을 해주기도 했다. 현대중공업에서는 회사가 조직적으로 한나라당 후보를 지원했으므로, 진보 정당의 노동자 후보를 대놓고 지지하기란 결코 쉽지 않았다. 대단한 결단이 필요했을 것이다.

노동자 대투쟁 이후 노동 탄압이 본격화되면서, 1988년 4월 26일 총선에 노동자 후보를 출마시켜 노동 탄압을 폭로하고 노동자의 힘을 보이기로 했다. 당시 권용목과 김진국이 구속되어 있었는데, 두 사람 중 누가 출마할지를 논의한 끝에, 권용목은 노동운동을 상징하는 최고 지도자로 남아 있어야 하고, 현대중공업 수석부위원장으로 구속되어 노조 탄압을 살 알릴 수 있는 지도자인 김진국을 옥중 출마시키는 쪽으로 의견이 모아졌다. 그러던 어느 날 조영래 변호사가 울산을 찾아왔다. 이번 총선에 권용목을 출마시켜야 하며, 권용목이 출마할 경우 모든 경비는 물론 적극적인 지원을 아끼지 않겠다고 했다. 조영래 변호사는 이미 노동자 정치 세력화에 대한 고민을 하고 계셨다. 그래서 노동운동의 최고 지도자를 총선에 내보내 진검 승부를 해야 한다고 말씀하셨다. 노동자 대표가 국회에 진출하는 것의 의미와 그것이 노동운동에 미칠 영향에 대해 오랜 시간 이야기를 하셨으나, 울산 사람들이 결정을 굽히지 않자 그 길로 서울로 올라가셨다. 이때까지만 해도 울산 지역 활동가들은 총선 출마를 노동자 정치 세력화라는 관점보다는 노동운동을 위해 활용하는 정도로만 생각했던 것 같다. 그때 다른 결정을 했더라면 권용목 개인이나 노동운동은 어떻게 달라졌을까 하는 생각을, 그 뒤로 자주 하곤 했다.

현대그룹의 노동자 탄압은 악명이 높았는데 단체협약 교섭의 결렬로 현대중공업 노조가 파업 중이던 1989년 1월 8일 새벽, 당시 (나와 결혼을 앞두고 있던) 현대중전기 해고자 천창수는 조합원 18명과 함께 언양 석남산장에 신년 수련회를 갔다가 현대그룹에서 고용한 조직폭력배 수십 명에게 테러를 당했다. 이 조폭들은 바로 연이어 '현대그룹해고자협의회'(약칭 '현해협') 사무실을 급습해 권용목·김서호·배남효·이용희에게도 테러를 가했고, 권용목은 팔이 부러지는 부상을 당했다. 결혼을 1주일 앞둔 상태에서 일어난 테러 사건이었고 여론에서도 관심을 보였던 일이라, 우리 결혼식이 전국적으로 알려져 여성 잡지에 실리기도 했다.

이후 민주노총이 건설되면서 권용목은 초대 사무총장을 맡아 서울에 갔으나 주어진 역할에 적응하지 못하고 중도에 그만두면서 인생이 꼬이게 되었던 것 같다. 그 과정을 정확히는 알 수 없으나 본인이 가끔 내뱉던 말을 요약해 보면, 민주노총 상층 지도부의 정파 대립으로 사무총장이 할 수 있는 일이 아무것도 없다는 것이었다. 이 과정에서 노동운동 상층 활동가들에 대해 환멸을 느꼈던 것 같다. 이후 계속 함께하기 어려운 방향의 행보를 하다가 갑작스러운 죽음을 맞이했는데, 생각할수록 안타깝기 그지없다. 한 시대의 탁월한 노동운동 지도자가 어떻게 좌절했는지, 거기서 무엇을 배울지를 뒤돌아봐야 할 것이다.

노동운동 진영과 행동을 달리하면서 이런저런 말들이 많았으나, 권용목은 죽을 때까지 궁핍하게 살았던 것 같다. 권 위원장의 어머님이 돌아가셨음에도 조문을 가지 못해 미안한 마음에, 서울로 이사 간 집을 남편과 함께 방문한 적이 있었다. 권 위원장은 집에 없었고 아버님과 부인, 그리고 장성한 두 아들이 있었는데 전셋집에서의 살림살이가 어려워 보였다.

장명국과 노무현에 대한 기억

노동조합 설립을 준비하면서 이상희 선배의 소개로 장명국 선생을 알게 되었다. 내가 있던 상담소에서 강사로 초청했는데 배움에 목마른 활동가들에게 많은 도움을 주었다. 석탑출판사를 운영하면서 『노동법 해설』이라는

위: 1988년 노동상담소의 초청 강연회에 강사로 침석한 노무현.
아래: 같은 해 현대중공업 집회에서 연설 중인 노무현.

책을 써 초기 노동운동에 크게 기여했다.

또한 그는 현대자동차와 현대중공업에서 어용 노조가 설립되자 어용 노조 퇴진을 위해 고민하고 있던 노동자들에게 성실하게 상담해 주고 구체적인 도움을 주어 승리로 이끄는 데 큰 역할을 했다. 노동자 대투쟁의 초기였던 1987년 7월 24일에는 상담소에서 장명국 선생을 초청해 울산성당에서 강연을 가졌다. 말이 강연이지 현대중공업 어용 노조를 물리치고 민주 노조를 건설하기 위한 교육·선전이었다. 그날을 떠올리면 "점심시간을 이용해 조합원 총회를 열어 기존 노조를 불신임하는 방법으로 투쟁해야 한다."는 내용으로 현대중공업 노동자들의 투쟁을 고무했던 기억도 떠오른다. 강연을 마치고 여러 그룹의 노동자들과 함께 어용 노조 민주화를 위한 전술을 논의하는 자리가 따로 만들어지기도 했다.

장명국 선생은 늘 버스를 타고 라면을 끓여 먹는 등 검소한 생활 태도가 몸에 배어 있어 함께하는 사람들을 부끄럽게 했으며, 초기 활동가들에게도 큰 영향을 끼쳤다.

노무현 변호사는 '법무법인 부산'에서도 노동 법률 상담을 했고, 6월 항쟁 때 유명해지기도 해 내가 근무하던 노동상담소에서 강연회를 열어 강사로 초청한 바 있었다. 이후 노동자 투쟁이 본격화될 무렵 현대중공업 집회에 초대되어 연설을 한 적이 있었는데 "자본가들이 다 없어져도 세상은 굴러간다. 하지만 노동자들 없이는 이 세상이 유지되지 않는다. 노동자가 세상의 주인이다."라고 해 노동자들로부터 열렬한 박수를 받았다. 이후 국회의원이 되었을 때 정분회에서 성수영 회상에게 호통을 치는 낭랑한 모습을 보여 노동자들의 신뢰를 받았다. 노동자들의 기대를 한몸에 받으면서 대통령에 당선되었지만 비정규직을 양산하는 비정규직법을 개악하면서 노동운동 진영과 사사건건 대립하게 됨에 따라, 노동자들의 지지는 원망으로 바뀌었다.

한편, 현대공고에서 해직된 후 울산의 송철호 변호사가 해고 무효 소송 1심을 맡아 울산 지법에서 재판이 진행되었다. 재판 전 과정에 나도 직접 참여해 적극적으로 대응했고, 완벽하게 승소했다. 이후 현대학원 측에서 항소해 부산 고법에서 재판이 진행되었는데 1심 변호사였던 송철호 변호사와 법무법인 부산의 문재인·노무현 변호사가 함께 변론을 맡았다. 2심은 1심과는 달리 부산까지 오가기도 힘들고 1심에서 이겼기 때문에 방심하고 있었는데, 결과는 부분 승소였다. 사실상 패소한 셈이다. 1심에서는 문제되지 않은 '해직 후 구속'이 문제가 되었다. 만약 해직되지 않고 교사로 근무할 때 구속되었다면 당연 퇴직되었으리라는 것이었다. 그리하여 해고는 무효이지만 해고된 뒤부터 구속된 시점까지만 임금을 지급하고, 구속되면 자동 면직되므로 그 뒤로는 임금 지급의 의무가 없다는 것이 판결의 요지였다. 나는 해직되지 않았다면 구속도 되지 않았을 것이며, 구속은 공무원이 아닐 때 일어났을뿐더러 이미 사면 복권된 사항이라고 대법원에 상고해 주장했으나 끝내 패소했다. 2심 재판 과정에서 제기된 중대 사안을 의뢰인인 나에게 알려 주지 않아 결과가 그리된 것 같아, 당시에는 담당 변호사에 대해 아쉬운 마음이 있었다.

개인적으로 노무현 변호사와는 고향이 가까우며, 내 형제들 모두 현(鉉)

자 항렬이다. 초등학교 때까지 내 이름도 '옥현'이었고 집안 어른들로부터 "무현이 무현이" 하는 소리를 들은 적이 있다. 주변에서도 "친오빠냐, 사촌 오빠냐?"며 물어보기도 했다. 그가 국회의원 시절 즈음에 텔레비전 방송에 출연해서 "울산에 노옥희 선생이라고 있는데 [다른 사람들이] 내가 오빠냐고 물어보기도 한다."고 말하는 바람에 두고두고 회자되기도 했다. 대통령 선거 때는 내가 속했던 민주노동당 권영길 후보를 지지할 수밖에 없었고, 그가 대통령이 되고 나서는 교육 문제를 두고 전교조와 불화했던데다가 노동 문제에 대한 태도에서도 이전 정권과 차별성을 보여 주지 못했기에 지지하기가 힘들었지만, 개인적으로는 안타까움이 남는 분이었다.

노동운동 지역 조직 건설

87년 노동자 대투쟁을 통해 현대그룹은 물론이고 각 사업장별로 노동조합이 생겼고, 노동자들이 세상의 주인임을 당당하게 선언하게 되었다. 노동자가 역사의 전면에 나선 것이다. 상담소에서 하던 많은 일을 이제 노동조합들이 맡아서 했기 때문에 상담소의 역할을 새롭게 모색하게 되었다. 그래서 상담소를 비롯해 지역 노동운동을 지원해 왔던 단체들이 모여 '임투지원본부'를 만들어 활동했다.

조합원 교육에 대한 요구도 많았지만 대부분의 교육은 노동조합의 이름으로 신행할 수 있었다. 그보다는 선진 노동자를 위한 활농이 필요했는데,

1988년 11월 연세대에서 열린 제1회 전국 노동자 대회에서 장태원·진영우·조승수와 함께.

'민족 학교'와 임투지원본부가 이런 역할을 담당하게 되었다. 나는 임투지원 본부에 참여하고 있었지만 주도하는 위치는 아니었다. 87년 노동자 대투쟁을 계기로 전국의 활동가들이 울산으로 모여들었고, 이로 인해 노동운동 진 영에서도 본격적으로 노선이 분화되었다. 1987년 말 대통령 선거 때 나는 구속되어 있어서 이때 함께 활동하지 못했는데, 그 때문에 그 후 어디에도 소속감을 느낄 수가 없었다.

다른 한편, 이즈음 나는 노동운동의 중요성을 경험을 통해 확신하게 되었고, 노동운동에서 제대로 된 역할을 하기 위해서는 주변에서 지원하는 세력에 머물지 않고 나 스스로 당사자가 되어 본격적으로 활동해야겠다는 생각을 하게 되었다. 따라서 내 활동의 뿌리이기도 한 교육운동에 대해 고민하기 시작했다. 마침 교육운동 진영에서는 Y중등교협의 역사를 이어받아

'전국교사협의회'(이하 '전교협')의 성과와 한계를 넘어 노동조합을 결성해야 한다는 쪽으로 논의를 모아 가는 중이기도 했다. 나중 일이지만, 그래서 나는 그간 노동운동을 하며 얻은 경험을 전교조 활동에 보태기로 하고 1989년 6월 전교조로 돌아가게 된다.

노동운동의 총선 투쟁

87년 노동자 대투쟁 이후 노동운동에 대한 탄압이 극심했다. 앞서 언급했듯이 1987년 8월 17일, 18일 연대 투쟁을 빌미로 권용목을 구속했고, 9월 의문의 시청 방화 사건을 빌미로 현대중공업 노조의 대다수 간부들을 구속했다. 그 밖에 다른 사업장의 웬만한 활동가들도 구속·해고되었다. 노동운동 진영에서는 1988년 4월 총선에 후보를 내서 노동운동에 대한 탄압을 막아내고 어려움에 처한 노동운동에 활력을 만들자고 결의했다. 후보로는 노동운동 지도자인 현대엔진의 권용목과 현대중공업의 김진국이 거론되어 논란 끝에 김진국으로 결정이 났다는 것 또한 앞서 설명한 바 있다. 당시 김진국은 현대중공업 노동조합 수석부위원장으로서 전해 9월 2일 단체교섭 결렬 후 시청으로 진격했을 때 발생한 의문의 방화 사건에 대한 책임을 지고 구속되었다 석방되었으나 1988년 3월 현대엔진 농성 투쟁을 지원했다는 이유로 다시 구속되어 있었다.

김진국은 전혀 망설이지 않고 바깥에서 내린 결정을 존중해 주었다. 참

대범한 사람이라는 생각을 했다. 그동안 정치 활동도 전무한 상태에서 옥중 출마를 한 그를 위해 선거 포스터를 만들어야 했다. 김진국은 그전부터 잘 알고 있었으며 남부서 대용감방에서도 가깝게 지냈다. 그는 노동운동 지도 자로서 권용목과는 사뭇 다른 유형이지만 볼수록 인간적인 매력이 느껴지 는 사람이었다. 포스터에 들어갈 사진을 찾다가 한껏 멋을 내고 찍은 옛날 사진이 나와 웃음을 자아내기도 했다. 나는 함께 구속되어 있었던 인연도 있고 해서 경찰서를 방문해 선거용 사진을 찍는 일을 담당했다. 사진사를 대동해 남부경찰서를 찾아가 미리 준비해 간 한복을 입히고 사진을 찍었다. 김진국은 전혀 망설이지 않았고, 농담도 재미있게 하여 일하는 사람의 마음 을 편하게 했다.

후보 등록을 마치고 선거운동에 들어갔는데, 지금은 없어졌지만 당시만 하더라도 합동 유세가 있었다. 학교 운동장 등에 모여 후보들이 차례로 단 상에 올라 유세를 하면 유권자들이 박수를 치거나 야유를 보내는 선거 유세 는 선거운동의 백미였다. 김진국 후보는 옥중 출마였기 때문에 유세를 할 수 없어 대리 유세를 요구했으나 거부되었다. 선관위 주관 공식 유세가 끝 난 후 노동자들은 독자 집회로 유세를 대신하며 결의를 모았다. 정몽준 후 보는 당시 첫 출마였기 때문에 많이 긴장했고, 대중 연설에 능하지 않아 연 설이 엉망이었다. 거의 유세문을 읽으면서 문장의 끝 부분만 "……하겠습 니다아." 하고 목청을 높였다. 내용은 대부분 돈으로 무엇을 해주겠다는 것 으로 형편없었다. 노동자들은 그에게 야유를 보냈으며 심지어는 운동장 모 래를 던지기도 해 경찰이 아크릴 방패 같은 걸로 막은 뒤에야 유세를 계속할 수 있었다. 지금 생각하면 우습기 그지없는 장면이다. 정치인이라면 누구나 거쳐야 할 통과의례를 재벌의 아들이라고 비켜 갈 수는 없었다. 이후 선거법이 개정되어 대중 동원 방식의 합동 유세가 없어지고 그 자리를 텔레비전 토론이 대체하게 되었다. 텔레비전 토론을 하게 된 점은 발전적인 측면이라 할 수 있으나, 합동 유세가 없어진 것은 아쉽다.

선거운동은 선거 투쟁으로 치러졌다. 구속되어 있는 후보를 출마시킨 것 자체가 대중투쟁의 어려움을 극복하고 활력을 불어넣으려는 성격이 컸으므로 집회를 열고 거리 행진을 하며 휩쓸고 다녔다. 결국 패배하기는 했으나 대중의 열기는 대단했고 득표도 상당한 수준이어서 자신감을 회복했다. 이렇게 노동자 정치 세력화가 첫발을 떼게 되었으며, 이후 권처홍 아버님에 이어 이갑용, 김창현 그리고 나까지 출마했다. 그러나 누구도 동구에서 현대그룹 정몽준의 아성을 무너뜨리지는 못했다. 노동자의 도시 동구에서 노동자의 대표를 국회에 보내는 것은 이때부터 노동자와 그 가족들에게 숙제가 되었다. 주민들이 지방 권력인 구청장 선거와는 또 다른 판단을 하고 있다는 생각이 들었다. 선거운동을 위해 전국에서 자원봉사자들이 몰려들었다. 서울에서 내려와 골방에서 홍보를 담당했던 이수원은 부정투표 시비로 개표 과정에서 충돌하는 바람에 연행되었는데, 학생운동을 하던 시절 구속된 적이 있다는 이유로 덜컥 구속되었으며, 구속 후 부산교도소로 이감되는 등 고초를 겪었다. 그는 이 사건을 계기로, 석방된 뒤에도 울산에 남아 활동하다가 전교조 해직 교사인 황점순 선생과 결혼해 울산 사람이 되었다. 이 두 사람의 결혼식 사회를 남편인 전창수가 낳았으니, 이 노한 노동운동이 만들어 준 인연이 아닐까.

전태일 노동상을 수상하다

1997년에는 전태일기념사업회로부터 삼미특수강노동조합과 함께 내가 제6회 전태일 노동상을 받게 되었다. 그동안 전태일 노동상은 노동운동의 상징적인 인물이나 그해를 상징할 만한 모범적인 투쟁 사업장에 주는 것이 관례였다. 그런데 이와는 거리가 먼 나에게 주어진 것이다.

전태일기념사업회는 노동상 수상 사유로 "노옥희 민주노총 울산지역본부 부의장은 1986년 교사 시국 선언 관련으로 해직된 이후 1987년 2월 울산 지역에 최초로 울산노동문제상담소를 개설하여 상담소 활동을 통해 87년 노동자 대투쟁 시 노조 건설 지원 사업과 건설 이후 노조 간부 지도 사업에 많은 힘을 보태었다. 이후 전교조 건설 및 지역 발전 사업과 더불어 지역 연대 사업을 꾸준히 전개하여 지역 노동운동 발전에 기여한 바가 크다."라고 했다.

연락을 받고 "내가 받을 위치에 있지 않다."고 하자 전태일기념사업회로부터 "특별한 개인 혹은 그해 이름난 투쟁만큼 지속적으로 활동하는 것이 중요하다는 의미에서 수상했다."는 이유를 따로 들었다.

부상으로는 '곧은 목지의 팔뚝' 조각 기념패를 받았다. 전태일기념사업회는 '곧은 목지의 팔뚝'에 대해 이렇게 소개하고 있다.

'곧은 목지의 팔뚝'은 썩은 조정에 항거하여 새 세상을 여는 병신(억눌린 자)들의 의로운 힘을 상징한 팔뚝이다.

다른 병신들과 고통을 함께하며 같이 울분과 신바람을 나누고 끝내 억눌림으로부터 해방되는 곧은 목지의 이야기는 1970년 11월 13일 청계천 평화시장의 한 청년 노동자의 이야기이기도 하다. 못 배우고, 굶주리고, 장시간의 살인적 노동조건 속에서 병들어 가는 평화시장 동료 노동자들의 한을 함께 나누며, 인간적 삶을 위해 조직하고 투쟁한 전태일 동지의 모습에서 곧은 목지는 다시 살아나 온다.

절박한 노동 해방의 기원 속에서 근로기준법을 태우며 산화해 가신 전태일 동지의 정신을 곧은 목지의 팔뚝 속에서 새롭게 다시 찾고자 하는 취지로 곧은 목지의 팔뚝을 전태일 노동상의 기념패로 제작했다. 따라서 이 팔뚝은 이 시대 노동자의 해방을 향해 앞장서서 투쟁하는 노동자들의 팔뚝이기도 하다.

전태일 노동상은 현대공고 교사로 있을 때 '내가 앞으로 어떤 일을 하든 이 아이들에게 힘이 되는 일을 하자.'고 결심했던 것처럼 그 뒤로 내가 어떻게 살아야 할지를 잊지 않도록 하는 힘이 되어 주었다. 이 세상의 변화를 원하는 사람에게 '전태일'이라는 이름은 단순히 한 개인의 이름만이 아니며, 그 이름을 들을 때면 뭉클함을 느끼게 하는 그 무엇인데, 전태일 노동상을 받고 나니 그 위에 또 하나가 더 얹힌 듯한 느낌이었다.

1997년 제6회 전태일 노동상 부상으로 받은
'곧은 목지의 팔뚝' 조각 기념패.

87년 노동자 대투쟁 20주년 기념사업

2007년 민주노총 울산지역본부가 중심이 되어 "당신의 심장은 아직 뛰고
있습니까?"라는 이름으로 87년 노동자 대투쟁 20주년 기념사업을 펼쳤다.
이때 민주노총 울산지역본부 윤장혁 사무처장과 함께 공동집행위원장을 맡
았다. 1987년 당시 함께 활동했던 선배님들을 모시고 '87년 노동자 대투쟁
20주년 기념사업 추진위원회 발족식'을 시작으로 추진위원회 산하에 영역
별로 역사위원회·학술위원회·문화부문위원회·현장실천위원회를 두고 다
양한 사업을 펼쳐 나갔다. 87년 노동자 대투쟁의 역사적 사실과 현재적 의
미, 앞으로 어떻게 계승·실천할 것인가에 대한 다양한 논의와 행사들이 전

2007년 5월 10일 '87년 노동자 대투쟁 20주년 기념사업 추진위원회 발족식' 기념사진.

개되었다. 추진위원회는 87년 노동자 대투쟁 20년을 맞아 차별 없는 울산과 새로운 20년의 희망을 만들어 낼 것이라고 밝혔다.

추진위원회 집행위원장을 맡아 활동하면서, 울산이 (노동운동 역사 1백 년 중 가장 큰 획을 그은) 87년 노동자 대투쟁의 포문을 연 자랑스러운 지역임에도 87년 노동자 대투쟁이 잊혀져 간다는 사실과, 투쟁의 주역들이 보이지 않는 것에 대한 안타까운 마음이 많이 들었다. 특히 울산은 대규모 노동조합이 있고, 진보 정당 소속 동구·북구 구청장을 비롯해 국회의원까지 있음에도 제대로 된 노동 역사 자료실 하나 꾸리지 못하고 있는 현실 또한 안타까운 일이었다. 선배로서 부끄러운 일이 아닐 수 없다.

부산의 경우, 5년간의 준비를 거쳐 1999년에 부산민주공원 소성 범시민

추진위원회가 부산시에 제안해 '부산민주공원'을 만들었다. 부산 민주화 운동을 상징하는, 그리고 부산 시민의 자존심을 담은 공간이 마련된 것이다. 부산민주공원 4기 관장으로 전교조 출신의 이광호 선생이, 5기 관장으로는 박영관 선생이 연이어 취임하는 것을 보며 더욱 책임감을 느꼈다. 특히 박영관 관장은 같은 시기에 전교조 지부장과 교육위원 활동을 함께한 동료이기도 하다.

울산에서 노동운동기념관을 만들어 내지 못한 것은 주체인 우리의 힘이 모자라는 측면도 있지만, 아직 우리 사회에서 노동운동이 보편적인 권리로서 인정받지 못한 결과이기도 하다. 노동운동이 이 땅의 대부분을 차지하는 노동자들의 삶을 얼마나 의미 있게 변화시켜 냈는지에 대한 사회적 공감대가 이루어지지 못하고 있기 때문이다. 국민의 정부와 참여정부를 지났지만 노동은 시민권을 얻지 못했고, 이들 정부는 앞선 정부와 다른 모습을 보여 주지 못했다.

앞으로 우리 사회가, 우리 정치가 얼마나 달라졌느냐는 노동운동기념관이 생길 수 있는가를 보면 알 수 있을 것이다. 노동운동기념관이 생긴다면 제일 먼저 울산에 생겨야 한다는 데는 이견이 없으리라고 생각한다. 나는 개인적으로 87년 노동자 대투쟁의 절정인 8월 17일, 18일에 3만 대군이 고개를 넘어 공설운동장으로 향했던 장면을 상징할 수 있도록 바로 그 남목고개에 기념관이 세워졌으면 하는 바람을 갖고 있다.

3

나와 교육운동

전교조 결성

1989년 5월 28일 전교조가 결성되던 날, 나는 임투지원본부 활동을 하면서 노동자 투쟁을 지원했다는 이유로 수배되어 피신 중이었는데, 숨어 지내던 김덕분 선생의 집에서 그 감격적인 순간을 맞이했던 기억이 난다. 전교조의 전신이라 할 수 있는 Y중등교협의 교육 민주화 선언에 참여했고, 교육운동을 하던 동료들과 교류하고는 있었지만, 노동자 대투쟁의 연장선에서 활동을 계속하다 보니 전교조 결성 과정에 함께하지는 못했다. 하지만 그간 87년 노동자 대투쟁을 겪으면서 노동운동의 현장은 노동조합을 중심으로 움직이게 되었고 이를 지원하는 활동가들도 많이 생겼다. 그래서 그동안의 경험을 바탕으로 교육 노동운동에 매진해야겠다는 생각을 하고, 1989년 출범한 전교조에 복귀해 상근을 하고자 마음먹었다.

87년 6월 항쟁과 7, 8월 노동자 대투쟁으로 넓어진 공간에서 대중조직들이 우후죽순으로 생겨났다. 1987년 9월 교사 대중조직인 전교협이 건설되자 그동안 쌓여 왔던 교사들의 요구가 봇물처럼 터졌다. 전교협은 Y중등교협과는 질적으로 다른 교사 대중조직으로 많은 성과를 남기기도 했으나 임의 조직이어서 한계도 명백했다. 자연스럽게 운동의 방향은 교원 노동조합을 금지하는 법을 개정하고자 하는, 교육 악법 개정 운동으로 나아갔고, 단체교섭과 단체 행동이 보장되는 교원 노조를 요구하기에 이르렀다.

전교조 결성에 대한 정부의 탄압은 상상을 초월했다. 정부는 문익환 목사의 빙북과 서경원 의원의 방북 사실, 전내협(전국대학생대표자협의회) 학생

1989년 전교조 탄압 분쇄 집회에 참석했다가 연행되는 장면.

임수경의 평양 축전 참가와 문규현 신부의 방북 동행을 빌미 삼아 전교조에 대한 이데올로기 공세를 펼쳤다. 동시에 전교조 결성에 대해, 그간 산업 현장에서의 노조 결성과는 다른, 우리 사회의 근간을 흔드는 사건으로 규정하면서 관계기관 대책회의를 통해 전방위적으로 압박했다. 전교조 결성을 주도했던 교사들을 연행·구속하고 교원 노조를 탈퇴하지 않으면 전원 중징계하겠다고 밝혔다. 이에 맞서 전교조는 1989년 7월 9일 '전교조 탄압 저지 및 합법성 쟁취 범국민 대회'를 개최했으나 참가 교사 2천여 명 전원이 연행되었다. 7·9 대회 이후 전면전이 시작되었다. 전교조는 교사들의 연행에 맞서 (퇴근하지 않고 교무실에서 밤을 새는) 불퇴근 단식 농성을 전개하면서 대화를 시도했으나 여의치 않았다.

울산 지역에서도 5월 28일 전교조가 출범하자 6월 3일 울산 울주 지회를 결성하고 각종 투쟁을 전개했다. 처음에는 학교 대표인 분회장까지 징계할 것으로 예상했으나, 예상과는 달리 전교조 가입 교사 전원을 중징계하겠다며 탈퇴를 종용해 왔다. 전교조는 불퇴근 단식 농성, 명단 공개, 사표 제출 등의 전술을 두고 심각한 고민에 빠졌다. 불퇴근 단식 농성에 돌입하면서 정부에 대화를 요구했으나 받아들여지지 않자 명동성당 단식 농성에 돌입했다. 전국에서 교사 7백여 명이 참가했고 울산에서도 26명이 참가했다. 나는 명동성당 농성에는 참여하지 않고 울산에 남았는데 단식 농성에 참여한 선생님들의 부모와 가족이 사무실을 찾아왔으며, 심지어는 명동성당 농성장까지 가족들과 장학사들이 찾아가 탈퇴를 종용했다. 황점순 선생은 명동성당까지 올라오신 아버님을 만나지 않고 따돌려서 무사히(?) 해직되었고, 어떤 여선생은 경찰공무원인 아버지가 대신 탈퇴 각서를 제출해 학교에 남게 되기도 했다.

명동성당 단식 농성을 마치고 울산으로 내려온 교사들이 모여 명단 공개에 대해 논의하던 과정을 지금도 잊을 수가 없다. 해직을 각오했는데, 교사들마다 사정이 있기 마련이었고 이를 어디까지 양해할 것인가를 두고 눈물의 토론을 벌인 것이다. 개인의 사정을 모두 들어주자니 조직의 전열이 흐트러질 것이고, 이를 무시하고 일률적으로 대응하기에는 개인적으로 사정이 너무 딱한 경우도 있었거니와, 설사 그렇게 한다고 해도 지켜지지 않을 것이기 때문이었다. 또한 이 시기를 슬기롭게 극복해야만 이후 조직을 보전해서 앞으로 나아갈 수 있었기 때문에, 조합원들 사이에는 팽팽한 긴장감이 흘렀다. 애기가 진행되는 동안 울먹이는 교사들도 있었다.

교사가 왜 노동자인가?

전교조에 가입했다는 이유로 감옥에 가고 징계를 받자 전국에서 전교조 교사들을 지켜야 한다는 움직임이 들끓었다. 울산 지역에서도 33개 단체가 시민 협의회를 구성해 서명과 초청 강연회, 집회를 벌이는 등 전교조를 사수하고 전교조 교사에 대한 탄압을 저지하는 활동을 전개했다.

그동안 노동조합을 결성하는 일은 생산 현장에서 육체노동을 하는 노동자들의 권리로만 여겨졌는데, 교사들이 노동자라며 교직원 노동조합을 결성하자 자연스럽게 '교사가 노동자인가'라는 문제가 제기되었다. 특히 정부에서는 교사들이 노동조합을 만들어 학생들에게 공산화 교육과 의식화 교육을 하려 한다고 선전했으며, 그 결과 전교조를 부정적으로 보는 이들도 많았다. 이에 대해 우리는 2부제 수업 해소 등을 위한 '교육 환경 개선', 입시·경쟁 교육으로 자살과 열등감에 시달리는 아이들을 살리기 위한 '입시·경쟁 교육 개선', 교사의 처우가 참교육과 밀접한 관련이 있다며 주장한 '교직원 처우 개선', 노동의 중요성과 노동자를 자랑스럽게 여기도록 교육할 수 있는 '교육 내용의 자율성'을 위해 교직원 노조가 반드시 있어야 한다고 설득해 갔다.

전교조 교사들과 시민 협의회에 속해 있는 학부모, 시민, 노동단체와 노동조합 간부들이 간담회를 하다 보면, 같은 노동자이면서도 교사들에 대해서는 노동자라는 동질감이 생기지 않는다는 이야기가 많았다. 반면에 어떤 노동자들은 "전교조를 지원한다는 말은 맞지 않다. 교육 문제는 전교조만의 문제가 아니라 우리 모두의 문제이다."라며 함께 투쟁해야 한다고도 했다.

학부모 단체에서는 전교조의 투쟁으로 인해 학습권이나 수업권이 침해될 것을 걱정하는 학부모가 많으니 이에 대한 대책을 세워 달라고 하기도 했다.

나는 전교조에서 정책 활동과 연대 사업을 담당했다. '교사가 왜 노동자인가', '왜 교원 노동조합인가'를 이야기하는 홍보물을 만들어, 교사는 물론이고 시민 협의회에 참가한 단체들에게 알려 나갔다.

나는 이 유인물을 통해 "교사도 노동자임을 자랑으로 여기면서 노동조합을 만들었습니다", "노사협의회가 힘이 없듯이 교사 협의회 또한 한계가 명백합니다", "교직원 노조는 노동의 중요함과 노동자가 세상의 주인임을 가르칠 것입니다" 등의 내용을 알렸다. 그리고 학부모들과 노동조합, 시민 단체와 전교조 교사들 간의 간담회를 통해 직접 전교조 교사들의 목소리를 듣고 공감할 수 있는 자리들을 만들었다. 이런 과정을 통해 전교조 교사들은, 전교조가 단순히 교사들의 이해관계를 대변하는 노동조합을 넘어 우리 사회에서 책임 있는 역할을 수행하는 노동조합이라는 자부심을 가지면서 스스로도 성장해 갔다.

울산의 해직 교사들

여러 가지 이유로 본의 아니게 전교조를 탈퇴할 수밖에 없어 학교에 남게 된 교사들과, 해직을 당해 학교를 떠나야 하는 교사들로 나뉘는 가슴 아픈 과정을 거치면서 울산에는 20명의 해직 교사가 생겼다. 초대 울산 지회장을 맡아 고생하다가 현재 교육의원(예전 명칭은 '교육위원')으로 활동하고 있는 정찬모 선생, 전교조 결성 이후 가장 왕성한 활동력으로 전교조를 이끌다가 감옥까지 다녀왔던 성충호·장인권·한강범·이원영 선생, 교육 민주화 선언에 이어 두 번이나 해직된 정익화 선생, 전교조의 궂은일을 도맡은 박경열 선생, 발령받은 지 6개월 만에 해직된 권정오 선생, 유치원 교사로서 해직 대열에 함께한 유숙희·박은영 선생, 장인권 선생과 같은 학교에서 해직된 김덕분·호정진 선생, 전교조로 인해 결혼 적령기를 놓친 박영선 선생, 나이가 적지 않았음에도 함께해 후배 교사들에게 모범을 보였던 황정숙·김영숙·손수원 선생, 초등 중심 활동가로 역할을 한 박상란·황점순·최미순·이영선 선생이 그분들이었다. 이분들과 1986년 교육 민주화 선언으로 해직되어 복직이 되지 않은 채 있던 나까지 모두 21명의 해직 교사가, 1994년 3월 나를 뺀 모두가 복직되기까지 5년 가까운 세월 동안 동고동락하며 함께했다.

지금도 마찬가지이지만 대량 해직된 전교조 교사들은 복직 투쟁은 물론이고 지역의 크고 작은 투쟁에 헌신적으로 참여하면서 교육 노동운동가로 성장해 갔다. 그 과정에서 테러도 당하고 감옥에 가기도 했는데, 울산은 시·군·구 단위 조직의 대표인 지회장이, 전국에서 유일하게 1대에서 4대까지 연이어 구속된 것으로도 유명했다. 이들은 겉으로는 투사이지만 모두가 평범한 교사 생활을 하다가 교육운동에 들어선 지 얼마 되지 않아 해직되는 바람에 경제적인 어려움을 비롯해 감당하기 힘든 일들을 겪으면서도 꿋꿋하게 활동했다.

해직 교사들은 미처 생계를 꾸릴 준비도 못한 채 덜컥 해직되었다. 독신

또는 부부 교사이거나 배우자가 경제활동을 하는 사람은 상대적으로 나은 편이었지만, 혼자 벌어서 가족의 생계를 유지해 온 정찬모·장인권·한강범 선생은 힘든 나날을 보내야 했다. 이 교사들은 복직하고서도 해직 기간 동안 밀린 연금을 내지 못해 많은 불이익을 당했지만, 달리 보상이 되지 않아 생활은 여전히 어려웠다. 당시 해직 교사들에게는 활동비 정도의 생계비가 주어졌는데 생계비 지급 규정을 정해 형편에 따라 차등 지급했다. 학교 다니는 자녀가 있는 가장은 특A등급으로 35만 원, 학교 다니는 자녀가 없는 가장은 A등급으로 31만5천 원, 독신은 B등급으로 28만 원, 맞벌이 부부는 C등급으로 24만5천 원을 지급했다. 이후 조금씩 바뀌기는 했지만 큰 틀에서 이와 비슷하게 차등 지급했는데, 나름의 토론을 거쳐 합의해 만든 합리적인 방안으로 의미 있는 내용이라 생각한다. 친지를 제외하고 친구 등 해직 교사와의 개인적인 친분 덕분에 후원금을 받을 경우 모두 전교조를 통해 생계비 지급 규정에 따라 나누었다.

해직 교사들은 현장에 남았던 교사들과 약사·의사 등 지역사회의 후원금으로 약간의 생계비를 받았지만 활동비 수준을 넘지 못했다. 조직 활동을 지원하고 해직 교사들의 부족한 생계비에 조금이라도 보탬을 주고자, 본부에서 '참교육사'를 설립해 가방이나 학용품 등의 물품을 만들어 판매했다. 그리고 추석이나 설에는 굴비나 버섯 판매 등 재정 사업을 했고, 연말에는 카드를 만들어 팔았다. 박경열·최미순 선생이 중심이 되어 나염으로 직접 티셔츠 등을 만들어 팔기도 했다. 그리고 정찬모·박경열·박상란 선생 등은 집 짓는 일을 하며 활동비를 마련했다. 특히 미술 교사였던 박경열 선생은

위: 해직 동료 여교사들과 함께 참석한 전국 노동자 대회.
아래: 해직 교사 및 전교조 초기 활동가들과 함께한 수련회.

전공을 살려 전교조의 어려운 살림에 많은 도움을 주는 등 궂은일을 도맡아 해직 교사들의 많은 사랑을 받았다.

이렇게 모두들 생활이 어렵다 보니 점심은 해직 교사들이 5백 원씩 내서 직접 해먹기로 했다. 여교사들은 별로 어려움이 없었지만 남교사들은 평소에 하지 않던 일이라 힘들어했다. 식사 준비는 잘하는데 설거지를 곧바로 하지 않아 회의 때마다 이 문제가 거론되기도 했다. 부엌이 따로 없어서 화장실 한쪽에 싱크대를 놓고 부엌으로 사용했기에, 설거지를 하지 않고 그릇을 쌓아 두면 몹시 지저분해 보였던 것이다. 이를 참을 수가 없었던 여교사들은 늘 잔소리를 해댔다.

해직 교사들의 하루 일과는, 아침에 출근해서 점검 회의를 하고, 참교육사 물품과 전교조 신문 및 교과 자료를 학교에 배달하는 일로 시작했다. 학교로 나갈 때는 다섯 명씩 조를 짰는데 '민족·민주·인간화'조라는 이름의 조는 학교로 나가고, 상황 대기조는 사무실에 남아서 업무를 처리했다. 학교에 가면 반겨 주는 동료 교사도 있었지만 관리자들은 오지도 못하게 하거나 심지어는 내쫓기도 했다. 토큰 두 개를 받아 현장 방문을 하면서 이런 취급을 받다 보면, '언제까지 이렇게 살아야 하나.' 하는 생각이 절로 들었다. 그래도 혼자가 아니고 여럿이 함께 활동하는 것은 서로에게 힘이 되었다. 해직 교사들은 지역의 각종 연대 사업에도 발 벗고 나서서 각종 대책위의 집행위원장을 맡기도 했는데, 그러면서 지역 연대의 중심이 되었다.

전교조 울산 지부가 타 지부에 비해 조직력과 투쟁력 측면에서 선도적일 수 있었던 가장 큰 이유는, 여러 가지 어려움에도 불구하고 해직 교사 전원이 복직할 때까지 전교조 활동에 전념했다는 데 있을 것이다. 회의 때마다 평가를 얼마나 철저히 했는지 회의 시간이 늘어지기가 일쑤였다. 대의원대회의 안건을 놓고도 조합원들을 대상으로 반드시 사전 토론을 거치게 하는 등 지금은 사라지고 없는 토론 문화가 꽃피던 시절이기도 했다.

나의 생활도 다른 해직 교사들과 다르지 않았다. 남편은 해고자였고 아이 둘이 연년생으로 태어나 생활고에 시달렸다. 활동을 하면서 돈을 좀 벌수 있는 일이 없을까 고민하다가 어린이 도서 외판을 약 2년간 했다. 외판이라고 해봐야 모르는 사람을 찾아 나서지는 못하고 아는 사람들에게 연락해서 책을 파는 수준이었는데, 1993~94년 동안 이 일을 하며 큰돈을 번 것은 아니었지만 생계에 적지 않은 도움이 되었다. 어려울 때 도와준 사람들이 너무 고마웠고, 그때의 기억 때문에 누군가 내게 어려운 부탁을 할 경우 매몰차게 거절해서는 안 되겠다는 생각을 했다.

연년생이어서 두 아이 모두 돌봐야 했기에, 낮에는 어린이집에 맡기고 저녁에는 (맡길 데가 없어) 아이를 안고 회의를 하기도 했다. 그래도 그때는 젊을 때라 피곤한 줄도 몰랐고, 아이를 업고 걸리며 차도 없이 버스를 타고 다니면서도 활동을 멈추지 않았다.

학교에 남은 선생님들

형식적이었지만 전교조 탈퇴 각서를 쓰고 복직하기로 결정한 교사들 또한 해직과 똑같은 아픔을 감내해야 했다. 해직된 교사들은 그렇다 치더라도, 학교에 남은 교사들은 이중의 고통에 시달렸고 아직도 그 아픔이 남아 있으리라 생각된다. 지금도 해직 교사들에게는 이런저런 의미를 부여해 주목하지만, 아픔 속에 학교에 남는 것을 선택할 수밖에 없었던 교사들에 대해서는 제대로 조명되지 못하고 있는 것 같아 마음이 아프다. 이분들의 헌신이 없었다면 어찌 오늘의 전교조가 있었겠는가.

한편 전교조를 탈퇴했던 교사들이 1989년 9월 이후 탈퇴 무효 선언을 통해 재가입하면서, (전교조 가입 교사 전원을 해직시키고는) '현장에는 전교조가 없다'고 한 정부의 거짓 선전을 깨고, 현장에서 전교조를 뿌리내리는 역할을 했다. 현장 교사들은 현장에서 조직을 복원하는 한편, 해직 교사들의 생계를 돕기 위해 후원회를 조직했다. 직접 전교조에 가입하기는 부담스러웠던 교사들도 해직된 동료의 생계를 돕자는 움직임에는 기꺼이 참여했다. 전교조 결성 초기 정부가 대대적으로 탄압했음에도 전교조에 대한 현장 교사들의 호응은 폭발적이었다. 전교조 지부장을 맡아 교육청 관료들과 단체교섭을 하다 보면 (사적인 자리에서) 자기도 학교에 있을 때 전교조 교사들을 후원했다는 말을 흔히 들을 수 있었다. 후원금을 내는 교사들에 대해 후원금을 내지 못하도록 차단시키고 문교부에 보고하라는 지침이 있을 때만 잠시 주춤했을 뿐 현장 교사들의 후원은 멈추지 않았다.

현장에 남은 교사 중에는 초등 교사가 많았다. 초등 교사들, 특히 남교사들은 교육대학에 다닐 때 병역을 면제받았는데, 학교를 그만둘 경우 군대를 가야 했기에 어쩔 수 없이 전교조 탈퇴를 선택하곤 했다. 이런 이유로 울산

1995년 8월 12일 전교조 교사들과 함께한 야유회.

지역 초등 활동가 중 여교사들은 많이 해직되었지만, 남교사들은 탈퇴 각서를 쓰고 현장에 남기로 했다. 그러니 초등 해직 여교사들에 대한 초등 남교사들의 애정은 남달랐다. 후원금을 보내는 것으로 그 애정을 표현했는데, 백광오 선생과 지금은 고인이 된 박정호 선생이 후원회를 맡아 주었고, 선배 격으로는 해직됐다가 해임 무효 소송에서 승소해 현장으로 복직한 손수원 선생이 버텨 주셨다. 서민태·민보호 선생 등은 지회장 등을 맡아서 현장에서 조직을 추스르며 전교조를 복원하는 역할을 했다. 반용순·강은주·박미홍·이석경·양미희·노종효·김현정·원성혜·전효애·전병철·노재전·양복심·송앵 선생 등이 현장에서 초창기 전교조를 지키는 역할을 했다.

중등 교사들로는 선배 격인 황치홍·이종대 선생이 계셨고 김정미 선생은 현장에서 해직교사원상복직추진위 대표를 맡아 징계까지 감수하며 활동했다. 서정대·신윤철·송병찬·최재승·권주희·최주철·정혜경·김용세·박동출·최영하·배숙희·이수철·이성실·류재윤·동훈찬·신미옥·김영임·박재섭·최병건 선생 등이 해직 교사들의 빈자리를 메워 주었다.

학교 밖 교사

어느 날 갑자기 교단에서 쫓겨난 교사들은 가르칠 학생과, 서로 우애를 나눌 동료 교사가 없다는 사실에, 경제적인 궁핍과는 또 다른 차원에서 괴로워했다. 비록 학교라는 곳에서 아이들을 만날 수는 없었지만 교사임을 포기할 수 없었기에, 거리의 교사를 자처하면서 각종 집회나 교육 등을 통해 자신의 수업을 이어 나갔다. 특히 꽃다운 나이의 초등 교사인 최미순·황점순 선생은 각종 집회에서 율동 등을 함으로써 지역의 노동자들이 전교조와 정서적으로 가까워지고 서로 소통하는 데 큰 역할을 했다. 그 결과로 황점순·유숙희 선생은 지역의 활동가와 결혼하기도 했다.

이와는 달리 특별히 아이들을 만나기 위해 만든 것이 '사제 만남의 날'과 '참빛교실'이었다. 사제 만남의 날이나 참빛교실에는, 해직 교사들이 근무하던 학교의 제자들이 주로 참석했다. 각 과목별로 수업도 하고 판화, 풍물, 독서 토론 등 취미 동아리를 만들어 담당 교사를 두고 수업을 하기도 했다. 참빛교실을 운영하면서 '교사로서 학생들을 어떻게 볼 것인가?'라는 해묵은 주제를 다시금 토론했고, 학생들을 독립된 인격체로 보면서 존중해야 한다는 논의도 나누었다.

한편 동료 교사들을 만나기 위해서 방학 중에는 취미반과 교과 연구반을 운영했다. 취미반으로는 박경열 선생의 판화반, 한강범 선생의 독서 토론반, 문화부가 이끌어 가는 풍물반이 있었고, 영화 감상의 날을 운영하거나 교과 연구위 활동 등을 통해 동료 교사들과 가까워지려는 노력을 펼쳐 나갔다. 그리고『함께하는 참교육』이라는 소책자를 만들어 '활동 평가', '분회 탐방', '학교 민주화 투쟁 소식', '독후감과 책 소개', '지역 노동조합 소식', '다른 나라 교육운동사' 등을 실어 조합원 교육용으로 배포하기도 했다.

쇠망치 테러와 전교조 사수

전교조 탄압이 갈수록 심해지던 중 울산에서는 1989년 9월 1일 현대엔진 노동자 2명과 전교조 장인권 선생이, 전교조 사무실과 같은 건물에 있던 울산사회선교실천협의회 사무실 등에서 포승줄에 묶여 쇠망치 테러를 당하는 일이 벌어졌다. 이들은 내부를 훤히 알고 들어와 불과 20분 남짓한 시간 동안 세 곳의 사무실에 있던 노동자들에게 테러를 자행하고는 사라졌다.

이들은 나이와 덩치는 물론, 머리가 짧고 복장이 통일되었으며, 절제된 언어를 사용했다는 점에서 비슷했다. 울산 지역 테러가 있기 전 울산 지역 노조 간부들과 총학생회 간부들이 줄줄이 구속되었고, 전국에서 전교조를 좌경 용공 의식화 단체라며 공안 정국을 조성하는 시국 강연회가 진행되고 있었다. 심지어 테러 몇 시간 전에는 "빨갱이 노조 만드는 곳이냐?"라고 묻는 괴전화가 걸려 와 "가만두지 않겠다."고 협박하는 일도 있었다. 쇠망치로 가격하면서도 골절 등의 치명상을 입히지 않은 것을 보아 전문적인 조직의 계획된 테러였다.

전교조만을 겨냥한 것이 아니라는 듯이, 다음 날 마창노련에서도 얼굴에 스타킹을 뒤집어쓴 괴한 6명이 테러를 저질렀다. 경찰은 테러범들이 사용한 포승줄이 경찰용이라는 사실을 확인했음에도 테러범을 잡으려고 노력하지 않았다. 심지어 증거보전을 위해 매듭을 풀지 말 것을 요구했는데 바로 풀어 버리기까지 했다. 그리고 테러를 당해 병원에 실려 간 노동자가 제대로 깨어나지 못하고 있었음에도 퇴원을 종용하는 등 사건을 축소시키기에 급급했다. 이렇게 증거를 은폐하고 심지어는 테러를 알리는 홍보물 배포를 방해하고 빼앗아 가기도 했다. 대책위에서는 경찰서를 항의 방문해 경찰과의 연관성을 밝히라고 요구했다.

지역에서는 즉각 대책위를 구성하고 발 빠르게 대응했는데, 나는 대책위 상황실장을 맡아 언론과 정치권 대응을 중심으로 활동했다. 야당인 민주당에 진상 조사단 구성을 요구하고 국회 차원의 대응을 촉구했다. 테러 사실을 언론에 알리고 유인물을 직접 만들어 시민들에게 알려 나갔다. 이 사건을 계기로 무엇보다 전교조 문제의 근원적인 해결을 위해 구속 교사 석방과 전교조 해직 교사의 복직을 요구했다. 정부는 1천5백여 명의 전교조 교사들에 대한 대량 해직, 구속, 테러를 저지르는 것은 물론 좌경 용공 빨갱이라고 선전하며 전교조를 탄압하는 데 혈안이 되어 있었지만, 전교조에 대한 지지 또한 그에 못지않았다.

전국적으로 노동·시민사회단체들이 전교조 탄압을 저지하기 위한 공동 대책 기구를 구성해 전교조를 지지·엄호해 주었다. 지역별로 전교조 탄압을 저지하는 과정에서 학부모들이 함께하게 되었고, 나아가 전국적인 학부모 단체인 '참교육을위한전국학부모회'가 만들어졌다. 항상 학교와 교사에 대해 약자였던 학부모가 당당하게 교육의 주체임을 선언한 것이다. 학생들도 학교에서 사랑하는 선생님들이 어느 날 갑자기 교단에서 쫓겨나게 되자 '선생님을 돌려 달라'는 호소로 시작해, 전교조에 대한 탄압이 단순히 교사들만의 문제가 아니라는 것을 깨닫고, 학생도 교육의 주체임을 선언하면서 고등학생 조직을 만들었다.

울산에서도 전교조에 대한, 노동계를 비롯한 시민사회의 지지는 대단했다. 특히 울산에서는 전국노동조합협의회(이하 '전노협')의 지역 조직인 울노협 건설을 위한 준비위 활동이 전교조 못지않게 거센 탄압을 받았기에 동병상련·이심전심으로 연대했다. 쇠망치 테러가 알려지자 각계각층에서 모금이 이루어졌다. 얼마 뒤 전교조 해직 교사를 지원하는 활동의 일환으로 울산대에서 열린 정태춘 씨의 공연에는 무려 8천여 명이나 모여 대성황을 이루었다. 누르는 힘이 센 만큼 그에 대항하는 힘 또한 크고 넓게 번져 갔다.

해직 교사 복직 투쟁

1천5백여 명의 전교조 해직 교사들은 복직 투쟁을 통해 투사로 단련되어 갔다. 1989년 12월 11일부터 3일간 전개한 '해고자 총단결 투쟁'은, 참여했던 1천여 명의 해직 교사 가운데 무려 621명이 연행될 정도로 대규모 투쟁이었다. 1천여 명이나 되는 전교조 해직 교사들이 움직였음에도 보안이 철통같아서 경찰들이 곤혹스러워했다.

경찰들은 해직 교사들이 명동성당에서 결의 대회를 마치고 정부 종합 청사로 가는 것을 알아차리지 못한 채 허를 찔려 혼비백산했으며, 연행된 교사들은 경찰서에서도 투쟁을 계속했다. 이를 계기로 당시 언론에 제대로 알려지지 않고 있던 전교조 문제가 3일간이나 계속해 다루어져 전교조가 살아 있음을 널리 알리는 계기가 되기도 했다. 울산에서도 많은 해직 교사들이 참가했는데, 특히 호정진 선생은 이때 부상을 당해 함께 내려오지도 못했다.

1993년 전교조와 교육부가 복직 합의를 하고 이듬해 3월 복직되기까지, 해직 교사들의 복직 투쟁은 매년 진행되었다. 명동성당의 계단에서 천막도 없이 침낭을 덮고 하늘을 지붕 삼아 자면서 복직 투쟁을 전개하기도 했으며 해직 문제를 이슈화하기 위해 여러 가지 전술을 활용했다. 정부 종합 청사 앞마당과 청와대 들머리에 기습적으로 난입하기도 했다. 특히 청사 난입은, 해직 교사들이 삼삼오오 짝을 지어 주변을 걷다가 호루라기 소리를 신호로 순식간에 들어가는 식으로 이루어졌다. 우리 스스로도 들이갈 수 있으리라

위 1992년 5월 31일 전국 교사 대회에서 현대학원 동료 교사와 함께.
아래 2011년 6월 3일 울산 교사 대회에서 해직 교사들이 꽃다발과 기념품을 받았다.

고 생각하지 못했기 때문에, 정작 앞마당에 들어가고도 건물 안으로 들어가지 못한 채 우왕좌왕하다가 연좌 농성을 진행했다. 결국 전원이 연행되었다.

'닭장차'에 실려 경찰서로 가기도 했지만, 경찰들이 교사들을 서울 시내 외곽에 뿔뿔이 내려놓는 경우도 있었다. 그러면 다시 서로 연락해 경찰서에 모여서 밤을 새워 가며 항의했다. 경찰서에 연행되면 지침에 따라 묵비권을 행사했고, 대표를 뽑아서 토론을 진행하는 등 경찰서를 연수의 장으로 만들었다. 순진한 교사들이 연행을 겁내지 않게 되었고, 심지어 상경 투쟁을 했다가 아무 일도 없이 내려올 때는 싱겁다며 아쉬워하기도 했다. 연행되어서도 경찰의 온갖 불법에 항의하고는 했으니, 경찰들도 전교조 교사들을 두려워했다.

나는 둘째 아이를 임신한 만삭의 몸으로 경찰서에 연행된 적이 있었는데, 경찰서 안에서 신발을 벗어 바닥과 철창을 치고 소리를 지르며 항의를 했다. 나중에 둘째 아이가 말을 잘 안 듣고 고집을 부릴 때면 은근히 태교의 영향이 아닐까 혼자 걱정하기도 했다.

모두가 복직한 사무실에 혼자 남아

전교조 결성으로 해직되었던 선생님들은 전교조와 교육부 간에 합의가 이루어지면서 1994년 3월 모두 학교로 돌아갔다. 나까지 21명의 해직 교사들이 동고동락하며 함께했던 일을, 모두가 복직한 뒤에는 채용 상근자 한 명과 내가 처리해야 했다. 저녁에 회의를 마치고 선생님들이 떠난 사무실에 혼자 남아 자료를 묶고 사무실을 정리하면서 뼛속 깊이 사무치는 외로움에 눈물을 삼킬 때가 한두 번이 아니었다. 이런 외로움이 모두 나쁜 것만은 아니었다. 나는 지금도 인간이 외로움을 모르고는 성숙할 수 없다고 생각한다. 외로움 속에서만 자신에 대해서는 물론, 다른 사람에 대해서도 깊이 생각해 볼 수 있다고 믿기 때문이다. 지금 생각하니 어떤 어려움 속에서도 자신을 지키며 살아갈 힘을 기를 수 있었고, 나의 미래에 대해서도 많이 고민한 시절이었던 것 같다.

복직되지 못한 해직 교사의 복직 문제가 해마다 전교조와 교육부 사이에 쟁점이 되어 협의되었지만, 현대학원이 거부해 번번이 복직에서 제외된 나는 좌절감에 휩싸였다. 정익화 선생이 속한 상북학원은 상북 면민들이 돈을 내서 만든 학교 재단이라 전국적인 여론을 받아들여 정 선생을 1년 6개월 만에 복직시켰지만, 현대학원은 여론도 무시한 채 요지부동이었다. 교육 민주화 선언 교사들이 모두 복직되었음에도 나는 현대공고에 복직되지 못했다. 공립으로 특별 채용하는 방안이 논의되었으나, 복직되어 다음 날 또다시 해직되더라도 꼭 현대학원에 복직되고 싶었기에, 그런 이야기가 그다지 반갑지 않았다. 공립으로 특별 채용하자는 것은, 사립학교인 현대공고에서 해직될 당시 공립은 말할 것도 없고 사립에 대해서도 경남교육위원회가 개입해 교사들에게 문답서를 받고 학교로 하여금 (해당 교사를) 징계하도록 종용했기 때문에, 해직 교사 복직은 개별 사학의 문제를 넘어 정부 차원에서 책임져야 한다는 맥락에서 나온 이야기였다.

울산이 광역시로 승격되면서 전교조도 경남 지부 울산 지회에서 울산 지부로 분리 승격되었고, 모두가 복직해 유일하게 남은 해직 교사인 내가 울산 지부장을 맡게 되었다. 전교조 결성에 앞장섰던 선생님들이 지도부를 맡는 동안 노동운동의 길을 거쳐 온 나는 지금껏 그들을 보좌하는 역할을 했는데, 이제 앞에 나서게 된 것이었다. 지부장을 맡으면서 전국적인 투쟁과 단식도 많아져 며칠씩 울산을 비우곤 했는데 이럴 때면 연년생으로 태어난 두 아이를 돌볼 길이 없어 동료 교사들이 번갈아 가며 집에 와서 애들을 보살펴 주기도 했다.

　　엄마·아빠가 없는 자리를 주변 선생님들과 동료들이 메워 주었고, 이런 관심과 사랑 덕분에 아이들은 부족한 가운데서도 잘 자랄 수 있었던 것 같다. 그때를 생각하면 늘 고마운 마음 가득하다.

전교조 합법화, 분회 결성, 단체교섭

1999년 전교조가 합법화되었다. 전교조 탈퇴를 조건으로 해직 교사들이 복직한 지 5년이 지나서였다. 그전까지는 법외노조로 활동해야 했기에 공개적으로 현장 활동을 하기가 어려워, 전교조의 발이라 할 수 있는 학교 현장 조직인 분회 결성이 본격적으로 이루어지지 못했다. 합법화 이후 최초의 분회는 2월 11일 송병찬·조용식 선생이 있던 삼호중학교에서 결성되었는데, 교장 선생님까지 참석해 축하해 주었다. 드디어 전교조가 현장에 조직적으로 뿌리를 내리게 된 것이었다.

학성고등학교·일산중학교·울산공고 분회 등 하루가 멀다 하고 봇물이 터진 것처럼 분회가 결성되었다. 하루에 4개 학교에 분회가 결성되는 날도 있었다. 초등학교나 사립학교에 비해 상대적으로 조직력이 강한 공립 중·고등학교에서 먼저 이루어졌다. 사립학교는 공립에 비해 전교조 활동에 따른 신분상의 불이익이 큰 만큼 노조의 필요성도 더 절실했다. 공립에 이어 사립과 초등학교에서도 본격적으로 분회가 결성되었는데, 이는 1999년 연말을 넘어 이듬해까지 이어졌다.

나는 1999년 초 전교조가 합법화됨에 따라 지부장으로서 분회 결성과 이를 위한 간담회로 눈코 뜰 새가 없었다. 몸은 피곤했지만 합법 전교조의 조직을 현장에 뿌리내린다는 자부심으로 피곤함도 거뜬히 이겨 낼 수 있었다. 새로 치러진 선거에서 지부장으로 연임되었고, 9월에는 13년 만에 명덕여자중학교에 복직되었다.

복직되고 다시 전임으로 나오기까지 한 학기 동안은 학교 수업에 분회 결성식, 그리고 민주노총 운영위원으로 참석해야 하는 각종 회의 등으로 더 바빠졌다. 다른 한편, 합법화된 노조로서 교육청과 교섭을 진행해야 했기에, 그에 필요한 공동 교섭단을 꾸리고자 한국교원노동조합(이하 '한교조')을 만나 교섭 요구서도 만들어야 했다. 교원 노조법(〈교원의 노동조합 설립 및 운영 등에 관한 법률〉)의 한계로 전교조가 독자적으로 교섭을 진행할 수 없어, 먼저 한교조와 교섭위원 배정 및 교섭 요구서 작성을 위한 노조 간 교섭을 거쳐야 했는데 합의 과정이 만만치 않았다. 조합원 수는 전교조가 훨씬 많았음

2001년 현대청운중 분회 결성식. 학교 측
에서 장소를 허락하지 않고 교문을 봉쇄해
교문 밖에서 결성식을 가졌다.

에도 한교조에 대폭 양보해 교섭위원과 교섭 요구서를 확정하고, 11월 말에
야 교육청에 교섭 요구서를 제출해 교섭을 시작할 수 있었다.

그동안 노동운동을 통해 단체교섭에 대한 사전 지식을 갖출 수 있었으므
로 큰 어려움은 없었으나, 교육청과의 첫 교섭이라 앞으로 중요한 잣대가
된다는 생각에 부담을 느끼지 않을 수 없었다. 그래서 교육감이 나오는 본
교섭을 하지 않으려는 교육청과, 교섭의 틀을 제대로 갖추어야 한다는 우리
측의 샅바 싸움으로 많은 시간을 보냈다. 그리하여 전국의 다른 어느 지역
못지않게 모범적인 교섭 틀을 만들어 교육감을 본 교섭장으로 불러낼 수 있
있다. 그러나 샅바 싸움이 너무 실어져 임기 내에 교섭을 마무리 짓지 못한

채 지부장 임기를 마쳐, 전교조 울산 지부와 울산교육청과의 첫 단체교섭 체결은 2기 지도부인 장인권 지부장 시절에 이루어졌다.

전교조 울산 지부는 전국에서 가장 조직률이 높고, 각종 활동에도 적극적으로 참여해 민주노총으로부터 모범 조직상을 수상하기도 했다. 지부장으로서 가슴 벅찬 순간이었다.

고교 평준화 운동의 성공

지부장 임기 중 가장 보람된 일은 울산 지역의 가장 큰 교육 현안인 고교 평준화를 이루어 낸 것이다. 고교평준화실현연대회의(이하 '연대회의')의 공동 대표를 맡아 (울산시의 광역시 승격을 요구하는 서명을 제외하고는 가장 많은 숫자인) 6만여 명의 서명을 받았는데, 당시에는 그만큼 고교 평준화에 대한 열기가 뜨거웠다. 각 학교와 거리에서는 물론이고 노동조합의 지원을 받아 대공장 식당에서도 서명을 받았다. 당시 울산 지역 명문인 학성고등학교 졸업생들이 '울산지역고교평준화반대추진위원회'라는 기구를 꾸려 전교조 사무실을 항의 방문하고 홍보물을 만드는 등 조직적인 움직임을 보였지만, 고교 평준화에 대한 열기를 식힐 수는 없었다.

지금은 상상하기 어렵지만 고등학교가 서열화되어 있어 교복만 봐도 공부를 잘하는 일류 학교 학생인지 아닌지를 알 수 있던 당시에는, 이른바 하위권 학교 학생들이 교복을 입고 외출하는 것을 부끄럽게 생각할 정도였다.

상황이 이랬기 때문에 학부모와 교사, 학생들의 지지는 드높았다. 이런 열의가 지역의 영향력 있는 일류 학교 출신 인사들의 반대를 이겨 낼 수 있는 힘으로 모아진 것이다.

고교 평준화를 반대하는 측의 주요 논리는 성적이 하향 평준화된다는 것이었지만, 평준화 지역이 비평준화 지역보다 성적이 좋다는 연구 결과들이 있었기에 설득력이 없었다. 연대회의는 평준화에 대한 논리를 개발해 문답 자료집을 만들고, 토론회를 개최해 설문 조사 결과와 평준화에 대한 내용을 알렸다. 이런 일들을 홍보물에 담아 지역사회에서 이슈화하자 언론도 많은 관심을 보였다. 방송사에서 개최한 토론회에 평준화 찬반 입장의 토론자를 부르기도 했다.

당시 KBS 울산방송에는 정관용 씨가 서울에서 1주일에 한 번씩 내려와 사회를 맡아 진행하던 시사 프로그램이 있었는데, 여기서 고교 평준화를 주제로 다룬 적이 있다. 그때 나는 찬성 토론자로 나갔는데 정관용 씨의 진행 실력에 감탄했다. 지금만큼 유명하지 않아 잘 몰랐던 때였는데, 울산에 저런 유능한 진행자가 있었나 하고 놀랐다. 나중에 전국적으로 유명한 시사 프로그램 진행자가 되고 나서 다시 만났을 때 그 당시 얘기를 주고받기도 했다. 2007년 나는 민주노동당 권영길 대선 후보의 교육특보 자격으로 다른 당 교육 공약 담당자들과 함께 관련 토론회에 나간 적이 있었는데 그때 진행자와 토론자로 다시 만나 반가운 인사를 나누었던 것이다.

연대회의는 울산 지역의 시민·사회·노동단체를 총망라해 구성되었다. 연대회의의 교육 관련 핵심 단체였던 선교소와 참교육학부모회는 물론, 민주노총도 적극 앞장서서 서명운동을 이끌었기에 잘 진행될 수 있었다. 특히 전교조는 연대회의 활동의 중심에서 열심히 참여했기 때문에 지역사회에서도 많은 지지를 받았다. 당시 전교조 울산 지부는 정책실장인 권정오 선생이 논리를 개발하고 사무처장인 서진규 선생이 서명운동 등 실무 집행을 맡아 손발을 잘 맞춰 재미있게 사업을 진행할 수 있었다.

고교 평준화 운동이 절정을 이루었던 1997년, 경실련에서는 전교조 울산 지부장이었던 내게 고교 평준화 운동 등을 통해 지역 교육 발전에 앞장섰다는 이유로 '경실련이 기억하는 시민상'을 수상했다. 어쨌든 이 운동은 전교조 설립 초기에 펼친 '돈 봉투 안 주고 안 받기 운동'만큼이나 뜨거운 호응을 받은 사업이었다. 특히 길거리에서 서명을 받을 때는 하교하는 중·고등학생들의 지지 열기가 폭발적이었다. 서열화된 학교에서 얼마나 시달려 왔는지가 그대로 드러났다.

교육청은 처음에는 소극적이었으나 갈수록 뜨거워지는 관심을 외면할 수 없어 평준화를 하겠다고 발표했다. 3년간의 준비 기간을 거쳐 2000년부터 시행되었다. 가슴 벅찬 감동의 순간이었다. 울산 지역에서 고교 평준화 운동이 성공한 뒤에는, 비평준화 지역인 익산과 진주 등에 성공 사례를 발표하러 다니기도 했다.

고교 평준화가 교육 문제의 근본적인 해결 방안이 될 수는 없었지만 적어도 중학교까지 입시 경쟁으로 시달리는 것은 면할 수 있었다. 그러나 고교 평준화는 단순히 하나의 제도가 아니다. 고교 평준화에 대한 찬성과 반대는 '경쟁을 통한 교육이냐, 협동을 통한 교육이냐'라는, 교육을 바라보는 근본적인 철학의 차이를 배경으로 하고 있기 때문이다. 고교 평준화는 입시 폐지, 대학 평준화까지 갈 수 있게 하는 데 징검다리가 되는 중요한 정책이다. 그러나 이런 노력이 있었음에도 지금은 다시 특목고와 자립형 사립학교, 자율형 공립학교 등이 생겨나면서 고교 평준화가 크게 훼손되고 있다. 중학교는 물론이고 초등학교까지 입시 경쟁 교육의 폐해로 시달릴 만큼 후퇴한 현실을 보면 너무 안타깝기만 하다.

위: 2007년 11월 입시 폐지 대학 평준화 캠페인.
아래: 2011년 8월 교육 공공성 실현 전국 도보 대장정에서 완주한 신윤철·최인섭 선생과 함께.

4

교육위원 노옥희

13년 만의 복직과 교육위원 출마

1986년 10월 해직된 지 햇수로 13년 만인 1999년 9월에, 해직된 현대공고
가 아닌 (공립학교인) 명덕여중으로 복직되었다. 복직되어 학교에 가니 전교
조 동지들과 지역에서 보낸 축하 화분과 축전, 축하 팩스가 밀려 왔다. 13년
간의 해직 생활을 한꺼번에 보상받는 느낌이 들 만큼 감동적이었다. 그동안
함께해 준 조합원들은 물론이고 지역의 많은 선후배들이 노력해서 이루어
진 복직이었다. 복직하고 나서 지역의 어르신들을 모시고 식사를 대접하며
그동안 신세진 것에 대해 감사의 마음을 전했다.

지역 방송사에서 첫 수업 시간을 취재해서 보도하기도 했다. 13년 만에
선 교단이 너무 낯설었다. 학기 중에 복직되기도 했지만 해직되기 전 고등
학교 남학생을 가르치다 어린 여중생을 맡아 가르친다는 것이 쉽지 않았다.
게다가 지부장 역할을 하면서 학교 수업을 하자니 학교 일도 전교조 일도
제대로 하지 못하는 것 같아 마음이 불편하기만 했다. 그러다가 한 학기를
마치고 다시 전임으로 활동하게 되면서 짧은 교사 생활을 접고 지부장으로
남은 1년간의 임기를 마친 뒤, 2001년 다시 명덕여중으로 돌아왔다. 2년 전
복직 때와는 달리 전교조 직책을 맡지 않은 상태에서 학기 초부터 아이들을
가르치게 되어 아이들과도 재미있게 지내는 데 어려움이 없었다.

이즈음 경제적으로도 다소 안정이 되어 긴 전세살이를 청산하고 지금 살
고 있는 동구청 앞 벽산아파트로 이사했다. 전세를 살던 집에서 나가 달라
고 했으나 집을 구하기가 어려워 매일 아침 남편이 오도바이를 타고 동네

2002년 명덕여중 제자들과 함께.

게시판을 둘러보다 집이 나와 있는 것을 발견하고 전화를 하니 부도가 나서 경매에 들어가 있는 아파트였다. 처음에는 실패했지만 주변 동료의 도움으로 두 번째 도전에 성공했다. 모델하우스로 사용했던 집이기도 해 마침 비어 있어 어려움 없이 이사를 할 수 있었다.

지부장 임기를 수행하던 2000년에는 박준석 본부장, 최상범 사무처장 후보와 함께 민주노총 울산지역본부 수석부본부장 후보로 출마해 당선되었다. 함께 출마한 박준석 본부장은 현대정공 노동조합에서 오랫동안 활동했으며, 현장 분임 토의를 통한 노조 활동으로 모범적인 단협을 만들어 낸 주역으로, 회사가 치를 떨 정도로 치밀한 사람이다. 박준석 본부장에 대한 신뢰로 출마했으나 임기를 시작한 지 얼마 되지 않아 근로자 복지 회관 운영 문제를 둘러싸고 시청과 충돌한 끝에 박준석 본부장이 구속되는 바람에 졸지에 내가 직무 대행을 맡게 되었다.

지부장 임기는 마쳤지만 수석부본부장 임기 중인 상태에서 학교에 복직해 낮에는 근무하고 저녁에는 직무 대행 역할을 하며 지역투쟁을 이끌어야 했다. 직무 대행 시절 효성 투쟁을 비롯한 화섬 3사 투쟁은 지역에서 온 힘을 쏟았지만, 결국 성공하지 못해 대량 해고와 구속으로 이어졌고, 노동조합도 와해되었다. 지금도 해고자들이 고생하고 있어 마음의 빚으로 남아 있다. 투쟁 현장에 결합했다가 동구로 들어오는 길에, 피곤한 나머지 울산역 근처나 고려화학 근처 갓길 혹은 아파트 지하 주차장에 차를 세워 놓고 차 안에서 잠시 잠이 들었다가 아침을 맞이하기도 여러 번일 만큼 몸과 마음이 피곤한 나날이 반복되었다.

그러던 중 구속된 박 본부장도 석방되어 본부장 역할을 하고, 지부장 임기도 마쳐 이제는 좀 안정되고 편한 마음으로 아이들을 가르칠 수 있겠다고 생각하고 있을 때, 전교조 울산 지부에서 2002년 교육위원 선거에 출마하는 문제가 제기되었다. 13년 만에 어렵게 복직한 학교를 이제는 스스로 그만두어야 한다고 생각하니 마음이 복잡하고 그야말로 만감이 교차했다.

학교에서 한 사람의 좋은 교사로 있는 것도 중요하지만 교육위원에 당선되어 교육 정책을 바꿔 나가는 것이 더 중요하다고 판단해 출마를 결심했다. 서울 지부장으로서 함께 전교조 중집위원으로 활동했던 조희주 선생은 전교조 위원장으로 출마해야 한다면서 섭섭함을 강하게 표시하기도 했다. 교사가 교육위원으로 당선되면 겸직이 불가능해, 교직을 유지한 채 교육위원으로 출마는 할 수 있으나 당선되면 사표를 내야 했다. 휴직도 안 되는 상태라 임기를 마쳐도 학교로 돌아갈 수 없고 당시는 무보수 명예직이었기에 현직 교사가 교육위원에 출마한다는 것 자체가 쉽지 않은 일이었다. 이런 어려운 결심을 할 수 있었던 것은 전교조 동지들이 있었기에 가능했다.

전교조 교육위원

당시의 교육위원 선거는 학교운영위원들이 선거인단이 되는 간접 투표 방식이라 학기 초 학교운영위원 선거에 의해 판가름이 난다고 봐야 했다. 교사위원·학부모위원·지역위원을 대상으로 한 사람 한 사람을 챙기며 지지자 숫자를 세다시피 하면서 선거운동을 해야 했기에 쉽지 않았다. 이전에는 학교운영위원장들에게만 선거권이 있었으나, 선거권자가 학교운영위원으로 확대되고 난 후 처음으로 치러지는 선거라 그 결과를 예측할 수도 없었다.

전교조에서는 강남에 정찬모 선생, 강북에 나 이렇게 두 사람을 출마시켰다. 내가 출마한 강북에서는 4명의 교육위원을 선출하게 되어 있었는데 이미 교육위원을 한 적이 있는 김장배·김석기 등이 출마해 당선을 낙관할 수 없었다. 언론에서도 전교조 후보들이 당선되기 어렵거나 당선되어도 후순위로 당선될 것이라 점치고 있었다. 그러나 막상 개표해 보니 4명을 뽑는 선거에서 쟁쟁한 후보들을 물리치고 당당히 1등을 했고, 상대적으로 보수적인 강남에서도 정찬모 선생이 당선되어 전교조를 비롯한 개혁 진영은 그

2004년 덴마크 교육 탐방 때 방문한 음악자유학교에서 정찬모 위원과 함께.

야말로 축제 분위기였다.

이런 기운 속에서 출발한 우리는 많은 교사들과 학부모들의 지지를 받으며 임기를 시작할 수 있었다. 전교조에서는 현장 교사들을 독려해 무보수 명예직인 두 교육위원을 물심양면으로 도와 열정적으로 활동할 수 있도록 해주었다. 전교조에서는 보좌관도 없는 교육위원을 돕기 위해 교육자치특별위원회를 만들어 유능한 일꾼을 붙여 주었기에 활동하는 데 어려움이 없었다.

정찬모 위원과 함께한 교육위원 활동은 울산 교육계에 신선한 충격을 주었다. 교사와 학부모들에게는 기대를, 공무원들에게는 긴장감을 불어넣었다고 생각한다. 그동안 보수 일색이었던 울산교육청에 처음으로 진보적인 교육위원들이 등장해 활동함으로써 산적한 크고 작은 문제들을 하나씩 해결했던 것이다. 울산의 교육 자체를 바꾸지는 못했지만 뿌리 깊은 문제들을 성실하게 파헤쳐 나갔다. 또한 교육위원은 일할 방도 없이 간담회 장소를 공동으로 사용해야 했었는데, 우리 두 교육위원이 매일 출근해 일하면서 사무실을 요구하자 새 건물을 짓기 전 좁은 교육청 청사에 교육위원 사무실을 마련해 주어 안정적으로 활동할 수 있었다.

비리와의 전쟁

비리와의 전쟁은 지금 생각해도 기억이 새롭다. 당시 각 학교에서는 전산화 작업이 한창 진행 중이었는데, 각 학교에 들어간 (학교종합정보시스템) C/S 서버가 정품이 아닌 비품(복제품)이라는 제보를 받았다. 제보를 분석한 뒤 문제를 제기했다. 교육청에서는 우리가 전문가가 아니라는 이유로, 현란한 전문용어를 써가며 우리의 주장이 사실과 다르다고 일축했다. 교육위원회 차원에서 행정사무 조사를 하자는 주장도, 교육청 편에서 일해 왔던 다른 교육위원들의 반대로 성사되지 못했다. 검찰에 직접 고발했으나 무혐의 처리되고 말았다. 이에 굴복하지 않고 울산과 부산을 오가며 항고와 재항고를 거듭했다. 이 과정에서 모든 소장을 직접 작성했는데 정품이 아닌 비품을 사용하면서 얼마의 피해를 입었는지를 계산하기도 해 어설픈 전문가가 다 되어 갔다. 결국 재항고를 통해 기소되었고 업자들을 법정 구속시키기에 이르렀다. 교육청이 제 할 일을 하지 않아 교육위원들이 직접 법정 투쟁까지 해야 하는 현실이 서글프고 안타까웠다.

그리고 교육청은 일선 학교를 지원하는 역할을 해야 함에도 일선 학교에 장학지도라는 이름으로 군림하는 것이 일상화되어 있었다. 유치원 장학사가 장학지도를 하러 나와서는, 교장까지 우습게 여기고 유치원 교사들에게 상납을 요구했으며, 이에 응하지 않는 교사들에게는 비열한 방식으로 불이익을 주고 있어 유치원 교사들의 근무 의욕을 떨어뜨린다는 제보를 접했다. 유치원 교사들을 직접 만나 제보 내용이 사실인지를 확인해 보니 모두 사실이었다. 나서지 않으려는 교사들을 설득해 육하원칙에 따라 비리 사실에 대한 진술서를 받았다. 노골적으로 돈을 요구하거나, 교육청에서 수당 등을 지급했다가 바로 뺏기도 하는 등의 파렴치한 수법을 알게 되니 분노가 일었다.

이 비리 장학사의 남편은 교육위원회 의사국에서 바로 우리 교육위원들을 성실하게 보좌하고 있었는데, 매일 그의 얼굴을 보는 것이 인간적으로 무척 괴로웠다.

언제나 그랬듯이 이런 사람들은 고위직과 연루되어 있고 손을 쓰고 있었기에, 교육청에서는 비리가 드러났음에도 중징계하지 않고 넘어가려고 했다. 이 정도로 그냥 넘어갈 수도 있었으나 자신의 신변의 위험을 무릅쓰고도 고발하고 증언해 준 교사들을 떠올리면, 그냥 넘어가기 어려워 역시 검찰에 고발할 수밖에 없었다. 모든 문제를 이렇게 해결하는 것이 바람직하지는 않았지만, 제대로 처리하지 않는 교육청을 상대하자면 어쩔 수 없었다. 결국 이 장학사는 법원의 사법 처리에 따라 해임되었다.

이런 일들이 벌어지자 교육청 내에서 숨죽여 지내던, 억울한 일을 당한 공무원들의 제보가 이어졌다. 부당한 인사와 부정 비리를 제보하는 익명의 편지와 메일이 끊이지 않았다. 공무원 사회에서 그동안 우습게 여기던 전교조 교육위원의 위상이 뚜렷이 각인되는 계기가 되었다.

이런 일들을 해나가면서 정찬모 교육위원과 나는 환상의 콤비가 되었다. 정 위원은 해직 교사 시절 여러 채의 건물을 지은 경력이 있어, 학교 현장 방문을 가서는 발견하기 어려운 누수의 원인을, 마치 전문가처럼 척척 찾아내기도 해 공무원을 놀라게 했다. 송곳처럼 날카롭게 문제를 제기해 '정방수', '정 검사'라는 별명을 얻기도 했다. 사람 좋기로 유명한 분이지만 많은 문제를 처리하는 데 언제나 함께하고 앞장서 이끌어 주서서 적지 않은 일들을 해낼 수 있었다.

장애인 교육권 투쟁

교육위원으로 일할 때 장애인 학생의 부모들을 중심으로 장애인 교육권을 확보하기 위한 투쟁이 시작되었다. 교육청 앞마당에서 천막 농성을 시작했고 간부들이 삭발을 감행했다. 부모님들이 하는 말 중에 "자식보다 하루만 더 살게 해달라고 빈다."는 말이 가슴 아프게 다가왔다. 이보다 더 부모 마음을 잘 표현할 수 있을까. 장애를 가진 자식을 두고 걱정이 되어 눈을 감을 수 없는 이 비정한 사회를 그대로 드러내는 말이기도 했다.

그동안 장애인 교육권과 관련해서 피상적으로 생각해 왔던 것에 대해 이 투쟁을 통해 많은 것을 알게 되었다. 장애를 가진 아이를 둔 부모들의 헌신

2010년 4월 시장 후보일 때 참여한 시청 앞 장애인 차별 철폐 집회에서 장인권 교육감 후보와 함께.

적인 투쟁에 어깨가 더욱 무거워짐을 느꼈다. 이분들이 생각하기에는 턱없이 부족했겠지만 교육청의 특수교육에 관한 각종 정보를 장애인 부모들에게 제공하고 장애인 부모들의 요구를 여과 없이 청취하고 반영하려 노력했다. 노동운동과 전교조 활동을 통해 단련해 온 활동가라고 자처해 왔지만, 이 부모들이 흔들림 없는 신념으로 투쟁을 승리로 이끄는 과정을 보면서 또다시 많은 것을 배웠다.

특히 학부모들이 직접 투쟁해 자녀들이 교육받을 권리를 확보해 간다는 것은, 그동안 교육의 주체로서 학부모가 참여해야 한다는 주장이 실현되고 있음을 뜻했다. 그간 말로만 이야기되었던 일이 실제로 이루어진 것은 이때가 처음이었다. 장애를 가진 자녀가 갈 학교에 특수학급이 없을 때, 그 부모

2008년 11월 장애인 교육권 쟁취 교육청 집회.

들이 특수학급 설치를 요구하고 공립 특수학교 신설을 요구했다. 요구만 하는 게 아니라 협상과 투쟁을 병행해 요구를 관철시켜 냈다. 그리고 이후 설립된 특수학교 운영에도 직접 개입해 부모들의 요구가 반영될 수 있게 했다. 방과 후 프로그램 등 자녀들이 교육받을 내용에 대해서도 교육청에 요구했고, 학교에서 이루어지기 힘든 경우에는 지역사회에서 직접 발굴해 아이들의 교육권을 확보해 나갔다.

학부모가 학교 일에 참여한다는 것이 어쩌면 너무나 상식적인 일이나 이분들만이 이를 제대로 실천하고 있었다. 일반 학부모들의 경우 학교에 참여한다 해도 교육의 주체로서가 아니라 학교에서 요구하는 보조적인 역할을 수행하는 데 그치고 있어 너무나 대조적이었다. 절실함이 만든 차이가 아닐까 하는 생각이 들었다. 장애인 부모들이 '교육은 생명'이라는 생각으로 절실하게 요구하는 것과는 달리, 일반 학부모들에게는 '되면 좋고, 안 되어도 그만'인 선택으로 여겨지기 때문이라는 생각 말이다.

장애인 교육권 투쟁으로, 그동안 눌려 왔던 장애인 부모들의 요구가 폭발적으로 터져 나왔다. 집회 때마다 부모들이 쏟아 내는 증언은 눈물 없이 들을 수 없을 정도로 많은 사람들의 공감을 불러일으켰다. 어려움도 많았으나 장애인 부모들은 두려움 없이 온몸을 던져 투쟁했으며, 그 결과 많은 성과를 거두었고 투쟁은 승리로 마감되었다. 무엇보다도 투쟁을 정리한 뒤에 이를 바탕으로 '장애인 부모회'라는 조직을 만든 성과야말로 가장 컸다. 장애인 부모회는 지역의 어떤 조직보다도 활동력이 높은 조직이 되었다.

장애인 교육권 투쟁에 함께했다는 이유로 자문위원이라는 직책을 받았는데 나에게는 너무나 소중하고 영광스러운 자리다. 장애인 부모들은, 교육위원으로 함께 투쟁한 내게, 권력을 가지고 그 권력을 선의로 사용하는 것이 얼마나 중요하며 큰 힘이 될 수 있는지를 일깨워 준 소중한 분들이었다.

토호 세력과의 한판 싸움

한편, 교육위원 활동은 지역 토호 세력을 비롯한 특권 세력과의 한판 싸움이었다. 상대적으로 견제가 약한 것을 이용해 교육예산을 부당하게 전유해 왔음을 알고 나서는, 이에 대해 타협 없는 투쟁을 전개했다. 전문성을 갖고 확실한 근거 자료를 제시해 보수적인 교육위원들조차도 납득하지 않을 수 없게 만들었다.

하지만 자신들의 주장이 타당하지 않음에도 다수라는 것을 무기로 밀어붙이는 일은 계속되었고, 너무 억울하고 분한 마음에 남몰래 눈물을 흘리기도 했다. 이들에게 당하는 내 자신에게 화가 나 이를 악물었다. 앞으로 더 이상 이런 일을 용납하지 않으리라 결심하면서. 이런 결심으로 간접선거인 교육감 선거에 출마했으나 낙선했다. 아직은 전교조에 대해 교육위원은 허용하나 교육감이라는 교육계 최고 권력은 허락하지 않는다는 사실을 깨달았다.

이런 일이 있었다. 지금 옥동 제일고등학교 앞에 지어진 교육과학연구원이 들어서기 전, 그 부지 선정을 둘러싸고 교육위원회와 지역사회, 언론까지 개입하고 급기야 법적 다툼으로까지 이어졌다. 교육연구단지 부지로 부적절하다며 이미 두 차례나 부결된 것을, 교육위원 구성이 바뀌자 다시 안건으로 올리면서 문제가 시작되었다. 이 부지는 30미터의 깊은 구릉으로 토목공사비가 많이 들고 도로변이라 시끄러운데다 토지 매입비도 비싸고 접근성도 떨어졌다. 더욱이 이 부지의 40퍼센트 정도가 교육위원회 의장과 그 아들 소유의 땅이라는 것 때문에 여러 가지 의혹이 제기되었다. 교육위원회에서 3 대 3으로 맞선 가운데 당사자인 의장이 찬성표를 던져 통과된 것이었다.

이 문제를 용납할 수 없었던 나는, 이미 표결되었지만 포기하지 않고 교육청과 교육위원회 의장과의 커넥션을 밝히기 위해 고심했다. 누가 봐도 적절치 않은 부지임에도 교육위원들과 지역사회의 반대를 무릅쓰고 교육청이 이곳에 교육연구단지를 짓겠다고 고집하는 것이 이해되지 않았기 때문이다. 그 부지 소유자의 신원과 매입 시기, 토지 감정가격 등 관련 자료들을 계속해서 요구해 사실 관계를 밝히기 위해 노력했다. 국회 교육위원회 정봉주 의원에게 자료를 제공해 중앙 언론에 보도되고 국정감사에서 울산시 교육청 특별 감사를 요청하기에 이르렀다.

지역 신문도 이 사실을 제대로 보도하지 않은 가운데 『조선일보』 김학찬 기자가 부지 도면까지 넣어서 여러 차례 심층 보도를 했다. 그러자 교육위원회 의장은 해당 기자와 신문사가 허위 사실로 자신의 명예를 훼손했다며 각각 1억 원씩의 손해배상을 청구하는 소송을 냈으나 기각되었다. 나는 『조선일보』 안보기 운동에 동참하고 있었지만, 김학찬 기자가 사실 보도를 위해 노력하고 소송까지 무릅쓰는 것을 보면서 호감을 갖게 되어 여러 차례 전화 통화도 했고 한 차례 만나기도 했다. 이런 노력에도 불구하고 몇 년이 지났을 때 이 부지에는, 본래 계획했던 내용과 다르긴 하지만 교육과학연구원이 들어서 있었다.

교육위원회 의장은 자신이 설립자로 있는 학교의 급식소 아주머니들을 정규직으로 전환시키지 않기 위해 해고하고는 급식소를 위탁 운영으로 넘겨 버려, 지역에서 1년 6개월이 넘도록 학교를 상대로 투쟁을 벌이기도 했다. 급식소 노동자들의 해고 무효 소송이 기각되면서 1년 6개월의 투쟁이 소강상태가 되긴 했지만, 결국 이 일이 계기가 되어 적십자사 중앙위원 자리를 내놓게 되기도 했다. 가진 것이 많은 분이 욕심을 조금만 내려놓으면 존경받는 노후를 보낼 수 있을 텐데 그러지 못하는 모습에 안타까움을 금할 수 없었다.

친환경 무상 급식

 오세훈 서울시장이 주도한 무상 급식 반대 주민 투표가 무산되면서, 무상 급식은 이제 어떤 정치 집단도 피해 갈 수 없는 복지의 핵심 의제가 되었다. 그동안 진보는 복지, 보수는 개발이 주요 의제였지만 이제는 누구나 복지를 이야기하고 있으며, 보편적 복지냐 선별적 복지냐로 무게중심이 옮겨 가고 있다. 앞으로 무상 급식을 넘어 무상 보육, 무상교육, 무상 의료로, 또한 주거와 노후, 일자리로까지 복지의 영역이 확대될 것이다. 그 중심에 무상 급식 문제가 있다.

 울산에서도 2002년부터 30여 개의 교육·노동·시민 단체들이 '학교급식 울산연대'를 만들어 〈학교급식법〉을 개정하고 조례를 제정해 친환경 무상 급식을 하기 위해 10년에 걸쳐 노력해 왔다. 시장이 학교급식 지원 조례를 만들 의지가 없었기 때문에 주민 발의 형식으로 조례를 만들기로 하고 주민들의 서명을 받기로 결정했다. 나는 당시 교육위원 신분으로 울산 지역 단체들과 함께 학교급식울산연대를 만들어 집행위원장을 맡아 조례가 제정되기까지 활동했다.

 나 또한 아이를 키우면서 어떤 문제보다도 먹을거리 문제에 관심이 높았기에 학교급식 관련 사업을 즐겁게 할 수 있었다. 바쁜 일정으로 다른 건 제대로 챙겨 주지 못했지만 먹을거리만큼은 어렸을 때부터 제대로 챙겨 주려고 노력하면서 (먹을거리 문제를 고민하는) 생협(생활협동조합)에도 초창기부터 참여해 왔다. 그러나 아무리 집에서 신경을 써서 잘 먹인다 해도 12년간 매

저질육류 납품비리 근절과

학교급식제도 개선을위한기자

학교급식법개정과 조례제정을 위한

2002년 11월 학교급식 지원 조례 제정 기자회견.

일 한 끼 이상씩은 학교급식에 의존해야 하므로 급식 문제를 피해 갈 수는 없다고 판단해 이에 매달렸다. 나아가 학교급식의 질은 한 개인의 문제를 넘어 우리 사회의 미래를 결정하는 중요한 문제라고 생각했다. 그래서 마음을 모아 성실하게 학교급식 관련 활동들을 했다.

우리가 주장한 것이 모두 받아들여지지는 않았지만 조례가 제정되어 시행되었다. 울산시장은 학교급식에 대한 의지가 없었기 때문에 친환경이나 무상 급식에는 관심이 없었고, 극히 일부 학교에 학교급식 예산을 지원하고 저소득층 자녀의 급식비를 지원하는 것에 그쳤다. 그나마도 남구청장은 시에서 지원한 예산을 사용도 하지 않고 몇 해째 시로 반납해 주민들의 분노를 샀다. 이 문제를 해결하기 위해 학교급식울산연대에서는 남구청에서 장

2006년 11월 남구청 앞에서 급식연대 소속 회원들과 함께.

기간 1인 시위와 집회를 했고, 민주노동당 구의원들도 의회에서 압박을 했지만 남구청장의 고집을 꺾을 수가 없었다. 참으로 분하고 한심한 일이 아닐 수 없었다. 이런 단체장들이 있는 한 친환경 무상 급식으로 가는 길은 멀기만 한 일이 아닐까 싶다.

학교급식울산연대 집행위원장을 맡아 울산시 급식 지원 조례를 만들고 제대로 시행되도록 노력하는 한편, 우리 아이들이 다니는 학교에서 급식소위원회에 참석해 직접 검수와 모니터링도 했다. 이런 구체적인 활동을 통해서 학교급식의 실태와 문제점을 정확히 알 수 있어서 친환경 무상 급식 운동을 하는 데도 큰 힘이 되었다.

울산은 도농 복합 도시이다. 울산의 외곽인 울주군과 북구 일원에는 아직도 농지가 많아 농사를 지을 수 있다. 친환경 농업을 할 수 있는 제도적인 장치가 마련된다면 울산에서 재배한 친환경 농산물을 우리 아이들의 학교 급식 식탁에 올릴 수 있을 것이다. 그러나 울산보다 열악한 많은 광역 시도에서 이미 무상 급식을 실시하고 있음에도, 재정 자립도가 전국 4위인 울산에는 무상 급식을 실시한 학교가 한 군데도 없다. 무상 급식을 넘어 친환경으로 가야 하는데 무상 급식도 못하고 있으니, 친환경으로 가기까지는 갈 길이 멀기만 하다. 이 문제는 예산의 문제가 아니라 단체장의 철학의 문제라는 것을 다시 한 번 실감하면서 정치의 문제를 고민하지 않을 수 없었다. 다행히 6개 시도에 진보 교육감이 당선되어 무상 급식 문제가 많은 진전을 보이고 있고, 울산에서는 진보 교육감이 당선되지는 못했지만 이런 노력은 계속되고 있다. 머지않아 울산에서도 그간의 노력들이 좋은 성과를 낼 수 있으리라고 기대해 본다.

발렌타인 양주 사건과 박준일 기자

2004년 6월 24일에는 고(故) 김선일 씨가 피랍·피살되어 고인의 죽음을 애도하는 촛불 집회가 전국에서 열렸다. 그런데 이날, 당시 안병영 부총리 겸 교육인적자원부 장관과 16개 시도 교육감이 울산을 방문했다. 전국적으로 고 김선일 씨를 추모하는 촛불 집회가 열리는 시간에 안 장관 일행은 울산의 모 한정식 집에서 17년산 발렌타인 양주 파티를 벌인 것이 언론을 통해 알려졌다. 이 사실이 알려지자 교육부 홈페이지의 게시판에는, 양주 파티가 보도된 날 하루 오전에만 4백여 건의 글이 올라올 정도로, 네티즌들의 분노에 찬 항의 글로 도배되었고 울산도 교육감을 비난하는 여론으로 들끓었다.

이 사실은 CBS 『노컷뉴스』를 통해 알려졌다. 이를 취재한 기자는 CBS 울산방송의 박준일·장영 기자였다. 교육인적자원부 장관 및 16개 시도 교육감과 수행원들이 고급 식당에서 식사를 하며 발렌타인 17년산 12병과 매실주·백세주·맥주·소주를 마셨는데, 발렌타인 한 병 값이 25만 원이며 이날 지출한 돈이 줄잡아 4백만~5백만 원이 될 것이라는 보도가 나갔다. 그러자 울산시 교육청은 기자회견을 통해 발렌타인 한 병 값이 8만 원이며 지출 비용 중 2백만 원은 시도 교육감 협의회에서 지원했다고 반박했다.

이에 교육위원회 임시회를 소집해 최만규 교육감을 출석시켜 이 문제에 대해 추궁했는데, 주로 내가 그 역할을 맡았다. 양주라고는 알지도 못하고 마셔 본 적도 없는 내가, 그날 마신 양주가 외제 양주인지 국산 양주인지를 밝혀내기 위해 자료를 수집해 교육청이 거짓말을 하고 있다고 몰아붙였다. 구석에 몰리자 교육청은 외제 양주를 음식점에서 원가에 서비스했다고 둘러대기도 했다. 아무튼 이날 호화 양주 파티는 그 자체로도 적절하지 않을 뿐만 아니라 시기적으로는 더욱 부적절했기에 교육청은 곤혹을 치렀다. 이는 교육청의 다른 비리와 함께 두고두고 최만규 교육감을 괴롭혔는데, 그는 현역 교육감 중에 재선에 실패한 유일한 교육감이 되었다.

교육위원을 하면서 많은 기자들을 알게 되었는데, 가장 기억에 남는 기자는 이 사건을 보도한 CBS의 박준일 기자였다. 보통의 기자들은 보도 자료에 의존해 기사를 쓰는데 박 기자는 직접 문제를 파헤치고 보도했다. 울산에 온 지 얼마 되지 않았음에도 울산 사정에 대해 누구보다 잘 알고 있어서 '아, 기자 중에 이런 사람도 있구나. 기자라는 직업이란 이런 것이구나.' 하고 감탄했다.

또 박 기자는 울산시 교육청이 업무 추진비로 기자들에게 촌지나 격려금을 준다는 사실을 폭로해, 울산시 교육청뿐만 아니라 언론계를 발칵 뒤집기도 했다. 이는 나와 정찬모 교육위원이 행정사무감사 자료를 요청하면서, 교육감의 업무 추진비를 언제 어떤 용도로 누구에게 지출했는지에 관한 상세한 내용을 요구해 받은 자료였다. 교육청에서는 이 자료를 주면서 기자들의 실명을 지웠는데 실수로 한 기자의 실명이 그대로 나와 이 기자가 계속해서 자기 이름을 지워 달라고 요청하기도 했다. 그리고 이름은 없었지만 날짜가 적혀 있었기 때문에 '어느 언론사 전별금 얼마'라고만 나와도 누구인지 알 수 있었고, 모 방송국에서는 그 기자를 찾아서 징계했다는 얘기를 들었다.

이 사건으로 인해 나와 정찬모 교육위원은 기자들과의 관계가 불편해졌다. 이후 두 사람은 교육위원회에서 가장 열심히 활동했지만 거의 보도가 되지 않는 불이익을 감수해야만 했다. 이 일로 그런 관행들이 얼마나 개선되었는지, 또는 더 은밀히 이루어지게 되었는지는 자세히 알 길이 없지만 누군가는 해야만 할 일이었다고 생각한다. 물론 기자 개인의 도덕성도 문제이지만 이런 일로 인해 언론의 감시 기능이 제 역할을 하지 못하게 되면 그 피해는 고스란히 국민에게 전가되는 것이다. 또 이 문제는 지방지와 영세 언론사 기자들의 열악한 처우가 개선되지 않는 한 계속될 수밖에 없는 일이기도 하다.

박준일 기자가 울산에 좀 더 있어 주었으면 했으나 아쉽게도 얼마 후 고향인 광주로 발령이 났다. 기자들에게만 해당되는 것은 아니겠지만, 누구든 자기 자리에서 할 일을 제대로 하는 것이 중요하고, 그 일을 통해서 사회를 맑고 밝게 만들 수 있겠다는 생각을 했다. 박준일 기자는 나로 하여금 '그런 교육위원이 되고 있는가?'를 자문하게 했는데, 그 이후 정치에 입문하면서는 '나는 그런 정치인이 되고 있는가?'를 스스로 묻고 또 묻게 한 사람이다.

정보 공개는 중요하다

교육위원 활동을 하면서 가장 중요하게 생각한 것 중 하나가 정보 공개였다. 정확한 정보가 제대로 공개되면 이해 당사자를 통해 많은 일들이 해결된다고 믿었다. 우리 사회의 많은 문제들은 정보가 정확히 공개되지 않고, 당사자가 정보로부터 소외되어 있기 때문에 일어난다고 생각한다. 장애인 부모들이 장애인 교육권 투쟁을 할 때 특수학급 신설 계획 등의 정보가 알려지자 학부모들이 나서서 필요한 곳에 특수학급을 만들어 달라고 요구해 많은 부분 관철해 가는 것을 확인했다.

행정사무감사를 위해 당장 필요한 정보도 있지만 당장 필요하지 않아도

2005년 교육청 행정사무감사에서 질의하는 모습.

도움이 되는 정보를 많이 요구했다. 특히 학교 비정규직 전원에 대한 근로계약서를 비롯한 근로조건에 관한 정보, 각 학교별로 학부모가 부담한 경비로 충당하는 급식비·수학여행비·앨범비 등의 자료를 모든 학교로부터 받아 홈페이지에 공개했다. 이 자료들은 학교운영위원들에게 유용하게 사용되어 비리를 막아내고 예산을 절약하는 데 일조했다. 그리고 학교 현장에서 주요하게 사용되는 고가의 기자재 구입에 관한 정보들과 학교별 출장비, 업무 추진비 지출 자료도 요구해 공개했다. 전체 학교 자료가 공개되니 그냥 보기만 해도 어디에 문제가 있는지 알 수 있었다. 많은 문제들은 '정보가 공개되지 않아서 생기는구나.' 하고 실감하게 되었다.

또 그동안 종이로 인쇄해서 제공되던 것을 홈페이지 등에 공개하거나 분석하기 편하게 파일로 요구했다. 그때만 해도 파일로 자료를 제공하지 않던 때라 꺼려했지만 끈질기게 요구해 대부분 받아 냈다. 인쇄비나 각종 전산 자료 구입비, 공사 입찰 등의 자료를 받아 보면 특정 업체에 편중되어 있는 것을 발견할 수 있다. 그래서 물품 구매나 공사 입찰 관련 자료들을 교육청 홈페이지에 공개할 것을 계속 요구했다. 그렇게 되면 동종 업체에 문제가 있는지를 밝혀낼 수 있을 것이라고 판단했다. 비리가 없다 하더라도 공공연히 예산을 낭비하는 것에 대해 대안을 제시할 것이라 믿었다. 교육청에서도 비리가 없다면 공개하지 못할 이유가 없다고 생각했지만, 아직도 많은 부분이 제대로 공개되지 않고 있다. 중요한 개혁 과제이다.

동구에서 조선 업체 사내 하청 노동자들의 근무 조건을 개선하기 위한 활동을 하면서, 근로계약서가 공개되지 않고 제대로 된 임금 명세서조차 지급되지 않고 있다는 사실을 폭로한 바 있다. 자신의 근로조건을 제대로 알게 되면 정당하게 일한 대가를 부당하게 빼앗기고 있다는 것을 스스로 깨닫게 된다. 그렇게 되면 누군가가 도와주지 않아도 자신의 문제를 스스로 해결할 수 있다고 믿었다. 하청 업체가 정보를 정확하게 제공하지 않는 것 또한 부당한 이익을 취하기 위해서라고 생각하지 않을 수 없다.

나는 재정 등이 투명하게 공개되지 않는 단체를 신뢰하지 않는다. 심지어는 진보적이라고 하는 단체에서도 아직 정보가 제대로 공개되지 않는 곳이 있으니 다른 곳은 오죽하겠는가.

선물에 대한 나의 원칙

교육위원이 된 뒤부터 명절이 되면 의례적으로 선물이 도착한다. 교육청 소속 기관장부터 사립학교 재단 관계자, 공사 관련 업체, 금융기관 등에서 보내는 것이 대부분으로 그다지 값비싼 선물은 아니다. 그러나 교육위원이 아니었으면 보내지 않을 선물들이다. 때로는 민원을 해결해 주거나 청탁할 때 보내오는 선물(?)도 있다.

교육위원으로 당선된 첫 추석은 미처 대책을 세우지 못한 가운데 맞이했다. 밤늦게 집에 오니 집으로 배달된 몇 가지 선물 가운데 김이 든 박스를, 집에 있던 어린 딸아이가 뜯어 놓았다. 아차 하는 생각이 들어서 동료 위원인 정찬모 위원에게 선물 문제를 협의했다. 우선 개인적으로 받지 않겠다는 의견에 선뜻 동의해 주셨다. 이미 받은 선물을 돌려주기가 어려운 경우에는, 선물을 보낸 분들께 앞으로는 절대 보내지 말 것을 부탁하는 글을 써보냈다.

다음에 맞은 설날부터는 보내온 선물은 번거로움을 무릅쓰고 무조건 돌려보냈다. 우선 자녀 교육에 좋지 않다는 생각이 제일 먼저 들었다. 교육위원이라는 자리가 이런 선물을 받는 곳이라는 인식을 심어 주고 싶지 않았다. 이런 일이 몇 차례 반복되자 교육청에도 두 교육위원은 선물을 받지 않고 되돌려 보낸다는 것이 알려져 두 사람을 빼고 나머지 교육위원들에게만 보냈다고 한다. 그러다가 그것도 이상해서 나중에는 없앴다는 말을 들었다. 교육위원을 그만둔 이후에는 어떻게 되었는지 궁금한 일이다.

교육위원 추석 선물 이렇게

교육위원이 되어 여러 가지 곤란한 경우가 있었는데, 그중 참으로 곤혹스러운 것이 명절날 보내오는 선물입니다. 교육위원이기 때문에 보내오는 선물에 대해서는 원칙적으로는 돌려보내는 것이 마땅하다고 생각합니다. 작은 것은 괜찮고 큰 것은 안 된다는 기준도 애매하고 근거가 없다고 생각합니다. 그렇지만 현실적으로 택배 회사를 통해 또는 백화점에서 배달해 오는 것에 대해 되돌려 보내기가 쉽지 않았습니다. 그래서 궁여지책으로 생각해 낸 것이 모두 모아서 양로원이나 어려운 사람들에게 보내는 방법이었습니다.

사람에 따라서는 별 것도 아닌데 그렇게까지 해야 하나라고 생각하는 분들도 계셨습니다만, 크고 작고를 떠나서 교육위원이기 때문에 보내오는 선물에 대해서는 받지 않는 것이 우선 스스로 떳떳하고 마음이 편안하다는 생각으로 택한 방법입니다. 그리고 선물을 보낸 사람에게는 편지를 보내, 우리가 학교 현장에서 촌지를 돌려보낼 때 학부모에게 편지를 보내는 심정으로 우리의 뜻을 전하기로 했습니다. 명절마다 이런 일들을 되풀이하지 않기 위해서입니다.

이런 일을 겪으면서 우리 사회에 만연한 선물 문화에 대해 많은 생각이 들었습니다. 관례로 선물을 하는 이분들의 선물 비용은 어디에서 생기는 것일까요? 개인적으로 사비를 털어서 하는 경우는 많지 않다고 생각되며, 사비라 하더라도 결국 이분들이 이렇게 인사를 차릴 수 있는 것도 땀 흘려 일하는 분들이 고생한 결과라고 생각합니다. 서울의 강남 지역 등 부유층에게 넘쳐 나는 선물과 비교했을 때, 시설에 거주하는 분들이나 일자리를 잃고 어렵게 명절을 지낼 이웃들에게

기부하고 함께하는 문화를 찾아보기는 힘듭니다. 작은 것에서부터 원칙을 지키고자 노력하는 부분으로 생각하시고 많은 격려를 당부드립니다.

이런 일도 있었다. 모 사립 고등학교에서 학년 초마다 불법 찬조금을 걷고 있으며, 공부 잘하는 아이들을 따로 모아 공부하게 하는 자습실을 운영한다는 민원이 학부모들로부터 제기되었다. 학교를 방문하고 그 뒤에도 계속해서 문제를 지적하자, 하루는 교장 선생님이 교육위원실로 찾아 오셨는데 음료수 한 상자를 사오셨다. 얘기를 듣고 돌아가시는 교장 선생님께 그 음료수를 돌려보냈다. 지금 생각해 보니 너무 경직된 태도였고 그 일을 당했을 교장 선생님을 생각하니 심했다는 생각이 든다.

언젠가는 현대자동차에 다니는 제자가 동료 직원 자녀의 입학 관련 민원을 가지고 방문한 적이 있었다. 큰 문제는 아니나 학교 측과 얘기가 잘 이루어지지 않아 교육위원인 나를 방문한 것인데 어렵지 않게 해결이 되었다. 그리고 며칠이 지나서 피대기 오징어 한 상자를 교육위원실로 가지고 왔다. 너무 잘 아는 사이인데 돌려보내려니 참 미안한 마음이 들었지만 당연히 할 일을 했다며 정중하게 돌려보냈다. 이 일로 오히려 관계를 악화시킨 건 아닐까 고민이 많았다. 한동안 소식이 없었는데 몇 년이 지나 내가 울산시장에 출마했을 때 연락이 와서는 성심껏 도와주겠다며 큰 힘이 되어 준 적이 있었다.

이런 일도 있었다. 교육위원으로 당선되어 근무하던 학교를 그만둘 날을 며칠 남겨 둔 때였다. 교장 선생님이 교장실로 불러서 봉투를 하나 주시는 것이었다. 내가 받지 않으려고 하자 당신이 교장으로 있을 때 전근 가는 교사들에게 의례적으로 해온 것으로 특별히 교육위원으로 가기 때문에 하는 것은 아니라고 하셨다. 계속해서 안 받겠다고 하자 난처해하시면서 그냥 받아 달라고 했다. 그냥 두고 나올까 하다가 일단 가지고 와서 심부름하는 아이 편에 돌려보냈다.

그리고 교육위원으로 당선되어 첫 해외 연수를 가게 되었는데, 정찬모 위원과 나만 따로 일정을 잡아서 가기로 되어 있었다. 교육위원회 의장께서 교육위원들이 해외에 나갈 때 의례적으로 해왔다며 1백 달러를 넣은 봉투를 주었다. 한참 선배이기도 하여 그 자리에서 거절하기가 불편해, 일단 받아서 역시 직원 편에 메모와 함께 표시 나지 않게 돌려보낸 일이 있었다. 그 다음부터 이런 일들은 없어졌다. 사소한 것을 고치는 것이 큰 것을 고치는 것보다 어려울 때가 있다는 것을 알게 되었다. 물론 제도적으로 보완해서 처리해야겠지만 제도로 모든 것을 다 해결할 수 없는 경우도 있다. 문화라는 것이 중요하며 작은 것부터 바꿔 나가는 노력이 필요하다. 이런 일들은 비록 작지만 다른 일에도 많은 영향을 미친다고 생각했기에 다소 무리가 되는 방식이었음에도 이렇게 처리할 수밖에 없었다.

다음 글은 교육위원 임기 절반을 마쳤을 때 교육청 직원과 현장 교사들, 그리고 학부모를 대상으로 썼던 편지의 내용이다. 협조를 부탁하는 동시에 나 스스로 각오를 새롭게 하기 위해 쓴 것이었는데, 내 생각을 잘 표현했다 싶어 기록으로 남겨 둔다.

지난 2년간 활동을 반성적으로 되돌아봅니다

교육위원이 된 지 어느새 임기 4년의 절반인 2년이 지났습니다. 처음 생각과는 달리 타성에 젖어 가는 것은 아닌지, 하고 있는 일이 교육 주체인 학생과 학부모, 교사들에게 어떤 내용으로 다가가고 있는지 반성적으로 돌아봅니다. 그리고 앞으로 남은 기간 더 성실하게 활동하고자 다짐해 봅니다.

투명하고 민주적인 행정의 기본은 정보를 공유하는 것입니다

저는, 항상 그런 것은 아니지만 대체로 뛰어난 한 사람의 능력과 판단보다는 여러 명의 보통 사람들이 함께 논의하여 결정하는 것이 더 현명할 때가 많다고 생각합니다. 이런 생각에서 교육위원 활동 과정에서 교육행정 정보 공개를 비중 있게 다루어 왔습니다. 교육위원으로서 교육청에 요구하는 자료들 중 대부분은 이미 홈페이지 등을 통해 공개해야 하는 것들이라고 저는 판단하고 있습니다. 그리하여 제가 취득한 각종 자료들은 제 홈페이지에 공개하거나 교사나 학부모 또는 언론을 통해 공개하는 것을 원칙으로 해왔습니다. 여러 명이 공유함으로써 행정이 더욱 투명해지고 많은 사람들이 알게 됨으로써 더 많은 관심과 참여를 끌어내어 결국은 우리 교육을 한 단계 성숙시키리라 확신했기 때문입니다. 이런 차원에서 단위 학교의 예·결산은 물론이고 학교운영위원회 회의록을 비롯한 회의 결과는 물론 학교의 주요 사업은 학교 홈페이지 등을 통해 공개하는 것이 마땅하다고 주장해 왔습니다. 교육위원들을 견제하고 감시하는 역할은 교육 주체들인 학생과 학부모, 교사가 할 몫이며 이 역할을 제대로 하기 위해서는 교육위원회 또한 공개되어야 한다고 생각합니다. 교육위원회 참관이나 홈페이지에 공개되고 있는 회의록 등에 관심을 가져 주시길 바랍니다.

부정부패와 비리는 참교육과 함께할 수 없습니다

교육위원이 권력이 되어서는 안 되겠지만 경우에 따라서는 사적인 이익을 위한 청탁이나 이권 개입을 할 수 있는 여지가 있는 직위입니다. 그러나 이런 권력을 사적인 이익을 위해 행사했을 때, 교육위원 본연의 임무인 집행부에 대한 견제와 감시 역할을 성역 없이 제대로 하기가 어려워진다고 생각합니다. 집행부에 대해 부당하고 비교육적인 청탁을 했을 경우 집행부에서는 반드시 반대급부를 요구하게 되어 있다는 것이 저의 판단입니다. 많은 일을 하지는 못했지만 어떤 사적인 이익을 위한 청탁이나 이권에 개입한 적은 없습니다. 보기에 따라서는 사소할지 모르지만 집행부로부터 명절에 관례로 보내오는 사소한 선물도 받지 않음으로 해서 교육청 간부들과 납품 업자들과의 유착 관계, 교육청의 언론사에 대한 부적절한 예산 집행, 장학지도 시 장학사들의 촌지 수수 관행, 불법 찬조금 모금 등을 지적할 수 있었습니다. 앞으로는 교육활동을 빙자해 학교 현장에서 일어나고 있는 각종 리베이트 수수와 불법 찬조금 모금 등에 대해 교육 주체들과 함께 정화해 나갈 생각입니다. 부정부패·비리와 제대로 된 교육은 함께할 수 없다는 것이 저의 생각입니다. 이런 부분에 많은 협조를 당부드립니다.

교육위원에게 주어진 권한은 교육 주체들로부터 위임받은 것입니다

교육위원으로 활동하면서 가장 어려웠던 것은 예산심의나 각종 안건 심의 시 서로 다른 입장으로 인해 교육위원들과 갈등이 빚어진 때입니다. '좋은 게 좋은 것'이라고 하여 그냥 넘어갈 수가 없었던 것은, 교육위원회에서 결정되는 일은 개인의 문제가 아닌 교육 현장에 직접 영향을 미치는 내용들이기 때문이었습니다. 권한을 위임받은 교육위원들이 주인인 학생·학부모·교사들의 의견 수렴 없이 중요한 결정들을 하고 있습니다. 옥동교육지원기관 설립 문제, 형평성에 반하여 특정 학교에 예산이 지원되는 문제 등은 제 의사에 반하여 결정되었으나 소수의 한계로 막지 못했습니다. 이는 다수의 교육 주체들의 의사와 다른 잘못된 정책과 예산 집행임에도 그 피해는 고스란히 학생들이 입는다고 생각합니다. 이와 같이 교육위원들에게 주어진, 교육감에 대한 감시와 견제 역할을 교육위원들 사이의 입장 차이로 인해 제대로 행사할 수 없을 때 참으로 안타까웠습니다. 이에 대한 절반의 책임은 교육위원들을 뽑은 유권자에게 있다고 생각합니다. 내가 뽑은 대표가 나를 배반하는 결정들을 하는 일이 없는지 철저히 감시해야 합니다. '절 모르고 시주'하는 일이 선거 때마다 되풀이되고 있다고 생각합니다. 각종 안건을 다룰 때 교육위원들이 어떤 입장을 취하는지에 대해 관심을 기울이고 목소리를 내야 합니다. 그럴 때 학부모·교사들을 무서워해 함부로 결정하는 일을 막을 수 있습니다.

초·중·고등학교는 다수가 양질의 교육을 받는 것이 중심이 되어야 합니다

고등교육기관인 대학과는 달리 보통교육기관인 초·중·고등학교는 민주 시민으로 살아갈 수 있는 기본 소양과 능력을 가르치는 곳이어야 한다고 생각합니다.

그리하여 소수의 엘리트를 위한 교육보다는 다수가 기본을 제대로 갖추는 교육, 소외된 아이들이 없도록 하는 교육이 우선되어야 한다고 생각합니다. 그러나 현실은 그렇지 못합니다. 영재교육 예산 투자를 자랑하는 이면에는 장애 학생을 위한 교육예산이 전국 꼴찌라는 부끄러운 현실이 있습니다. 일류 대학에 진학한 학생의 이름이 학원가와 교문을 장식할 때, 한 해에 1천 명에 가까운 중·고등학생이 중도 탈락하여 학교를 떠나고 있습니다. 교단 선진화를 부르짖으며 첨단 정보화 시설에 수십억 원이 투자되고 있지만 여전히 50명에 가까운 콩나물 교실과 화장지도 없는 화장실이 수두룩합니다. 덜 똑똑하고 좀 모자라는 학생은 똑똑한 학생들을 위해 희생되어도 좋은 들러리가 아닙니다. 전국체전에서 울산이 몇 위를 하느냐, 전국 수능시험에서 우리 학교가 몇 위를 하느냐보다 내 아이 체력이 어떠한지, 내 자식이 얼마나 제대로 된 교육을 받고 있는지가 중요합니다. 다른 사람에 의해 주어진 생각이 아닌 내 스스로의 힘으로 생각하면 진실을 볼 수 있다고 생각합니다. 저는 교육위원 활동의 중심을, 다수가 양질의 교육을 받을 수 있도록 하는 데 두고자 노력해 왔으며 앞으로도 그러할 것입니다.

제가 꿈꾸는 학교의 모습은 이렇습니다

저는 중학교 2학년과 1학년 두 자녀를 두고 있습니다. 저희 아이들은 학원에 가길 싫어해 학원엘 보내지 않고 있습니다. 날마다 만화책과 컴퓨터에 몰두하고 있습니다. 이렇게 시간을 보내는 것이 바람직하다고 생각하지는 않지만 그다지 걱정하지도 않습니다. 더 많이 공부하지 않는 것이 문제가 아니라 하고 싶지 않은 것을 억지로 시키는 것이 더 문제라고 생각하기 때문입니다. 저는 공부는 어떤 행위보다 능동적인 활동이기에 자신의 의지가 들어 있지 않으면 하기 어렵다고 생각합니다. 이렇게 자란 아이가 살인적인 입시 경쟁 교육 현장인 일반계 고등학교에 적응할 수 있을까 걱정이 되어 보내기가 겁이 나고 보내고 싶지 않습니다. 자기 자신이 뭘 좋아하는지, 어떤 소질이 있는지, 앞으로 무슨 일을 하며 살아갈지에 대한 고민도 없이 새벽부터 밤늦게까지 앞으로의 인생에 그다지 도움도 되지 않을 공부에 몰두하게 하고 싶지 않습니다. 그래서 저는 학교가 아이들이 배우고 싶은 것을 배우고, 하고 싶은 일을 찾을 수 있는 곳이 되길 꿈꿉니다. 앞으로의 행복을 위한 과정이 아니라 현재의 학교생활도 충분히 행복할 수 있기를 바라봅니다. 이렇게 자란 아이들이 저마다의 일을 통해 행복을 찾고 사회에 이바지하는 어른으로 살아가길 희망해 봅니다. 저는 이런 꿈이 현실이 되도록 하는 방향으로 교육위원 활동을 해갈 것입니다. 한낱 꿈이 아닌 현실이 될 날을 저는 낙관하며 노력할 것입니다. 이처럼 우리 모두는 자신이 바라는 학교의 모습에 대해 고민하고 실천해 나갈 권리와 의무가 있다고 생각합니다.

지난 2년 동안 부족하나마 나름대로 열심히 활동해 왔다고 자부하지만 교육위원한 사람이 할 수 있는 일의 한계 또한 명백함을 느끼고 있습니다. 이나마 활동할수 있었던 것은 올바른 교육을 바라며 어려운 가운데 갖가지 제보와 아이디어를 주신 현장 교사들과 학부모님들, 교육청 직원들이 계셨기 때문에 가능했습니다. 늘 도움에 감사드리며 더욱 열심히 하는 것으로 보답하겠습니다. 늘 건강하시길 기원합니다.

2004년 11월 17일

5

나의 정치를 말하다

울산시장 후보로 추대되다

교육위원의 첫 임기가 끝나 갈 무렵인 2006년 2월 초, 지방선거에서 울산시장 후보로 출마해 달라는 요청이 계속해서 나를 괴롭혔다. 이미 전교조에서는 차기 교육위원 후보로 선출되어 있는 상태이기도 했고, 개인적으로도 첫 임기에서 하지 못한 일들을 본격적으로 하기 위한 여러 가지 계획을 갖고 있던 터라 한사코 거절했다. 울산시장 출마 권유는 처음이 아니었고 4년 전에도 지역에서 권유받았으나 당시 단호히 대처해 다시는 이런 일이 없으리라 생각하고 있었다. 그때와 마찬가지로 처음에는 있을 수 없는 일이라고 생각했다. 87년 노동자 대투쟁 이후 교육 노동운동을 내가 가야 할 길로 선택했었고, 그 일환으로 교육위원에 진출한 게 아니었던가? 시장 출마를 권유하는 사람은 당시 민주노동당 혁신에 초점을 맞추어 새로운 흐름을 만들어 가야 하며, 노동자가 중심이 되는 제대로 된 진보 정치의 계기로 삼아야 한다고 이야기했다.

당시 민주노동당에서는 중앙당 사무총장을 지낸 김창현이 울산에 내려와 출마를 선언했고, 정창윤이 후보로 출마하겠다고 마음을 정하고 있는 상태였다. 나를 시장 후보로 추대하기 위해 발 벗고 나섰던 후배 김명숙은 지역 내 주요 인사들의 의견을 수렴한 결과 한결같이 '노옥희가 제일 적합하다'고 말했다며 나를 압박했다. 그리고 내가 출마할 경우 정창윤은 출마를 양보할 것이라고도 말했다.

그동안 당 활동을 해온 것도 아니고 준비도 되지 않은 상태에서 갑자기 출마한다는 것이 썩 내키지 않았는데도 출마 권유는 끈질기게 이어졌다. 계속해서 고사하자 지역 노동자들이 중심이 된 후보 추대위를 만들어 조직적으로 출마를 권유하고 나서는 바람에 결정을 마냥 미룰 수가 없었다.

시장 후보 출마를 결정하는 과정은 그리 길지 않았지만 뒤돌아보면 어떻게 그런 결정을 할 수 있었을까 싶다. 전교조 내부는 물론이고 진보 진영에서도 대혼란이었다. 이미 출마를 결정하거나 준비하고 있던 사람에게는 생각지도 않은 상황이 전개되었기 때문이다.

시장 후보 출마를 받아들이다

결정을 앞두고 고민이 깊어졌다. 민주노동당의 전신이라 할 국민승리21 노동위원장을 지낸 이후로 정식으로 당이 생길 즈음에는 정작 당에 가입할 수 없는 신분이었기 때문에, 관심은 많았지만 직접 당원으로 활동하지는 못했다. 그동안 당 활동을 하지도 않은 상태에서 덜컥 시장 후보로 나선다는 것이 아무래도 안 되는 일이라 여겨져 고민 끝에 후보로 나가지 않기로 결심을 하고 추대위 관계자들을 만나러 갔다. 5월 31일 선거를 불과 두 달 남짓 앞둔 3월 13일이었던 것으로 기억한다.

북구 화봉동의 한 카페에서 추대위 분들을 만났다. 훗날 확인한 결과 이날 추대위에서 활동하던 분들도 마지막으로 나를 설득하고 안 되면 포기할 생각으로 나왔다고 한다. 그 자리에는 이른바 지역 명망가는 한 사람도 없

2006년 3월 15일에 열린 시장 후보 추대 모임 '우리가 희망이다'.

었다. 대부분이 비정규직 노동자들이거나 민주 노조를 빼앗긴 채 희망을 잃고 살아가는 분들로, 당원이어도 당 활동에 희망을 갖지 않고 있거나 아예 당원이 아닌 분들이었다. 나는 이분들의 간곡한 요청 앞에서 "못합니다."라는 말을 하지 못했다. 그래서 이틀 뒤에 있을 추대위 결정에 따르겠다고 답했다. 사실상 시장 후보로 나서겠다고 한 것이나 다름없었다. 물론 마지못해서만 그런 것은 아닌 것 같다. 내 마음 한쪽에서는 이분들과 함께 민주노동당을 혁신하고 새로운 희망을 만들어 가면 좋겠다는 생각을 했다. 만남의 현장에서 마음을 바꾼 이날의 결정은 내 인생 후반부를 정치로 이끈 대사건이 되고 말았다.

3월 15일 추대위는 전체 회의를 거쳐 내가 소속해 있는 전교조에, 출마를 권유하는 제안서를 보냈다. 제안서를 받은 전교조에서는 난리가 났다.

이미 교육위원 후보로 내정된 상태였고 이후 전교조에서 내세울 유력한 교육감 후보라고 생각하는 사람이 많았기 때문이다. 논란 끝에 3월 21일 대의원대회를 열어서 결정하기로 했다. 대의원대회에 올라온 안건은 '노옥희를 시장 후보로 추대할 것인지, 말 것인지'가 아니라, 이미 전교조 대의원대회에서 결정한 바 있는 '교육위원 후보 자격을 철회할 것인지, 말 것인지'에 대한 내용이었다. 격렬한 논란 끝에 표결까지 강행해 찬성 25명, 반대 18명, 기권 1명으로 교육위원 후보 자격 철회 안건이 승인되어 시장 후보로 출마할 수 있는 길이 열리게 되었다.

이때의 결정에 대해 후회하느냐고 묻는다면 후회하지 않는다고 대답하겠지만, 그래도 또다시 그 같은 상황을 맞이하게 된다면 아마도 다른 결정을 할지도 모르겠다. 그만큼 내 인생에 엄청난 변화와 큰 시련을 가져다준 일이었고, 전교조 선생님들을 비롯해 내게 다른 역할을 기대했던 분들께는 지금도 미안한 마음이 남아 있기 때문이다. 정치의 길에 들어선 이상 좋은 정치의 성과를 통해, 이때 빚진 것을 보답하리라 늘 생각하면서 살고 있다.

노옥희 후보 추대 제안서

바야흐로 정치의 계절입니다. 연일 보수 정당 후보들의 시시콜콜한 동정이 방송을 타고 흘러나옵니다. 보수라는 호칭을 붙이기에도 민망한 수구 정당에서조차 국민이 참여하는 경선을 한다고 합니다. 당내 경선 성사를 위해 얼추 투쟁하는 모양새를 보여 주는 후보도 보입니다. 한마디로 격세지감입니다.

그러나 가만히 돌이켜보면 이런 형국은 그냥 주어진 것이 아닙니다. 이것은 20년 동안 우리들이 피와 땀으로 일구어 온 투쟁의 결과입니다. 우리들의 눈물과 사랑, 단결 투쟁으로 건설해 낸 민주노총, 그리고 노동자·서민의 희망 민주노동당이 생산한 정치적 발전입니다. 수구 보수 정당들이 '흉내라도 내지 않으면 안 되는' 이런 민주주의적 제도와 절차는 우리들이, 우리 노동자·서민들이 만들고 발전시켜 온 것입니다.

우리는 그간 기초 단체장을 연거푸 당선시키기도 했습니다. 광역 단체 집권의 꿈도 꾸었습니다. 집권당을 누르고 제2당이 되기도 했습니다. 지역구 국회의원도 만들었습니다. 지역 정가에서 영향력 있는 정치 세력으로 어느 정도 대접도 받고 있습니다.

그러나 그뿐입니다. 2006년 5·31 지방자치 선거가 열리기 80일 전!

우리는 지역구 국회의원직을 강탈당했습니다. 기초 단체장마저 보수 세력의 칼날을 피하지 못했습니다. 터져 나온 민주노총 비리 사건의 태풍을 온몸으로 맞았습니다. 이제는 시민 단체를 자처하는 서울 목사님의 규탄 대상에도 이름을 올렸습니다. 무기력하다는 말이 부족할 지경입니다.

대중은 무관심에 빠져 있고 활동가들은 패배주의에 젖어 들고 있습니다. 아니 정확하게 말해서 활동가들의 패배주의가 대중의 무관심을 불러일으키고 있습니다. 결국 대중은 냉소하거나 양비론을 안줏감으로 올리게 될 것입니다.

우리는 패배주의의 근원을 도려내고 대중의 무관심을 걷어 내야 합니다. 그리고 의무 방어전이 아닌 확실한 한판 승부를 벌여야 합니다. 패배주의와 무관심의 원인을 찾고 이를 해소해야 합니다. 이것이 '일하는 사람들의 희망'을 만들어 가는 우선적 과제입니다.

패배주의와 무관심의 일차적 원인은 '격리'와 '소통의 부재'라고 봅니다. 자발적 대중이 자유로운 의사의 표출과 힘의 결집을 통해 정책을 만들고 이를 대의할 수 있는 후보를 세워 나가는 것이야말로 '소통 부재와 격리'를 해소할 수 있는 하나의 열쇠가 될 것입니다.

보수 수구 세력에 맞서 조직과 정당을 만들고 보위하는 일도 어려웠던 시절에 견준다면, 지금의 리더십은 달라질 수밖에 없는 것입니다. 개인이나 소수 활동가들이 폐쇄적인 논의와 결정으로 세우는 리더십은 노동자·서민에게 '내 것'이 될 수 없습니다.

그런 의미에서 이번 시장 선거에서 4만5천 조합원 총투표로 후보를 선출하겠다는 민주노동당과 민주노총의 정치 방침은 매우 의미 있고 환영받을 만한 일입니다. 이번 총투표를 축제의 장으로 만들어 조합원 대중과 시민의 관심을 불러일으킨다면 우리는 새로운 희망을 분명 보게 될 것입니다.

저희 제안자들은 지난 약 한 달 동안, 현장의 힘을 모으고 정파로 갈라진 진보 진영을 하나로 묶어 내어 울산시장 선거에 나설 수 있는 후보를 세우기 위해 토론하고 현장을 다녔습니다. 자동차, 중공업, 비정규직 노조, 시민사회단체, 전교조 등을 두루 만나고 허심탄회하게 의견을 나누었습니다.

많은 분들이 우리의 의견에 동의해 주셨습니다. 물론 많은 우려도 있었습니다. 의혹의 눈초리도 있었지만 우리는 이 과정에서 '희망은 일구어 가는 것'이라는 평범한 진리를 다시금 체험했습니다.

지도부의 '점지'가 아닌 대중의 '선택과 명령'으로 후보를 조직하는 것, 실질적으로 그렇게 하는 것! 이것이야말로 패배주의와 무관심을 날려 보낸다는 것을 말입니다.

그리고 진보 진영의 힘을 모을 수 있는 후보로 누가 좋은가를 논의하고 물었습니다. 많은 동지들이 이구동성으로 답했습니다.

이구동성의 주인공은 바로 노옥희 동지였습니다.

이제 노옥희 동지는 교육 부문을 포함한 진보 진영 전체의 부문에서 새로운 역할을 요구받고 있습니다. 저희는 노옥희 동지에게 요구되고 있는 새로운 역할이 전교조가 추구하고자 하는 사회 개혁 및 교육개혁의 임무와 목표를 달성하는 데 도움이 될 것이라고 확신합니다. 전교조가 갖고 있는 진보 진영 내 역할과 소임에 못지않게 노옥희 동지의 임무와 역할도 매우 크다고 생각합니다.

흔히 위기는 새로운 기회라고 말합니다. 정말 새 희망을 만들고자 합니다. 이 새 희망을 87년 노동자 대투쟁을 준비하고 그 투쟁 한가운데서 동고동락하며 노동자의 벗으로 스승으로 함께해 온 노옥희 동지와 새롭게 시작하고 싶습니다.

1987년 우리의 새 역사를 시작할 때의 그 희망과 열정을 되찾고 새롭게 시작하는 데는 우리의 깃발, 우리의 기둥이 필요합니다. 노옥희 동지가 우리 지역에서 그 역할을 할 수 있는 유일한 지도력이라고 이구동성으로 말하고 있습니다. 노옥희 동지는 87년 대투쟁을 출발로 이후 꾸준히 성실하게 진보 운동을 해오신 우리 역사의 증인이자 지도자입니다.

이 위기 상황을 돌파하는 데는 그런 통합적 지도력이 절실하게 필요합니다. 5·31 지방선거를 함께하며 노동자·시민·대중에게 진보 진영의 새 전망을 당당히 말하고 만들면서 우리의 새 희망을 심어 나가고자 합니다.

2006년 3월 16일

민주노총 시장 후보 경선

선거를 두 달 앞둔 상태에서 교육위원을 사퇴하고 입당한 후 예비 후보 등록을 하고 당내 경선에 들어갔다. 당내 경선 결과는 민주노총 조합원 총투표로 결정되므로 울산 시내 사업장을 순회하며 선거운동을 시작했다. 민주노총 수석부본부장으로 출마해 선거운동을 한 경험이 있었기에 선거운동에 쉽게 적응할 수 있었다. 특히 현대자동차는 작업 현장을 샅샅이 순회하며 작업 중인 조합원들과 악수도 하고, 야간 근무 시에는 쉬는 시간을 이용해 휴게실에서 간단한 유세도 할 수 있었다. 출퇴근 시간과 작업 현장에서 노동자들을 만날 때 실제 투표권을 행사할 민주노총 조합원인 정규직 중심으로 만나자는 사람도 있었으나, 나는 조합원 자격 여부와 상관없이 비정규직 노동자 한 사람 한 사람과 악수하며 만났다. 그러니 시간이 두 배나 걸렸다.

현대중공업 노조는 박일수 열사 투쟁 때 반노동자 행위로 인해 민주노총에서 제명된 상태여서 선거운동 대상이 아니었지만, 현대미포조선은 엄연한 민주노총 사업장이었음에도 정문 출입이 통제되어 조합원들을 만날 수가 없었다. 정문에서 출근하는 노동자들을 제한적으로 만나다가 어찌어찌 식당에 들어갈 수 있어 겨우 조합원들을 만나 인사할 수 있었다. 각 사업장을 다니면서 느끼고 배운 점이 많았다. 현대자동차가 여러 가지 문제가 많다고들 지적하지만 그래도 노동조합이 살아 있는 이유는 현장 언론이 살아 있어서라는 생각이 들었다. 현대자동차의 경우 어떤 사안이 있을 때마다 각 현장 조직이 소식지와 대자보를 발행해 조합원들에게 제공하고 있어 다양

위. 2006년 4월 현대자동차에서 정창윤 선대본부장, 강세원 조합원과 함께.
가운데. 울산시장 후보 민주노총 경선 선거 포스터.
아래. 2006년 4월 현대자동차에서 김호규 수행, 최문식 대의원과 함께.

2006년 4월 시장 후보 민주노총 경선 당시 김창현 후보, 하부영 본부장과 함께.

한 시각을 접하게 된다는 것이었다. 그리고 정치적 사안에 대해서도 각 현
장 조직의 입장을 밝히고 있어 정치의식 또한 상당히 높아질 수밖에 없겠다
는 생각이 들었다.

노옥희 후보가 당선되면 재앙?

지역 여론을 주도하는 언론들은 시장 후보 민주노총 경선에서, 이미 당 활
동을 오래 했고 민주노동당 중앙에서 사무총장까지 지낸 김창현 후보와, 지
역에서 교육위원을 지낸 것이 전부인 노옥희 가운데 김창현 후보가 다소 앞

설 것이라고 내다봤다. 그러나 그 결과를 장담할 수 없을 정도로 박빙의 승부였고 선거운동도 치열하게 진행되었다.

나는 출마 자체가 추대위를 통해 이루어지다 보니 경선 과정에서 운동원들이 보인 역동성과 자발성이 대단했다. 피곤한 나날이었지만 모두들 재미있게 선거운동을 할 수 있었다. 그 뒤로도 여러 선거에 출마했지만 이때처럼 활기차고 재미있게 선거를 치른 적은 없었던 것 같다. 즐겁게 선거운동을 하다 보니 시간이 갈수록 분위기가 우리에게 유리하게 돌아가고 있다는 것을 체감할 수 있었다. 상대 후보 진영도 이런 분위기를 감지했는지, 해서는 안 될 일을 하는 사건이 발생하고 말았다. 당시 민주노동당 울산시당 사무처장이, 시장 후보 경선에서 자파 후보인 김창현이 당선되지 않고 노옥희가 당선되면 재앙이라는 내용의 메일을 자파 운동원들에게 보낸 사건이다.

공당의 사무처장은 경선을 공정하게 관리할 책임을 진 사람임에도 불구하고 특정 후보의 승리를 위해 이런 문건을 돌렸다는 것은 있을 수 없는 일이었으므로 양 진영이 발칵 뒤집혔다. 이 문건 사태를 통해 선거가 연합과 반연합이라는 원치 않는 구도로 흘러가게 되어, 출마하면서 정파에 따른 문제를 해소하려던 노력이 조금씩 무너지고 있었다. 그리고 이 문제를 어떻게 처리할지를 둘러싸고 우리 진영에서도 입장 차로 갈등이 있었다. 당장 문제를 제기해 처벌하게 할 것인지, 선거를 마친 뒤로 결정을 미룰 것인지를 두고 갈등이 벌어졌다. 결국 후자로 정리되었지만 생각을 달리한 사람들이 완전히 납득하지 못한 상태여서 안팎으로 어려움이 많았다.

시장 후보로 선출되어 '노동자 시장 노옥희'를 외치다

이런 우여곡절을 거쳐 김창현 후보와의 경선에서 승리하고 민주노총에서 선택한 시장 후보가 되었다. 요식적인 행위이긴 하지만 당 후보로 선출되는 절차를 다시 거쳐야 했는데, 투표율이 저조해 연장 투표까지 해서 민주노동당의 후보가 되었다. 민주노총 경선은 추대위를 중심으로 모인 자발적 단위들이 중심이 되었으나, 당 후보로 선출된 후로는 공식적인 당 조직이 선거운동을 주도했다. 본선은 경선 때와는 규모와 성격이 완전히 달랐기 때문이다. 추대위는 후보에게 애정을 가지고 임했으나 선거 경험이 별로 없다 보니 보조적인 위치로 물러나게 되었다. 이 과정에서 민주노총 경선 때와는 달리 자발적인 활동력도 떨어지고, 울산 전역을 대상으로 했기 때문에 감당해야 할 일도 많아 만만치 않았다.

그동안 지역에서는 열심히 활동했지만 당과 관련해서는 제대로 활동한 적이 없어, 시장 후보로 울산시에 대한 비전을 보여 주기엔 부족함이 많은 선거였다. 그간 활동해 왔던 이미지도 그렇고, 또 노동자의 도시 울산에서 노동자의 지지를 확실하게 끌어내기 위해 '평등 울산'이라는 기치 아래 '노동자 시장 노옥희', '부자는 한나라당, 노동자는 민주노동당'이라는 슬로건을 내걸고 정면 돌파하기로 했다. '부자는 한나라당, 노동자는 민주노동당'이라는 슬로건에 대해, 노동자이면서도 자신이 노동자라고 생각하지 않는 사람들은 못마땅해했지만 단순하고 선명한 구도라서 우리 지지층을 다지는 데는 확실한 효과를 가졌다.

위: 2006년 민주노동당 선거대책본부 출범식 및 필승결의대회에서 구청장·시의원·구의원 후보들과 함께.
아래: 2006년 시장 선거 당시 김종훈 동구청장 후보와 함께.

위: 2006년 시장 선거 때 최순영·심상정 국회의원의 지원 유세.
가운데: 시장에서 선거운동 지원 중인 천영세·노회찬 국회의원.
아래: 김광식 울산시당 위원장과 함께.

위: 선거운동 중 현대자동차에 근무하는 제자들과 함께.
가운데: 현대자동차 비정규직 지회 방문.
아래: 단병호 국회의원과 비정규직 노동자들의 노옥희 후보 지지 기자회견.

위: 선거운동 중 울주군 여성 축구 대회에서 두동면 축구 선수들과 함께.
가운데: 시장 선거 운동원들.
아래: 선거운동 중 윤종오 시의원 후보, 류인목 구의원 후보와 함께.

3월 24일 교육위원을 사퇴하고 5월 31일 시장 선거까지 2개월이 어떻게 지나갔는지 모르게 흘러갔다. 지금 생각해 보면 참 겁도 없이 덤볐구나 하는 생각이 든다. 선거 과정에서는 뒤도 옆도 돌아볼 수 없어 시장 후보 선출을 둘러싸고 일이 어떻게 돌아가는지를 제대로 알 수 없었지만, 나중에 알고 보니 당 활동 경험이 일천한 내가 시장 후보로 출마하는 것을 반대하는 사람도 많았다고 한다. 대부분의 사람들은 정치가 전문적인 영역이 아니며 아무나 할 수 있다고 생각한다. 그래서 정당 활동 경험이 없던 나 같은 사람이 선거에 임박해 입당하거나 무소속 후보로 출마하는 경우가 허다하다. 그러나 지금까지 정치 활동을 해오면서, 정치야말로 이해와 갈등을 조정하는 능력 등 고도의 전문성을 요하는 것이며, 정치를 아는 사람이 해야 한다는 것을 깨닫게 되었다. 그러나 당시에는 이런 사실들을 제대로 알지 못했고, 그래서 무모하게 용기를 낼 수 있었던 것 같다.

본격적인 당 활동

선거가 끝났다. 시장은 물론이고 동구청장과 북구청장도 지켜 내지 못했다. 그러나 시 비례대표와 다수의 시의원·구의원이 당선되어, 아쉬움은 있었으나 패배감에 젖지는 않았고 새롭게 시작할 수 있었다. 당 혁신의 기치를 들고 나섰기 때문에, 바로 당 활동에 들어갔다. 시당에 민생특위를 만들어 민생특위 위원장을 맡았으며, 파산 면책 학교 운영과 상념, 신용기드 수

수료 인하 등의 문제를 다뤘다. 동시에 민생 탐방의 일환으로 우리 사회의 가장 낮은 곳에서 일하는 분들과 만났다.

파산 면책 학교를 운영하면서 고리 대부업의 피해자들을 만나게 되었는데, 국민의 재산을 지켜 줘야 할 정부가 고리의 사채를 법으로 허용하고 있는 것에 분노하지 않을 수 없었다. 사업을 하다 망한 사람, 도박이나 주식을 하다 망한 사람 등 다양한 사람들이 많았다. 심지어 현대자동차 정규직 노동자들 중에도 사채에 시달리는 사람들이 상당히 많은 것을 보고 새삼 놀랐다. 지푸라기라도 잡는 심정으로 찾았다가 당의 도움으로 파산 면책을 하게 된 사람들은 무척이나 고마워했다. 파산 면책 상담을 맡은 민생특위장인 나와 실무자인 박경숙은 민주노동당의 분당으로 인해 (탈당 이후에도 신청을 마무리해 주기는 했으나) 결과까지 책임져 주지 못해 안타까운 마음이었다. 중앙당에서도, 파산 면책을 담당했던 송태경 실장 등이 민주노동당을 탈당한 뒤 진보신당에도 가입하지 않아 당 사업에서 이 문제가 실종되고 말았다. 그나마 이들이 민생연대라는 단체를 만들어 당 밖에서 이 사업을 지속시켜 나감으로써 도움이 절실한 사람에게 도움을 줄 수 있게 된 것은 다행이라고 생각한다.

그리고 지역에서 벌어지고 있던 각종 비정규직 투쟁에 민생특위장 자격으로 적극 결합했다. 비정규직 정당으로 자리 잡는 것도 중요한 당 혁신의 과제였기에 즐거운 마음으로 함께할 수 있었다. 우리 지역에서는 울산과학대 청소 노동자들과 효정재활병원 간병사, 중앙케이블티비 노동자들과 이랜드 홈에버 비정규직 노동자들의 고용 보장을 요구하는 투쟁이 끊이질 않았다. 결국 울산과학대 투쟁을 제외하고는 승리하지 못했다.

위 : 2007년 1월 신용카드 수수료 인하 운동 선포식에서 김광식 시당위원장, 이은주 시의원, 황세영 구의원과 함께.
아래 : 2007년 5월 제3회 파산 면책 학교.

위 | 2007년 울산과학대 청소 노동자 투쟁을 지원하면서 김순자 지부장, 하부영 민주노총 울산본부장과 함께.
아래 | 2011년 5월 최저임금 인상 성화 봉송단과 함께 과학대 노조 방문.
　　 과학대 노조는 2007년 투쟁을 승리로 이끌어 전국적으로 유명해졌다.

위: 2008년 3월 홈에버 투쟁문화제 참석.
아래: 2009년 9월 홈에버 조합원들과 함께.

민생특위장을 맡아서 비정규직 투쟁에 적극 결합한 투쟁 중에 이랜드 홈에버 투쟁이 특별히 기억에 남는다. 이랜드 홈에버 투쟁은 비정규직이 2년을 넘기면 정규직화한다는 비정규직법(〈기간제 및 단시간근로자 보호 등에 관한 법률〉)이 시행된 지 만 2년이 되면서 벌어진 상징적인 투쟁이었다. 전국적인 연대 투쟁을 통해 강력하게 대응했으나 김성수라는 악덕 자본을 물리치지 못하고 해를 넘겨 절반의 성공으로 끝내야 했다. 이런 연대 투쟁의 성과로 울산의 이랜드 홈에버 노동자들은 투쟁을 마무리하면서 다수가 진보신당에 입당하기도 했다. 이들은, 그 이후 다시 2011년 선거에서 야 4당이 연대하자 노무현 정권 시절 비정규직을 탄압했던 세력과 함께하는 것에 대해 비판을 제기하면서 탈당을 요청해 오기도 했다. 이는 진보 정당의 정체성에 대한, 대중의 반응을 예민하게 고려해야 한다는 것을 깨닫게 해준 계기가 되었다.

투명 회계와 당 혁신

2006년 5월 31일 지방선거 이후 2008년 3월 2일 탈당하기까지 2년이 채되지 않은 기간은 참으로 불편한 나날이었다. 누구의 잘못이랄 것도 없이 입장이 서로 다른 정파가, 같은 사무실에 상근하면서도 밥을 따로 먹는 일들이 다반사였다. 모두들 이런 환경이 불편하고 괴로웠겠지만, 특히 나는 나이도 제일 많은데다가 이런 문제를 혁신하겠다고 당으로 활동 영역을 옮겨왔는데 예전에 가졌던 통합적인 분위기 대신 나 자신도 특정 정파의 입장에 선 듯해 더없이 불편했다. 무엇보다 시장 후보 선출 과정에서 경선이 정파 대결로 치러지면서 겪었던 경험과 그 앙금이 통합의 분위기를 만드는 데 생각보다 큰 걸림돌이 되었다.

울산시당은 2007년 말 17대 대선 참패 후 중앙당에서 심상정을 위원장으로 하는 비상대책위원회(이하 '비대위')가 구성된 뒤 제시한 혁신안이 부결되어 당이 분열되기 전부터 갈등에 휩싸였다. 2004년 〈정당법〉 개정으로 지구당이 폐지되면서 재정 운용의 주체가 시당이 되어야 함에도 기존의 관행대로 지구당(지역위원회)을 재정 운용의 주체로 삼고 있었다. 그러던 것을 2006년 김광식이 시당위원장이 되면서 긴 논란 끝에 시당으로 재정을 통합하게 되었다.

당시 신미정이 울산시당 총무국장을 담당하고 있었는데 지역위원회에서 예산을 신청하면 시당 총무국장을 통해 지출하게 되었다. 그런데 시당 총무국장이 법이 정한 대로 재정을 깐깐하게 관리하게 됨에 따라, 지역위원회에서 예전처럼 예산을 사용하기가 어려워지자 이에 대한 불만이 많았다. 그러다가 회계 운용 과정에서 벌어진 실수를 두고 공방이 벌어져 시당 총무국장이 주요 당 간부 58명으로부터 당기위에 집단 제소되어 직위 해제되는 일까지 발생했다. 이에 항의하며 당 상근자인 정책위원장과 선전국장이 사퇴했다. 당사자인 신미정은 당이 〈정당법〉에 따라 재정을 운용하지 않으면서 생긴 문제의 책임을 개인에게 묻는 것에 대해 항의했다. 그러면서 서로 간의 갈등이 점점 깊어만 갔다. 급기야 분식 회계, 비밀 상부와 비자금 관리

등 그간 재정 운용을 둘러싼 비리와 당 운영의 문제점을 신미정이 11회에 걸쳐『울산노동뉴스』에 공개하면서 사태는 걷잡을 수 없게 되었고 당 분열은 가속화되었다.

이런 과정에서 경남도당은 대중정당으로 가기 위해서는 법대로 재정을 투명하게 운영해야 한다며 2006년 5·31 지방선거 과정에서 있었던 회계 문제를 제기해 왔다. 총무국장 사건을 계기로 경남도당과 함께 울산시당에서도 일부 당원들을 중심으로 투명 회계를 내용으로 하는 당 혁신의 목소리를 내기 시작했다. 이를 위해 당내 대선 경선 과정에서 당원들의 서명도 받고, 대선 후보들에게 서명과 함께 앞으로 실천하겠다는 답변을 받아 냈으며, 울산과 대전에서 두 차례 수련회를 진행하기도 하는 등 민주노동당의 회계 투명성을 위해 노력했다. 나는 서명에 참여한 당원들의 대표자 자격으로 당시 비대위원장인 심상정에게 비대위의 혁신 과제로 이 문제를 정리해 줄 것을 요구하며 서명 용지를 전달하기도 했다. 그러나 심상정 비대위의 당 혁신이 좌초되면서 이 문제가 어떻게 처리되었는지는 알 수가 없다. 이 사건을 통해 스스로를 혁신한다는 것이 얼마나 어려운지를 절감했다.

민주노동당을 떠나다

민주노동당은 대선 참패의 책임을 지고 지도부가 총사퇴했으며 앞서 말했듯이 심상정을 위원장으로 하는 비대위가 꾸려졌다. 심상정 비대위에서는

민주노동당 탈당 기자회견
노동 출신 공직자 및 노동계 전현직 간부 탈당

2008년 2월 노동자 출신 공직자, 전·현직 노조 간부의 민주노동당 탈당 기자회견.

당의 지지율 정체를 가져온 핵심 원인으로 '편향적인 친북 행위, 패권주의, 민주노총당, 데모당'이라는 부정적 이미지를 지적하고, 이를 혁신해야 한다는 당 혁신안을 마련해 대의원대회에 제출했으나 부결되었다.

2008년 2월 3일 민주노동당 임시대의원대회에서 심상정 비대위의 당 혁신안이 부결된 후 민주노동당 내 평등파를 중심으로 탈당 선언이 이어져 전국으로 급속히 확산되었다. 울산에서도 바로 다음 날인 2월 4일, 당시 시당 민생특위장을 맡고 있던 나는 김광식 민주노동당 울산시당 전 위원장, 명숙 부위원장, 이용진 노동위원장과 함께 지금과 같은 민주노동당으로는 더 이상 진보 정당으로서 소임을 다할 수 없다는 뜻을 밝히면서 울산에서 처음으로 기자회견을 통해 탈당을 선언했다.

탈당하기 직전까지 나는 민주노동당이 노동자 중심의 정당이 되어야 한다는 생각으로 당내 현장 분회를 만들기 위해 이갑용 전 동구 청장 및 동구 지역 활동가들과 함께 모임을 해오고 있었다. 그러던 차에 이분들과 제대로 된 논의 없이 당 간부를 중심으로 탈당을 선언하게 되었는데, 당연히 함께 할 것이라고 생각했던 분들이 예상을 깨고 다른 행보를 선택하면서 나로서는 적잖이 당황하고 말았다. 탈당에 대해 현장 당원들과 충분히 소통했어야 함에도, 전국적으로 벌어지고 있는 일들에 대해 핵심 간부들이 먼저 분명한 태도를 보이는 게 좋겠다는, 당내 젊은 활동가들의 조언을 받아들여 이런 과정들이 생략된 채 탈당 선언이 이루어진 것이다. 나는 현장 당원을 비롯한 많은 사람들이 그간 민주노동당의 문제에 대해 공감하고 있었기에 서로 이심전심으로 통하고 있다고 생각했던 것인데, 이는 오히려 현장 당원들이 진보신당에 합류하지 않는 빌미가 되었다.

탈당 기자회견을 하기로 한 날 아침 정의헌 민주노총 수석부위원장으로부터 재고해 달라는 간곡한 내용의 전화를 받았다. 정의헌 수석부위원장은 울산 지역 해직 교사인, 내게는 생명의 은인이라 할 수 있는 김영숙 선생의 남편이다. 우리 부부가 중매해 결혼에 이른 특별한 인연이기도 했다. 그러나 상황은 이미 돌이킬 수 없는 단계였다.

탈당 기자회견을 앞두고 동구 당원을 비롯해 그간 관심을 보여 준 분들께 문자를 보냈다.

- 노동자·서민들 곁으로 더욱 가까이 가기 위해 민주노동당을 탈당합니다. 이해와 지지를. 노옥희.

이런 답글들이 왔다.

- 고맙습니다.

- 어머나 저도 탈당하기로 했는데. 밥 많이 드시고, 아자~!!

- 무한한 지지와 응원을 보냅니다. 노옥희 파이팅.

- 힘내세요.

- 안타깝습니다. 저의 눈에는 모두 권력투쟁으로 보입니다. 이제 어디에 기대야 할지.

- 설날 앞두고 모두들 맘이 편치 않네요. 얼굴 한 번 봬야 하는데 늘 죄송합니다. 수고하세요.

- 안녕하세요. 님의 결정에 찬사를 보냅니다. 더욱더 정진하세요. 설도 잘 보내시고요.

- 노옥희 동지 힘내세요. 저도 함께합니다.

- 묵묵히 따라왔던 당원은 어떡합니까!

- 맘은 충분히 이해하지만 소수로 현장에 있는 저로서는 감당이 안 되네요. 감히 외람되지만 탈당에 이은 신당 창당에 주도적 참여가 최선인지 고민 부탁드립니다. 제대로 된 연유도 모른 채 당의 파멸을 지켜보며 눈만 끔벅이며 질타하는 현장 조합원 불쌍함.

- 어이없고 가슴 아픕니다.

- 선생님의 결정을 지지합니다. 밟아야 할 정당한 수순인 것 같습니다.

- 샘의 결의에 힘찬 박수 보냅니다. 언제나 맘으로나마 지원하겠습니다.

- 끝까지 당비 납부에 충실한 당원이고 싶었습니다. 하나 하는 꼴들이 가관이라 그 몇 푼도 아깝네요.

- 이해합니다. 더욱 열심히 할 수 있도록 응원드립니다.

- 비 온 뒤에 땅은 굳어지는 법. 앞으로 좋은 활동 부탁드립니다.

- 많이 착잡하시지요? 새살 돋는 아픔이리라 생각합니다. 힘내세요.

- 안타깝나다. 진보 정당의 분열이 우리들 어깨를 처지게 하네요! 새로운 희망을 만들어

주세요.

- 노샘을 지지합니다. 힘내세요.

- 새로 시작할 수 있는 용기에 박수 보냅니다.

- 선생님, 마음이 아프시겠지만 힘내시고 진정으로 한뜻인 동지님들과 새롭게 시작하시면 생각보다 멀지 않은 시간에 좋은 결과가 있으실 거예요. 창당 작업 잘되셨으면 좋겠고 함께 갈 수 없는 사람들을 잃은 자리엔 더 큰 마음들이 모일 거라고 전 믿어요. 심상정·노회찬·조승수 의원님 뜻 지지하며.

- 힘내세요. 설 연휴 잘 보내시고 복 많이 받으세요.

- 선생님, 몇 시간을 고민하다 답문자 넣습니다. 탈당에 대한 이해를 구할 수는 있지만 당원들에게 지지를 호소하는 것은 적절치 않다고 생각됩니다. 선생님에 대한 존경의 마음을 계속 가질 수 있도록 부탁드립니다.

- 선생님, 진정 노동자를 위하신다면 말없이 가세요. 선생님께서 피눈물 흘릴 날이 있을 겁니다.

- 지지합니다.

- 선생님 생각은 이해하지만 너무 가슴 아픕니다. 꼭 원하시는 것이 이루어지길 빕니다.

- 힘내세요. 올바른 선택하셨어요. 새해 복도 많이 받으세요.

- 선생님의 판단을 믿습니다. 설날에 복 많이 받으세요.

- 노샘도 험난한 길 가시는군요. 지금의 고뇌 어린 선택이 좋은 결과로 이어지길 바랍니다.

- 우리는 언제나 선생님을 지지하며 사랑합니다. 힘드시더라도 용기 잃지 마시고 즐거운 설 명절 보내십시오.

- 당 쇄신을 탈당 강수로 나타냈지만 진보의 발전을 위한 올바른 선택이라 확신함. 즐거운 명절.

지지하는 글도 있었지만 가슴 아픈 답글들을 보며 앞으로 가야 할 험난한 길에 대해 생각해 보았다. 설 명절을 앞두고 있었지만 앞으로 닥칠 일과 이를 헤쳐 나갈 생각을 하니 머리가 복잡해 명절 쇨 준비도 하지 못했다.

진보신당 창당과 총선 후보 출마

2008년 3월 16일 진보신당이 창당되자마자, 4월 9일로 정해진 18대 총선 체제에 돌입했다. 울산에서는 당선 가능성이 가장 높은 진보 정치 1번지 북구에 진보신당 후보를 내는 문제로 날마다 논의가 이어졌다. 나는 울산에 온 이후 줄곧 동구에 살고 있었으므로 동구에 출마할 생각을 하고 있었는데, 출마할 후보가 없다는 이유로 북구에 출마했으면 한다는 요구를 받게 되어 괴로웠다. 북구는 조승수가 17대 총선에 당선되었으나 선거법 위반으로 낙마한 뒤 재기를 노리는 곳이었다. 당장 출마할 후보가 없다는 이유로 내가 나서야 한다는 데에 동의할 수가 없었다. 분당 이후 신당 창당 문제로 총선 준비를 거의 하지 못한 상태라 빨리 정리하고 동구로 들어가 총선을 치러야 했는데, 북구 후보 출마 문제와 진보신당 울산추진위 문제 때문에 그럴 수가 없었다.

결국 북구는 후보를 내지 않는 것으로 정리했다. 3월 18일 예비 후보 등록을 하고, 3월 19일 진보신당 울산추진위원회를 발족해 김광식·서영택·황보곤과 함께 추진위 공동 대표를 맡게 되었으며, 울산 동구 후보로 추대

위 | 2009년 8월, 현대중공업의 불법으로 인해 심각해진 동구의 주차난 해결을 촉구하는 기자회견.
가운데 | 2008년 4월 동구 국회의원 선거 플래카드.
아래 | 2008년 동구 국회의원 선거 중 김광식 선대본부장과 함께.

되어 다음 날부터 동구로 들어가 선거운동을 시작했다. 불과 선거를 19일 앞둔 시점이었다. 동구는 민주노동당이 후보를 내지 않는 것으로 정리되어 후보끼리 선거에서 부딪치는 일은 없었다. 그나마 다행이었다.

동구에 30년 가까이 살았고 초창기 현대그룹 노동운동에 참여했으며, 현대공고와 명덕여중에 오랫동안 근무했지만 총선을 염두에 둔 적은 없었고, 출마 역시 급하게 결정되었기 때문에 시간이 턱없이 부족했다.

이때 이런 어려움을 메워 준 분들이 서영택·박대용 당시 구의원들이다. 진보신당 창당을 앞두고 전보신당과 함께할 사람들을 만나러 다녔는데 첫 번째 우선순위가 현재 공직에 있는 분들이었다. 동구의원으로 활동 중이던 서영택·박대용 의원은 진보신당과 함께 노동자를 위한 정치를 하자며 민주노동당을 탈당해 진보신당에 입당하면서 나에 대해 지지를 밝혀 주었다.

이분들은 기자회견에서 "지난 대선에서 얻었던 3퍼센트 득표율은 국민들의 냉혹하고 준엄한 심판이며, 사회적 약자인 비정규직 노동자와 소외받는 서민의 목소리를 대변하지 못한 부족함에 대해 사죄하며, 8년 동안 몸담아 왔던 민주노동당을 떠나 처음처럼 겸허히 더 낮은 자세로 다시 서려 한다."며 진보신당에 입당하는 이유를 밝혔다.

또 한편으로 "현대중공업과 현대미포조선 등의 최대 주주로서 정몽준 의원이 축적한 막대한 부는 노동자들의 피와 땀, 노동과정에서의 죽음의 결실로 얻어진 결과"이며, "울산에서 가장 낙후된 지역이자 전국 꼴찌 예산 규모에 지역 상권마저 죽어 가는 동구 지역에, 정몽준 의원이 지역구를 다른 곳으로 옮기면서 수족이나 다름없는 사람을 국회의원으로 지명한 것은 동구 주민을 무시한 처사이며, 4·9 총선의 의미는 동구 주민의 자존심을 회복하고 낙후된 동구를 발전시키는 초석으로, 고통 받는 노동자·서민과 함께해온 노옥희 후보와 더불어 차별 없는 노동자·서민의 공동체를 건설할 것"이라며 나에 대한 지지를 선언했다.

이분들을 생각하면 늘 고마운 마음과 죄송한 마음이 함께 든다. 분당 과정에서 진보신당과 함께한 결과 다음 선거에서 낙선의 고배를 마시고 어려움을 겪게 된 것에 대해 평생을 두고 무거운 짐을 안게 되었다.

4·9 총선

4·9 총선은 선거를 불과 보름 남짓 앞두고 선거운동을 시작했지만 한번 해보자는 분위기가 살아나고 있었다. 울산 동구에서 내리 5선을 해왔던 정몽준이 떠나고 난 자리에, 정몽준 사무국에서 사무국장으로 일했던 안효대가 후보로 나왔기 때문이다. 정몽준이라는 사람이 동구에서 출마한다는 것만으로 내가 동구에 출마할 이유는 너무나 명백하고 간단했는데, 안효대가 출마한다고 하니 갑자기 상대를 잃은 느낌이 들었다. 정몽준 의원은 내가 해고된 현대공고가 속한 현대학원의 이사장이기도 하여 복직을 위해 항의하고 싸우지 않았던가. 그런데 갑자기 안효대라니, 맥이 탁 풀리는 느낌이었다.

그러나 현장의 분위기는 1988년 노동운동의 한복판에서 옥중 출마한 김진국 후보를 시작으로 '재벌의 아들이냐, 노동자의 아버지냐'를 외치며 출마

2008년 4월 총선에서 조합원들을 향해 선거운동 중인 현대중공업 노조 김임식 전 위원장.

한 권처홍 아버님, 이어 이갑용·김창현 후보까지 네 차례에 걸쳐 줄기차게 출마했지만 번번이 실패해 온 터라, 정몽준이 떠난 이번에는 한번 해보자는 쪽으로 기울고 있었다. 그래서 짧은 시간이지만 열기가 꽤 뜨거웠고 열심히 선거운동을 했다. 당원이 아닌 김임식·김종철 전 현대중공업 노동조합 위원장을 비롯해 김형광 등 역전의 용사들과 (현대중공업 현장 조직인) '전진하는 노동자회'(이하 '전노회') 회원들과 미포조선 노동자들, 그리고 선거운동 기간 내내 월차를 내서 선거운동에 함께한 윤재길·진명규 동지까지 모두들 열심히 뛰었다. 하지만 이 지역에서 밑바닥부터 활동했던 것이 아니었으므로 현대그룹의 높은 벽을 넘을 수는 없었고 결국 승리하지 못했다.

진보신당은 기대했던 노회찬·심상정 후보가 박빙의 승부를 펼쳤으나 뉴타운과 특목고의 광풍에 휩쓸려 낙선했으며, 정당 득표율도 2.96퍼센트에

2008년 4월 선거운동 때 염포산에 갔다가 찍은 사진. 왼쪽부터 전명환·강석용·서영택·김보배.

머물러 원내 정당으로의 진입에 아깝게 실패해 아쉬움을 더했다. 그러나 정당 득표율이 2퍼센트를 넘어 국고보조금을 받는 정당이 되었고, 촛불 정국에서의 '지못미'('지켜 주지 못해서 미안해') 열풍으로 당은 그래도 해볼 만하다는 분위기였다. 한편 분당의 상처에도 불구하고 울산 지역의 진보 진영에서는 전 선거구에 단일 후보가 출마해 기대 속에 선거를 치렀지만 울산 북구를 비롯해 한 선거구에서도 승리하지 못해 그 패배감이 컸다. 그러나 패배감에 젖어 있을 여유는 없었다. 새로운 진보 정당을 창당하기 위한 일들이 우리 앞에 놓여 있었기 때문이다.

촛불, 시당위원장, 당사 마련

선거가 끝나자 미국산 쇠고기 수입 문제로 촛불 정국이 열렸다. 울산에서도 연일 촛불 집회가 열렸고 진보신당 추진위에서도 적극적으로 결합했다. 촛불 집회는 기존의 조직 노동자 중심의 집회와는 완전히 다른 형태로 자발적인 학생·시민들의 참여로 활기가 넘쳐 났다. 이런 흐름들은 새로운 진보 정당을 건설하자는 진보신당의 흐름과도 잘 맞아 재미있게 일할 수 있었다. 특히 지난 총선 과정에서 간발의 차이로 원내 정당 진입에 실패한 진보신당에 대한 안타까운 마음들이 모아지면서 촛불 당원들이 대거 가입하기도 했다.

촛불 집회는 처음에는 자발적으로 활기차게 진행되었으나 중반으로 넘어가면서 자발적이고 역동적인 분위기가 많이 가라앉고, 여러 단체에서 미리 준비한 내용으로 채워지고 있었다. 내가 만난 한 청소년 활동가는 "틀에 박힌 집회에는 회원들을 동원하지 않는다. 집회에 대해 부정적인 생각들을 갖게 되어 다음 집회 참석에 좋지 않은 영향을 미치기 때문이다."라고 말했다. 다양한 대중이 참여했으나 그들의 역동성이 발현되지 못한 채 집회가 기존의 형식과 내용으로 흘러가게 되어 안타까운 마음이었다. 진보신당 당원들도 조직적인 참석이 줄어들게 되자 이 시기 책임 있는 정당으로서 어떤 역할을 할 것인지에 대해 고민이 깊어졌다.

선거를 마치면서 열린 촛불 정국에 적극 결합하는 한편 새로운 진보 정당 건설로 뛰어들었다. 이미 전국적으로 진보신당이 창당되어 광역 시도당까지 건설되고 있었지만, 울산에서는 진보신당 추진위라는 조직 형태를 유

위: 2008년 5월 광우병 쇠고기 수입 반대 촛불 집회.
아래: 2011년 6월 반값 등록금 실현 촛불 집회.

2009년 9월 진보신당 울산시당 창당 기자회견에서 공직자 및 당 간부들과 함께.

지하고 있었다. 그러면서 진보신당 추진위라는 이름으로, 새로운 진보 정당을 건설하기 위해 그간의 정당 활동에 대한 반성과 성찰, 그리고 새로운 모색을 해볼 토론을 진행해 갔다. 추진위 내에는 (추진위의 이름을 유지하며) 앞으로 새로운 진보 정당에 함께할 사람들을 위해 열린 자세로 나가자는 쪽과, 취지에는 동의하나 현실적으로 '진보신당 추진위'라는 이름이 대중에게 차별성을 갖기 어렵고 실제로 함께할 세력도 제한적이므로 진보신당 울산시당을 창당해 힘 있게 추진하자는 의견으로 나뉘었다.

추진위에 적극 참여해 왔던 젊은 활동가인 박기옥·김성규는 추진위가 해소되고 진보신당 울산시당 창당으로 가는 과정에 함께하지 않았다. 추진위가 해소될 때 추진위원들도 진보신당에 합류하기로 결정되었음에도, 이

2009년 9월 울산시당 발족식을 마치고 기념 촬영.

들과 더불어 현대자동차 노동자 추진위원 일부 또한 그렇게 하지 않았다.

추진위를 해소하고 진보신당 울산당원 모임을 만들어 시당 창당 준비에 들어갔다. 당원 모임의 구성원 중 70퍼센트 정도가 민주노동당을 탈당한 사람들이 아닌 새로 가입한 사람들이었다.

시당을 창당하는 일은 총선 때 함께했던 남교용이 사무처장을 맡아 실무적으로 책임을 지게 되었다. 사무실은 북구의 한 시민 단체 사무실을 함께 사용하다가, 다가오는 북구 보궐선거를 준비하기 위해 호계에 구한 사무실로 옮겼다. 그러던 중 류인목 북구의원의 부친이 소유하고 있는 명촌의 땅에 직접 당사를 짓자는 제안이 나왔다. 결국 류인목 의원이 책임을 지고 진행했으며 건축업을 하는 당원이 맡아서 지었다. 시골 교회처럼 예쁜 건물로, 비용은 줄이고 당원들이 참여해 당사를 직접 꾸민다는 취지로 당원들이 짬을 내서 페인트칠도 하는 등 노력을 아끼지 않았다. 자연 친화적인 집을 짓는다며 황토벽으로 만들었는데 여러 차례 시행착오를 겪기도 했다. 모두들 힘들었지만 우리 손으로 당사를 만들고 당을 꾸려 가겠다는 희망을 잃지 않았던 때였다. 아마 전국에서 유일하게 당사를 단독주택으로 직접 지은 시당이 아닐까 싶다.

미포조선 굴뚝 농성 지지 단식

현대중공업그룹에 속한 현대미포조선 용인기업 노동자들이 6년에 걸쳐 복직 투쟁을 벌였는데, 이들에게 현대미포조선 종업원 자격이 있다는 대법원 판결이 나왔다. 그럼에도 현대미포조선이 고등법원 파기 환송심 결과를 기다린다며 복직을 차일피일 미루자 현대미포조선 정규직 노동자들이 함께 투쟁하게 되었다. 그런데 용인기업 노동자들의 복직 투쟁을 도왔다는 이유로 사측이 현대미포조선 정규직 활동가들을 탄압하고 징계하자, 정규직 노동자 이홍우가 자기 목에 밧줄을 걸고 4층에서 뛰어내려 위독한 상태가 되었다. 이를 계기로 지역에서 '이홍우를 살려내라'며 함께 투쟁하기 시작했다. 하지만 회사는 물론이고 동구청까지 농성장에 대해 행정대집행을 시행하고 탄압하는 등 시간이 지나도 해결될 기미가 보이지 않았다.

크리스마스를 하루 앞둔 날 새벽, 민주노총 울산지역본부 수석부본부장

이영도와, 현대미포조선 현장 조직 중 하나인 '현장의 소리' 대표 김순진이 (현대미포조선에 인접한) 현대중공업에 속한 1백 미터 높이의 쓰레기 소각장 굴뚝으로 올라갔다. 김순진은 현대미포조선 정규직 노동자로, 투신한 이홍우와 같은 현장 조직의 대표로서 투쟁을 이끌고 있었다. 김순진은 부인이 만삭인 상태였고, 이영도는 집행유예 중이었다. 날씨가 추운데다 1백 미터 높이의 굴뚝에서 농성을 한다는 것은 상상하기 어려울 만큼 힘든 상황이었으므로 지역에서 적극적으로 결합했다. 특히 이 두 사람은 진보신당 당원이었기에 울산시당은 물론 전국적인 당 차원에서 관심이 집중되었다.

처음 굴뚝에 올라갔을 때에는 소각장이 가동 중이라 온기가 있었으나 현대중공업에서 곧바로 가동을 중단해 버렸다. 제대로 준비도 하지 않은 채 돌입한 농성이라 추위를 이길 방한복과 먹을 음식을 올리는 게 급선무였다. 굴뚝은 회사에서 관할하는 곳이라 무엇 하나 마음 놓고 올려 보낼 수 없었을 뿐만 아니라 사소한 것 하나 올리는 데도 회사 경비들과 사투를 벌여야 했다.

이런 상태에서 경찰은 방관만 하고 있었고 인권위에 긴급 구조 요청을 했지만 받아들여지지 않았다. 굴뚝 밑에서는 이들이 극단적인 선택을 하지 않을까 매일 불안한 나날을 보냈다. 하루는 김성규가 패러글라이더를 띄우겠다며 돈을 빌려 달라고 했다. 패러글라이더 탈 사람을 어떻게 섭외했는지 어느 날 노란 패러글라이더가 굴뚝 위에 떴다. 패러글라이더를 통해 먹을 것과 침낭을 올려 주는 데 성공한 것이다. '아무리 어려워도 방법을 찾으면 반드시 길이 있구나.' 하는 생각이 들었다. 한시름 놓게 된 것이다.

김순진·이영도 무사귀환과 미포사태 해결을 기원하는
진보신당 **무기한 철야노숙 단식농성장 10일차**

릴레이 단식농성 : 상임대표 (노회찬, 심상정) 공동대표 (김석준, 박김영희, 이덕우)
무기한 단식농성 : 대표단 (노옥희, 조승수) 의원단 (서영택, 박대용, 황세영, 류인목, 박병석)

2009년 1월 미포조선 굴뚝 농성을 지지하는 10일간의 단식 농성을 마치며.

매일 촛불 집회와 두 차례에 걸친 영남권 노동자 대회를 여는 등 사측을 압박했지만 문제는 해결되지 않았다. 그렇게 20여 일이 지나자 진보신당 울산시당에서는 위원장인 나를 비롯해 조승수와 공직자인 서영택·박대용·류인목·박병석·황세영이 굴뚝 아래 천막을 치고 무기한 단식 농성에 돌입하기로 했다. 중앙당에서도 노회찬·심상정 상임 대표를 비롯해 이덕우·박김영희 공동 대표도 릴레이 단식으로 동참하기로 했다. 공직자들은 활동을 계속해야 하므로 장기간 단식 농성을 하기가 어렵다며 반대하는 사람들이 있어 위원장인 나와 조승수 둘만 하겠다고 했다. 이조차도 반대 의견 때문에 단식 돌입이 어려워지기도 했으나, 공직자 중 가장 연장자인 서영택 의원이 "단식을 하는 것이 맞다."며 간단히 정리하면서 단식을 시작했다. 서영택 의원과 박대용 의원은 이미 농성장에 대한 동구청의 행정대집행에 항의하며 동구의회 1층 로비에서 철야 농성을 진행하고 있었다. 서영택 의원의 이런 모습을 보며, 어떤 일을 할 때 먼저 치밀하게 준비하고 중요한 순간에 결정적인 역할을 하는, 선이 굵고 참 멋있는 사람이라는 생각을 갖게 되었다.

굴뚝 농성이 시작된 지 한 달째 되던 날, 이런 힘들과 전국적인 연대 투쟁의 결과로 (현대미포조선을 대신한) 현대중공업과 민주노총 울산지역본부 사이에 합의가 이루어져 농성자들이 헬리콥터에 매달려 무사히 내려올 수 있었다. 진보신당의 단식 농성 10일, 굴뚝 농성 30일 만이었고, 설날을 며칠 앞둔 날이었다. 땅에서 설을 쇨 수 있어 참 다행이었다.

10일간의 단식이 그다지 길지는 않았지만 날씨가 워낙 추워 만만한 것이 아니었다. 게다가 단식 과정에서 현대중공업 경비대가 심야에 집단 테러를 자행해 미포조선 김석진과 진보신당의 박대용·곽병도·이상욱이 다치고 천막을 비롯한 모든 농성 물품이 불탔다. 농성장에 있던 내 차도 그들이 휘두른 쇠몽둥이에 만신창이가 되었다. 테러는 전국적인 이슈가 되었고 그 결과 국면이 우리에게 유리하게 흘러가게 되었다. 현대중공업그룹의 최대 주주이자 한나라당 최고위원인 정몽준에게 그 화살이 돌아가면서 결과적으로 합의가 앞당겨지지 않았나 싶다.

이후 테러에 대한 책임을 묻기 위해 현대중공업 대표, 울산경찰청장, 동부경찰서장 등을 직무유기·폭력 등으로 고발했으나 기소되지 않았다. 폭력을 직접 지시하지 않았고 폭력을 행한 사람이 누군지 가릴 수 없다는 것이었다. 경찰이 보는 앞에서 저질러진 테러에 대해 검찰이 면죄부를 주고 말았다. 항고와 재정신청으로 맞섰으나 결과는 마찬가지였다. 그러나 민사소

교육위원 시절 울산교육청을 방문한 정몽준 국회의원과 함께.

송에서는 진보신당의 주장이 받아들여져 현대중공업으로 하여금 손해배상을 하라는 판결이 있었다. 결과는 미흡했지만 진보신당은 법적으로는 더 이상 문제 삼을 수 없게 되었다. 나로서는 현대학원에서 해고됐고 결혼을 앞둔 남편이 테러를 당했으며, 농성장에서 폭력 테러를 겪었으니 현대그룹의 폭력성을 온몸으로 경험한 셈이었다. 법정에서 현대중공업의 폭력성을 만천하에 알리고 싶었으나 그 또한 여의치 않았다.

　다음 글은 당시 정몽준 한나라당 최고위원에게 보냈던 공개편지의 내용이나. 절박한 농성의 현실을 알리기 위해 할 수 있는 모든 일을 다하고자 했다.

정몽준 최고위원에게 보내는 공개편지

진보신당 울산시당 준비위원장 노옥희입니다.

저는 1979년 정몽준 최고위원의 아버님인 정주영 이사장이 운영하는 현대학원 소속의 현대공고(지금의 현대정보과학고)에 교사로 부임하면서 울산 동구와 함께 정몽준 최고위원과의 인연이 시작된 것 같습니다. 저는 당시 운동권과는 거리가 먼 대학 생활을 한 후 직장을 찾아 울산 동구에 온 그야말로 평범한 교사였습니다. 졸업하고는 노동 현장에 취업하는 제자들을 보며 노동문제에 관심을 갖게 되었고, 그들의 어려움에 작은 힘이라도 되겠다고 나선 것이 죄가 되어 교사 생활 8년여 만에 해고되었으며, 공립학교로 특채되기까지 13년간 해고 생활을 해야 했습니다. 이 해고로 인해 또 구속된 바도 있습니다.

이런 세월을 살면서 현대라는 곳에서 한 인간이 인간으로서 자존심을 지키면서 살아간다는 것이 얼마나 힘든 일인가를 생각했습니다.

그러면서도 저와 주변의 문제로 이렇게 편지를 써야겠다는 생각을 한 적은 단한 번도 없었습니다. 힘들지만 제가 능히 감당할 수 있었기 때문입니다.

그런데 지금 울산 동구에서 벌어지고 있는 일들이 너무나 참담하여, 현대미포조선의 최대 주주인 현대중공업의 최대 주주로서 사실상 현대미포조선 사태를 가장 신속하게 해결할 열쇠를 쥐고 있는 정몽준 최고위원에게 편지를 써야겠다고 생각하기에 이르렀습니다.

해고된 지 6년째인 용인기업 노동자들은 현대미포조선 종업원임을 인정하는 대법원 판결에 따라 복직 투쟁을 전개했는데, 이들과 함께했다는 이유로 동료가 징계되고 탄압받게 되자 38세의 이홍우 노동자는 나이 드신 부모와 두 아이, 그리고 부인을 뒤로한 채 자신의 목에 밧줄을 걸고 4층에서 뛰어내림으로써 현대미포조선에서 벌어지는 노동 탄압을 알려 내려 했습니다.

아파도 치료를 제대로 못 받는 이 현실, 징계 받고 억압과 탄압을 받는 이런 현실. 이 모든 걸 다 내가 짊어지고 갈게. 앞으로 이런 일이 절대 일어나서는 안 되고 이런 일이 절대 없었으면 하는 바람입니다. 우리 동지들 정말 사랑합니다(이홍우 노동자 유언 중 일부).

현대미포조선은 노조 활동가들을 사사건건 감시하고 시간을 체크해 불이익을 주었으며, 일하다 다쳐도 치료조차 제대로 받지 못하게 했습니다. 한 노동자가 인간으로서의 자존을 지키기 위해서는 이제 목숨까지 버려야 하는 그런 절망의 공장이 되었습니다.

사람이 목숨까지 버리면서 주장하는 것에 대해서는 그 이유를 살피고 해결하는 것이 상식임에도 동구청과 동부경찰서는 이 사태의 해결을 위해 미포조선 노동자들이 최소한의 의사 표현을 위해 버스 정류장에 설치한, 비 가림을 위한 비닐조차도 짓밟아 버렸습니다. 그리고 현장에서 활동하는 노동자들에게는 또다시 징계 위협으로 이들을 막다른 길로 몰아넣었습니다. 이런 결과가 또 다른 두 노동자를 이 엄동설한에 1백 미터나 되는 현대중공업 폐기물 소각장 굴뚝에 올라가게 만들고 말았습니다.

이홍우 노동자가 투신했을 때 회사와 노동조합이 신속하게 사태 해결에 나서기만 했더라도, 노동자들의 최소한의 의사 표현인 농성장을 짓밟지만 않았어도 두 노동자는 굴뚝으로 올라가지 않았을 것입니다.

이곳 동구에는 현대중공업과 현대미포조선 노동자와 그 가족이 전체 주민의 대부분을 차지하고 있습니다. 이 두 회사는 정몽준 최고위원이 최대 주주로서 실질적인 사용자이기도 합니다. 최근 주가가 많이 내렸다지만 3조 원에 이르는 정몽준 최고위원의 재산 중 대부분이 이 노동자들이 벌어들인 것이 아닐까 생각됩니다.

현대미포조선과 현대중공업 노동자들은 새벽 6시 30분도 채 되지 않아 미포만의 칼바람을 맞으며 공장으로 들어갑니다.

저는 이홍우 노동자의 투신을 알려 내기 위해 아침 출근 선전전을 하면서 매일 이렇게 이른 시간에 출근하는 노동자들을 보며 여러 가지 생각이 들었습니다. 사람이 일하기 위해 태어난 것도 아닐진대 이 노동자들은 왜 이렇게 살아야만 하는지 안타깝기 그지없었습니다.

정 최고위원은 대권에 뜻을 두고 있는 것으로 알고 있습니다. 정 최고위원이 대통령이 되어 만들고 싶은 대한민국은 어떤 모습인지요? 현대중공업과 현대미포조선은 이미 비정규직이 정규직의 숫자를 넘었습니다. 두 회사는 활동가들을 탄압·감시하기로 유명해 민주파 대의원의 당선은 고사하고 출마조차 마음 놓고 할 수 없는 공장이 되고 있습니다. 1987년 당시에도 활동가들에게 일상적으로 미행·감시·테러 등을 일삼더니, 이는 20년이 지난 지금도 크게 달라지지 않고 있습니다. 지난 대선 기간 문국현 후보처럼 자신이 영향력을 행사할 수 있는 사업장의 노동자들을 위해 무엇을 했는지 스스로에게 물어 보십시오. 이런 물음에 대한 답변 없이는 정 최고위원 아버님의 실패를 반복할 뿐이지 않을까 생각됩니다. 정 최고위원과 그 뒤에 보이는 현대 자본의 착취와 탄압이 따로 떨어져서 설명이 가능할지 저는 상상하기 어렵습니다.

192

87년 노동자 대투쟁을 기억하시는지요? 현대에 노동조합이 생긴다는 것은 결코 쉬운 일이 아니었습니다. 그러나 그동안 숨죽여 지내던 노동자들이 주면 주는 대로, 시키면 시키는 대로 하는 노예가 아닌 인간임을, 노동자임을 당당하게 선언했습니다. 아무도 막을 수가 없었습니다. 이때 정주영 회장은 사태의 심각성을 간파하고 노동자들과 담판을 지었습니다. 이제 정몽준 최고위원이 직접 나서야 합니다. 현대미포 자본은 스스로 이 문제를 해결할 의지와 능력이 없어 보입니다. 두 노동자들이 하루빨리 안전하게 내려올 수 있도록 결단해 주시기 바랍니다.

하루하루가 불안과 고통의 연속입니다. 한마디로 너무 춥고 배가 고픕니다. 밤마다 몰아치는 칼바람은 저들의 탄압 이상으로 무섭습니다. 저들이 소각장 가동을 중단하면서 굴뚝에서 느껴지던 한 점 온기도 사라졌습니다(굴뚝 농성 중인 이영도 씨의 편지글 중에서).

1백 미터 상공의 굴뚝에서 농성 중인 두 노동자는 매일 추위와 배고픔으로 사투를 벌이고 있습니다. 굴뚝에 올라가자 바로 소각장 가동을 중단했고 농성 8일이 지나도록 제대로 된 음식과 체온을 유지할 최소한의 물품조차 들어가지 못하고 있습니다. 지역의 노동자들은 이들이 잘못될까 너무나 두렵습니다. 저녁마다 굴뚝 위로 물품을 넣으려는 노동자들과 현대중공업 경비들이 한판 전쟁을 치르고 있습니다. 그럼에도 경찰은 공권력을 이용해 법에 정해진, 노동자의 안전을 위한 조치를 취하지 않고 현대의 눈치만 살피고 있습니다. 동구청장도 국회의원도 사태 해결에 나서지 않고 있습니다.

한 나라를 이끌겠다는 의지가 있다면 이곳 동구와 현대의 울타리를 넘어서십시오. 동구와 현대가 구성원 스스로 판단하여 꾸려 갈 수 있도록 이제 그만 동구를 놓아 주시기 바랍니다. 온 회사 조직을 다 동원해도 집권할 수 없다는 것은 이미 정 최고위원의 아버님을 통해서 증명되지 않았습니까? 이제 이곳 동구를 동구 주민에게, 현대중공업과 현대미포조선은 그곳에 근무하는 노동자들에게 돌려주시기 바랍니다. 경찰서장과 구청장, 국회의원이 정몽준이 아니라 동구 주민을 바라보도록 해주십시오.

정몽준 최고위원님!

이제 그만 왕자의 자리를 벗어나십시오. 생로병사의 문제를 깨닫기 위해 왕궁을 떠난 싯다르타와 같이 이제 이곳 동구와 주변의 가신들로부터 독립하십시오. 그렇지 않으면 결코 "버스 요금 70원"이라는 오명을 벗기 어려울 것입니다. 당신께서 이곳 동구에 오실 때면 온 공장과 학교에서 씻고 닦고 난리가 난다는 사실을 알고 계시는지요? 이렇게 형성된 지도력으로 어떻게 한 나라를 이끌 수 있겠습니까? 있는 그대로 보고 현실을 직시하는 눈을 가지시길 바랍니다. 기존의 관계를 넘어 소통하는 정치 지도자로 거듭나시기 바랍니다.

1백 미터 굴뚝에서 배고픔과 추위에 떨며 지내는 두 노동자와, 자신의 목숨을 던져 탄압받는 노동 현실을 알리고자 한 한 노동자의 마음을 헤아려 주시기 바랍니다. 이런 불편한 진실을 외면하고서 어떻게 국민의 지지를 받는 정치 지도자가 되겠습니까? 당신께서 부자인 아버지를 두지 않았더라도 오늘날과 같은 자리에 있을 수 있는지 돌아보십시오. 우리 국민은 그리 어리석지 않습니다. 보수든 진보든 스스로 역경을 이기며 성장해 온 지도자를 알아볼 것이라 저는 굳게 믿습니다. 이제 더 낮은 자리로, 국민 가까이로 내려오십시오. 그 첫 출발이 현대미포조선 노동자들의 문제를 해결하는 것이 되길 간절히 기원합니다.

늘 건강하십시오. 책임 있는 답변을 기다리겠습니다.

2008년 12월 31일 울산 동구에서 노옥희 드림

재보선과 원내 정당

종무식과 시무식을 모두 굴뚝 아래 농성장에서 지냈지만 농성자들이 무사히 내려오고 요구 조건도 수용되어 그나마 다행이었다. 또한 그 과정에서 노동자들과 함께하는 정당으로서 진보신당의 위상을 대중적으로 심어 주는 계기가 되었다.

그 여세를 몰아 농성을 마무리하고 바로 북구 재선거에 돌입했다. 지역에서 진보 정치를 대표하는 조승수라는 인물이 있었지만 신생 정당으로서는 쉽지 않은 싸움이었다. 지난 총선에서 아깝게 원내 정당의 꿈을 이루지 못했던 전국의 당원들이 울산으로 몰려들었다. 특히 부산시당은 이창우 부위원장을 비롯한 많은 활동가들이 결합했는데, 시당을 울산으로 옮겼다고 할 만큼 열성적으로 결합해 활동해 주었다.

본선에 들어가기 전 민주노동당과의 후보 단일화라는 예선이 더 뚫기 어려운 관문이었다. 민주노동당 김창현 후보와의 단일화 협상은 피를 말리는 과정이었다. 협상은 우리 당의 노회찬 대표와 민주노동당의 강기갑 대표가 책임지고 진행했으나, 매 시기 어떤 결정을 할 것인지에 대해 후보는 물론 선거에 함께하는 사람들 모두 신경이 극도로 예민해져 있었다.

민주노총 조합원 총투표로 할 것인지, 여론조사에 민주노총 조합원과 조합원이 아닌 비정규직을 어떻게 참여시킬 것인지, 울산 전역으로 할 것인지, 북구 지역만 포함시킬 것인지 등이 쟁점이었다. 민주노동당은 민주노총 조합원 총투표를, 우리 당은 여론조사를 비중 있게 반영하자는 의견이었다. 민주노총 울산지역본부와 북구 지역 금속 사업장 노조 집행부가 거의 민주노동당 당원들이어서 상대적으로 민주노동당 김창현 후보에게 유리하고, 북구의원을 비롯해 북구청장, 북구 국회의원을 지낸 조승수 후보는 지역 주민들의 여론조사가 유리하다고 판단했기 때문이다. 그러나 이런 선대본의 예상과 달리 단일화 협상 내용을 어떻게 할 것인지를 앞두고 현장 여론을 수렴한 결과 현장에서도 조승수 후보가 결코 밀리지 않는다는 의견이 접수되었다. 김창현 후보가 그동안 정치 활동을 해왔던 동구가 아닌 북구에 후보로 출마한 것에 대해 현장 노동자들의 시각도 긍정적이지만은 않다는 것이었다. 자신감을 가지고 일찌감치 현장 여론을 제대로 수렴해 진행하지 못한 것에 대한 비판도 제기되었다.

그러나 현장 투표를 진행하기에는 시간도 부족하고 기술적으로도 여러 가지 문제가 있어 채택되기 어려운데다가, 선관위에서 선거 공보와 포스터 부착이 사전 선거운동에 속해 선거법 위반이라는 유권해석이 있었다. 이미 4년 전에도 했던 일들이라 민주노총 지역본부 간부들이 선관위를 항의 방문했는데, 그 과정에서 지역본부 간부 여러 명이 연행되기도 했다.

우여곡절 끝에 결국 여론조사를 실시해 단일화를 이루기로 합의했다. 이는 애초 진보신당의 주장을 받아들인 것이지만 여론조사의 구체적인 내용과 합산 방법은 민주노동당의 입장을 대폭 수용한 것이었다. 단일화 과정에서 민주노동당과 진보신당, 진보신당과 민주노총과의 갈등이 발생해, 단일화를 하고 난 뒤에도 그 후유증은 만만치 않았다.

선거를 불과 며칠 앞두고 단일화에 합의해 진보신당 조승수 후보가 본선에 진출했다. 그러나 선대본은 마음을 놓기가 힘들었다. 이때는 이미 투표용지 인쇄도 끝났고 부재자투표도 이루어진 뒤였으므로 무효표가 많이 나올 수밖에 없는 상황이었다. 또한 후보 단일화에는 합의했지만 함께 선거운동을 하는 분위기는 아니었기 때문이다. 진보신당도 그랬지만 민주노동당은 진보신당과는 비교가 되지 않을 만큼 대규모 선거운동원들이 전국에서 울산으로 모여들어 선거운동을 해왔기 때문에 후보 단일화의 후유증도 클 수밖에 없었다. 특히 단일 후보인 조승수는 2008년 분당 과정에서 선도 탈당해 민주노동당을 '종북'이라며 공개적으로 비판해 왔기 때문에 더욱 그랬을 것이다.

그러나 단일화가 되자 민주노총 울산본부와 현대자동차 노조가 단일 후보를 발 빠르게 지지 후보로 결정했다. 특히 북구 주민의 절대다수를 차지하는 현대자동차 노조가 적극적으로 지원해 조승수 후보가 국회의원으로 당선되는 데 큰 힘이 되었다. 한나라당에서는 지역에서 오랫동안 활동해 온 김수헌 후보가 중앙에서 내려온 박대동 후보와의 공천 경쟁에서 탈락이 기정사실화되자 탈당해 무소속으로 출마했다. 선거운동 기간에 후보를 사퇴

2009년 4월 8일 선거운동 마지막 날 선거운동을 마치며 찍은 기념사진.

할 것인가가 관심을 끌었으나 끝까지 완주하는 바람에 진보신당의 조승수
후보가 무난히 당선될 수 있었다.

마침내 진보신당이 원내 정당이 되어 정치적 시민권을 획득하게 된 것이
었다. 조승수의 당선으로 지난 총선에서 아깝게 원내 정당의 꿈을 이루지
못한 전국의 당원들은 새로운 희망으로 가슴 벅차 했다. 나 또한 울산시당
위원장으로 그동안 힘들었던 일들이 주마등처럼 떠오르면서 기쁨의 눈물
을 흘렸다.

그러나 이런 기쁨의 이면에는 후보 단일화 과정에서 민주노총 지역본부
와 갈등과 불신의 골이 깊어졌다는 문제가 남았다. 특히 이때 겪었던 민주
노동당과의 갈등은 이후 당 활동에서 부딪치게 될 어려움을 예고하고 있었
지만 당시에는 이런 사실들에 대해 그다지 심각하게 생각하지 못했다.

비싼 수업료를 치른 지방선거

2009년 4·29 재선거는 울산시당의 조직력이 약했음에도 전국적인 지원 덕분에 승리로 이끌 수 있었지만, 2010년 6·2 지방선거는 전국적으로 치러지는 선거라 온전히 울산의 힘으로 준비해야 했다. 2008년 분당 이후 바로 총선이 있었지만 2010년 지방선거는 처음으로 진보 정당의 적자 자리를 놓고 민주노동당과의 한판 진검 승부를 피할 수 없었다. 특히 울산은 다른 어느 지역보다 진보 정당 후보가 당선될 가능성이 높은 지역이라 시당위원장으로서 책임이 막중했다.

진보신당은 민주노동당과 조직력으로는 승부를 겨룰 수가 없었으므로, 새로운 진보를 추구하는 정당답게 정책을 중심으로 새로운 인물들을 영입해 바람을 일으키기로 하고는 그동안 시민운동에 헌신해 왔던 활동가들을 영입해 후보로 출마시켰다. 울산경실련과 울산시민연대에서 핵심적으로 활동했던 김창선과, 민주노동당을 거쳐 참교육학부모회 활동을 했던 고영호가 각각 시의원 후보로 출마했다.

울산의 북구와 동구는 노동자 밀집 지역으로 진보 정치의 텃밭이다. 이미 두 차례에 걸쳐 구청장을 배출했고 북구는 국회의원을 당선시킨 바 있다. 어느 지역보다 당선 가능성이 높은 지역으로 서로 양보할 수 없는 곳이 바로 동구와 북구, 특히 북구였다.

북구에는 현대자동차 노조위원장 출신인 김광식이, 동구에는 현대중공업 노조수석부위원장과 동구의원으로 재선에 성공한 시영택이 구청장 후

2010년 5월 지방선거에 출마한 진보신당 후보자들.

보로 출마했다. 그리고 공직자로서 민주노동당을 탈당해 진보신당에 합류
한 중구의 황세영, 북구의 박병석, 동구의 박대용이 다시 구의원 후보로 재
선을 위해 출마했다.

　진보 정당 창당 때부터 활동해 민주노동당 울산시당 위원장까지 지냈으
나 공직 후보로는 처음 시의원 후보로 출마한 정창윤, 석유화학단지에서 오
랫동안 노조 활동을 해오다 출마한 박재영, 척박한 남구에서 새롭게 진보
정치를 열기 위해 지역 자영업자를 대표해서 남구의원으로 출마한 이경황,
공무원노조 해직자이며 공무원노조의 결의로 북구의원 후보로 출마한 여
재율, 열린우리당에서 동구청장 및 국회의원 후보로 여러 차례 출마하다 진

200

보신당으로 옮겨와 동구의원 후보로 출마한 김원배, 현장 노동자로서 진보
정치에 희망을 두고 지난 지방선거 패배를 딛고 와신상담 지역 활동을 해오
다 동구의원 후보로 출마한 황보곤, 시 비례 후보로 출마한 장금화, 남구 비
례 후보로 출마한 전은서.

수적으로 그리 많지는 않았지만 다른 정당의 어느 후보와 겨루어도 손색
이 없는 후보들이라 힘 있게 출발할 수 있었다. 다만 재선 구의원으로 모범
적인 의정 활동을 해오던 류인목 의원이 가족들의 반대로 끝내 출마하지 못
한 점, 민주노동당 비례대표 시의원으로 열심히 활동하다 의회 일정을 마무
리한 후 진보신당에 입당해 당연히 출마할 것으로 기대됐던 이현숙 의원이

2010년 5월 시장 선거. 박대용 동구의원 후보, 서영택 의원과 함께.

후보 조율 과정에서 출마하지 못한 점 등의 아쉬움은 있었지만 말이다.

　선거에서 야권 후보가 난립한 상태로는 한나라당 후보를 이길 수 없었기에 후보 단일화라는 과정을 거치지 않을 수 없었다. 중앙에서는 진보·개혁 정당과 시민 단체가 함께 모인 이른바 '5+4 협상'을 진행하고 있었다. 울산도 중앙의 흐름과 완전히 무관하다 할 수는 없었으나 진보신당은 민주노동당과 민주당, 국민참여당과 함께 야권 연대를 하기로 했다. 이 과정에서 사회당은 자유주의 세력인 민주당, 국민참여당과는 함께할 수 없다는 입장을 밝히며 빠졌고, 지역의 일부 노동자들도 노동자를 탄압한 세력들과 함께하는 것에 대해 비판적인 입장을 발표하기도 했다. 그러나 나는 울산이 민주당이나 국민참여당의 세력이 약한 지역이라 진보 정당이 야권 연대를 주도해 나갈 수 있다고 자신했다.

그러나 이는 순진한 생각이었다. 막상 협상 테이블에 들어가 보니 이미 진보신당을 제외하고 야 3당이 민주노동당을 중심으로 상당 정도 접촉이 이루어지고 있었음을 감지할 수 있었다. 그리고 협상은 우리가 예상했던 것보다 훨씬 빠른 속도로 진행되었다. 어떤 내용과 가치로 야권 연대를 이룰 것인가는 쟁점이 되지 않았고 논의를 하더라도 형식적이 되기 쉬웠다. 야권 연대는 후보 단일화 방안에 대한 내용이 주가 되었는데, 선거인단 참여 방식과 민주노총 총투표, 여론조사 경쟁 방식에 대한 논의가 이루어졌다.

진보신당에서는 후보 단일화 방안을 확정한 바가 없었고 의견을 수렴하는 데 어려움이 있었기 때문에 논의를 진행할 시간이 필요했다. 중앙에서도 진보신당은 '5+4 협상' 테이블에서 탈퇴하는 것을 고민하고 있었고 울산에서도 속도를 조절할 필요가 있어 협상 잠정 중단을 선언하고 시간을 좀 달라고 양해를 구했다. 그러자 곧바로 민주노총과 야 3당은 협상 잠정 중단을 협상 결렬로 해석하며 정치적인 공세를 취하기 시작했다. 그러나 진보신당은 협상을 결렬시킬 의도가 전혀 없었으므로 이런 정치 공세는 억울한 일이었다.

그 뒤 나는 지금까지 논의해 오던 경쟁 방식은 진정한 야권 연대라고 보기 어렵고, 특히 참신하고 경쟁력 있는 사람이 후보로 진입할 수 없기 때문에 정치 협상을 통해 후보 단일화를 이루자고 제안했다. 그리고 시장 후보의 동구청장, 북구청장을 비롯한 동구 북구 의원 후보들은 진보 정당끼리

진보신당

진보진영 단결을 통한 야4당 연대를 복원하고
실질적 후보단일화를 위해 진보양당 대표 협상을 추진하겠습니다.

2010년 4월 8일 진보신당울산시당 위원장 노옥희

2010년 4월 8일 진보 양당 대표 회담 제안 기자회견.

의 경합이므로 진보 정당 대표 회담을 제안하면서 협상 재개를 선언했다. 그동안 경쟁 방식의 후보 단일화에 대한 새로운 돌파구를 마련하기로 한 결정이었다.

그러나 진보신당이 협상 테이블 복귀를 선언한 바로 다음 날, 시장 후보가 없었던 민주당과 국민참여당이 민주노동당 김창현 후보를 시장 후보로 지지한다는 내용의 기자회견을 했다. 정치 경험이 길지는 않지만 나로서는 정치 도의상 있을 수 없다고 생각한 일이 일어난 것이었다. 연대하기로 한 한쪽을 배제한 후 진행된 이 지지 선언으로 시장 후보 단일화는 난관에 봉착했다. 야 3당이 지지하는 후보와 진보신당 후보가 경쟁한다는 것은 이미 공정한 게임이 아니기 때문에 받아들일 수 없었다. 여론조사에서도 야 3당 후보가 발표된 후에는 그전까지 비슷했던 두 후보에 대한 지지도가 큰 차이로 벌어지고 있었다.

당시로서는 도저히 용납할 수 없는 상황이었다. 이렇게까지 해서 후보를 단일화해야 하는가를 생각하니 너무나 서글펐다. 그러나 이 사건은, 정치에서 이런 결정도 충분히 이루어질 수 있다는 사실을 미처 예측하지 못한, 나를 비롯한 진보신당의 정치적 미숙함에 대해 다시 생각해 보는 계기가 되었다. 그런데 진보신당을 제외한 야 3당은 시장 후보에 대해서뿐 아니라 북구에서 진보신당과 경합하고 있던 3명의 민주노동당 시의원 후보에 대해서도 야 3당 지지 후보로 발표하고 말았다.

시민 단체 활동을 오랫동안 해오면서 합리적인 결정을 기대했던 진보신당의 두 후보는 이런 상황을 견디기 힘들어했다. 그렇다고 단일화를 포기하고 완주한다는 것도 어려운 일이었다. 그동안 주장해 왔던 것과도 배치된다는 것이었다. 그러나 이미 야 3당이 단일 후보를 발표했기에 경쟁 방식의 후보 단일화는 의미가 없어진 단계였다. 그래서 한 후보는 기자회견을 통해 민주노동당 후보를 조건 없이 지지하며 손을 들어주었고, 또 다른 후보는 민주노동당 후보에 대한 지지 여부 표명 없이 후보를 사퇴하고 말았다. 북구에서 정창윤 후보만이 시의원 후보로 민주노동당 후보와 경쟁하며 힘겹게 선거운동을 진행해야 했다.

두 후보의 사퇴 과정에서 당내 의견은 갈렸다. 불가피한 선택이라며 현실을 인정하는 분위기가 있었는가 하면, 후보를 결정할 때 현실을 무시하고 영입한 후보를 비중 있는 자리에 배치한 것이 문제였다며 지도부에 대한 비판도 제기되었다. 당장 북구에서 시의원 후보와 결합해 선거운동을 하던 구의원 후보가, 시의원 후보가 사퇴한 뒤 혼자 선거운동을 해야 하는 어려움을 호소해 왔다. 더구나 동구와 북구의 두 구청장 후보도 단일화 과정에서 낙마하고 말아, 남은 후보들은 더 힘겹게 선거운동을 해야만 했다. 중앙의 야권 연대를 통한 후보 단일화 협상에서 민주당의 패권을 비판하던 민주노동당이 울산 지역에서는 별다르지 않은 행태를 보여 준 것 같아 화도 났다. 동구청장 후보 단일화 과정에서 구의원 한 석을 양보한 것이 전부였다.

선거 결과는 참담했다. 민주노동당과 겨뤘던 후보들은 모두 낙선했다. 중구의 황세영, 동구의 황보곤 후보 두 명만이 당선되었다. 현직 의원으로서 당선을 기대했던 박병석·박대용 후보마저 낙선했다. 후보가 누군지가 중요한 것이 아니라 진보 정당 중 상대적으로 힘 있는 정당인 민주노동당 후보에게 표를 몰아서 한나라당을 심판한 선거였다.

기억하고 싶지 않은 시장 선거

2010년 울산의 지방선거를 말하며, 시장 후보로 나섰던 나의 이야기를 빼놓을 수는 없을 것이다. 우선 2006년 시장 선거와 2008년 총선을 치르면서 선거 준비를 제대로 하지 못한 것에 대해 아쉬움이 많았다. 그래서 2010년 지방선거는 개인적으로나 조직적으로 제대로 준비해서 선거를 치러 보자는 생각으로 일찍 시작하고 싶었다. 진보신당은 가진 것은 많지 않았지만 지방선거에 거는 기대는 컸다.

당선 가능성이 높은 북구와 동구에서 구청장 후보를 내보내기로 했다.

남구와 중구는 구청장 후보로 몇 분을 접촉해 보았으나 다들 고사해 성사시키지 못했다. 한편 북구의 시·구의원과 동구의 구의원 후보 진용은 갖추어졌다. 시당위원장이었던 나는 각 영역별로 전문가를 초청해 출마 예정자를 대상으로 정책을 준비했다. 복지·교육·경제·교통·주택 등 여러 분야의 전문가를 모셔서 새로 지은 당사의 다락방에서 공부를 했다. 당 차원에서는 전국 16개 시장·도지사 후보를 모두 내기로 결정한 바에 따라 이미 시장 후보로 나서야겠다고 마음먹고 있었다.

그러나 시당위원장으로 시당을 이끌어 가야 하고 다른 후보들을 발굴하는 데 신경을 쓰다 보니, 정작 나 개인적으로는 별 준비도 하지 못한 채 시간은 흘러가고 있었다. 아마도 울산뿐 아니라 몇몇 지역을 제외하고는 대부분 비슷한 상황이었을 것이다.

시장 선거를 준비하는 주요 참모들 또한 구청장 선거에 결합하느라, 혹은 자신이 후보로 나서느라 선거 준비가 제대로 이루어지지 못했다. 그뿐 아니라 시장·구청장·시의원 후보 등과 연계해 민주노동당과 협상을 제안했으나 어떤 것도 받아들여지지 않았다. 시장 예비 후보로 등록했으나 시장 후보 선거운동은 중단된 채 구청장 후보 경선을 위해 선거운동을 하고 있었다. 시당 상근자와 몇 명 안 되는 참모들로는 선거를 치르기 어렵다고 여러 차례 의견을 피력했으나 결국 출마하는 것으로 결론이 났음에도 실제로 선거운동은 여전히 진행되지 않은 채 시간만 흘러갔다.

선대본 출범식도 하지 못했고 곧 방송사의 후보 초청 토론회도 있어 후보 사퇴 여부를 최종 결정해야 하는 순간이 되었다. 내부적으로는 구청장 후보 경선에 유리하게 작용하도록 시장 후보가 조건 없이 사퇴해야 한다는 입장과, 시장 후보와 구청장 후보는 별개이며 구청장 후보가 경선에서 이기기 쉽지 않은 조건에서 시장 후보마저 없으면 선거를 치르기 힘들다는 의견이 팽팽히 맞섰다.

최종 회의에서 시장 후보를 내기로 하고 당사자인 내게 의견을 물어 왔다. "이 과정에서 모두가 함께하지 않으면 어렵다. 지금의 수준으로는 선거를 치를 수 없다."며 이전과는 다른 수준으로 선대본에 결합할 것을 요구하자, 조승수 선대본부장과 당사자인 내게 결정을 맡긴다는 대답이 돌아왔다. 조 본부장과 나는 시장 선거에 출마해야 한다는 입장이었기에 출마하기로 최종 결정을 내리고, 다음 날 저녁 선대본 발대식을 마친 뒤 후보 초청 토론회를 준비해 선거에 돌입했다.

내부적인 준비와는 별도로 외부의 압력도 나를 괴롭혔다. 당에서와 마찬가지로 후보를 사퇴하라는 입장과, 사퇴하지 말고 완주하라는 입장이 그것이었다. 특히 교육감 선거에 출마하고 있는 장인권 후보 측의 사퇴 요구에 대해서는 뭐라 말로 표현하기 어려울 만큼 괴로운 마음뿐이었다. 완주하기로 결정하기 직전인 어느 날 전교조 동료 교사 한 분이 저녁에 선거 사무실인 당사무실로 찾아왔다. 그러면서 후보 사퇴를 종용하며 사퇴하지 않으면 오늘 저녁 돌아가지 않겠다고 하며 나를 압박해 왔다.

나뿐만 아니라 당시 민주노동당 후보와 함께 출마했던 정창윤 시의원 후보를 잘 아는 이 선생님은 "두 사람이 너무 아깝다. 이번 선거에서 완주하면 그동안 쌓아 왔던 좋은 이미지를 다 까먹게 된다. 앞으로 울산에서 제대로

208

된 진보 정치를 할 사람이 많지 않은 상황에서 두 사람이 이번 선거에서 사퇴해 좋은 정치인으로서의 이미지를 살려 달라."는 눈물 어린 호소를 했다. 그런가 하면 매일 전화해서 절대 사퇴하지 말라는 사람도 있었다. 그 당시 나는 완주하라거나 사퇴하라거나 하는 사람 누구의 얘기도 위로가 되지 않을 정도로 힘들고 괴로웠다. 오로지 옆에서 함께하는 사람만이 힘이 될 뿐이었다.

울산은 두 시장 후보가 단일화해도 당선 가능성이 희박한 곳이다. 그런데도 당 내외적인 압박이 이렇게 거센데, 심상정이 나섰던 경기도의 경우 여론조사 결과 야당의 두 후보가 단일화할 경우 한나라당을 이긴다고 했으니 후보가 받았을 압박이란 상상을 초월했을 것이다. 경기도의 심상정 후보가 선거를 불과 이틀 앞두고 사퇴를 결정했는데, 이를 두고 당내에서는 입에도 담기 어려운 얘기들이 오갔고 이런 비판들은 지금까지도 이어지고 있다.

그러나 후보가 되어 본 사람이라면 (비록 그가 선거에서 완주했다 하더라도) 사퇴한 후보가 겪었을 고민에 대해 충분히 이해할 것이다. 나 또한 그랬다. 나는 당시만 해도 진보 정당인 진보신당 후보를 제외하고, 자유주의 세력인 민주당·국민참여당과 우선 후보 단일화를 한 이른바 '야 3당 단일 후보'에 대해, 후보를 사퇴하는 식으로 인정해 줄 수가 없었다. 그만큼 유연하지 못했고 옳다고 생각하는 대로 원칙적으로 행동하는, 어찌 보면 순진한 정치인이었는지도 모르겠다. 대중이 원하는 바를 용기 있게 행할 수 있는 그런 용기가 없는 정치인이기도 했다. 다시 그런 순간이 온다면 어떻게 할 것인가를 두고두고 생각해 보았다.

다음 글은 선거 기간 동안 보내온 문자들이다. 따뜻한 격려도 있고 따가운 질책도 있다.

- 선생님! 오랜만에 뵈니 반가웠습니다. 얼굴은 좋아 보였습니다. 힘내세요.
- 어떤 방향이든 선생님의 결정을 지지합니다. 다만 오래 활동할 수 있게 건강하셨으면 해요.
- 선생님 제자 김○○입니다. ○○부였던 이번 선거 꼭 승리하세요. 좋은 결과 기대할게요.
- 유권자입니다. 후보님, 한나라당을 이기려면 단일화해야 하지 않습니까? 뭉쳐서 힘을 모아도 이길까 말까인데. 단일화해야 합니다. 주위 사람들도 다 그런 말 합니다. 후보님 여론조사 보셨지 않습니까? 단일화해야 합니다. 뭉쳐서 한나라당과 맞서 싸워야.
- 열심히 하시는 모습이 아름답습니다. 아쉽게도 두 분 다 자신이 아니면 안 된다는 아집을 결국…….
- 노옥희 님, 중전기 정문에서 퇴근하는데 유세하는 것 보니까 보기가 좋아요. 제가 다음에 시간 내서 정식으로 인사드리겠습니다. 힘내시고 승리하세요.
- 한나라당과 싸우기 위해선 단일화해야 합니다. 아니면 다 같이 죽어요.
- 선생님 곁에는 저희가 있습니다. 힘내세요. 토론회 잘하시고요. 최선을 다하는 모습이 아름답습니다.
- 우리 애들이 아는 선생님 선거에 나왔다고 좋아해요. 며칠만 더 고생하세요.
- 샘! 해외 장기 파견 중이라 선거에 도움을 드리지 못해 죄송합니다.
- 위원장님 토론회 너무 멋졌습니다. 특히 박 후보가 쩔쩔매는 모습 인상적이었습니다. 얼마 남지 않았습니다. 힘내세요!!!
- 부재자투표 했습니다. 건승을 빌어요!!
- 선생님의 건투를 빕니다. 승리하십시오. 힘껏 도와드릴게요. 저는 병영에 거주합니다.
- 만인이 행복한 진보 세상 만들기에 헌신하는 후보님과 당직자님의 건승을 기원합니다.

- 오만한 당 그래도 1번 그래도 한나라당이라니 참 실망스럽다. 중소기업은 인허가 행정에 이자에 자빠지는데 대기업은 문어발식 중소기업을 잡아먹고 회사만 늘려 간다. 서민과 소기업이 할 일이 없다. 상생은 없다. 울산의 대안 세력의 선전을 비는 수밖에. 소기업 사장 한 사람.
- 힘내세요. 꼭 노옥희 후보님께 한 표 보내드리겠습니다. 얼마 전 출생한 딸아이 아빠가.
- 선거가 하루 남았군요. 건투하셔서 좋은 결과가 있기를 빕니다. 화이팅!!
- 친구야 힘내라. 나름대로 울 아찌랑 마니 힘쓰구 있으니 끝까지 잘하자. 바쁜 것 같아서 문자만. 울 남편이 더 신경. 힘내자.
- 선거운동 하느라 고생 많았지. 도움도 못 주고 미안해. 이제 몸 잘 추스르고 결과 지켜보자.
- 정말 고생 많으셨습니다. 오늘을 기억하며 내일을 준비하는 우리였으면 좋겠습니다.
- 선생님 오늘 투표네요. 투표하는데 왜 눈물이 나는지 모르겠어요. 좋은 결과 기대하며 홧팅!
- 진보신당 화이팅! 비례대표 구의원은 없더군요. 심상정 의원의 사퇴는 참으로 안타까웠습니다.
- 언니 그동안 많이 힘들었지? 항상 더 좋은 세상을 만들기 위해 노력하는 언니를 적극 지지해. 홧팅.
- 고생 많으셨습니다. 선생님 오늘은 푹 주무세요. 자랑스럽습니다.
- 저희 엄마 아빠 위원장님 찍었댔어요. 어리고 몰라서 아무것도 한 게 없어 너무 죄송합니다. 항상 감사하고 또 존경해요! 제가 많이 커지면 더 많이 돕겠습니다. 대표님 언제나 지지할게요.
- 노옥희 님, 애 많이 쓰셨습니다. 진보신당은 앞으로 더 나은 진보를 위해 나아가리라 믿어 의심치 않습니다. 아직 미약하나마 많은 국민이 진보신당을 지지하고 그 미래를 밝게 보고 있습니다. 국민이 그 진정성을 다소 더디게 알아주더라도 계속 정진해 주세요.
- 어려운 상황 속에서 선거하시느라 고생 많았습니다. 힘내십시오.

- 힘내라고 보약 준비했어. 샘!! 힘내세요. 사랑해요.

- 고생 많으셨습니다. 밤새 개표 결과를 지켜보며 참 많은 생각을 했습니다. 모두 기운 내세요.

- 위원장님 너무 고생 많으셨습니다. 위원장님 생각하며 많이 울었습니다. 어찌 말로 다 표현할 수 있겠습니까? 정말 고생 많으셨고 존경합니다. 힘내세요!!!

- 노 선생님 그동안 여러모로 고생 많았습니다. 좀 쉬면서 몸과 마음 추스르세요. 힘내세요. 선생님!

- 마음고생 몸 고생 많으셨습니다.

- 뜨거웠던 선거가 끝나고 오늘은 좀 쉬셨는지요. 흘리신 땀방울의 소중함 기억하는 사람들이 많을 거라 확신합니다. 고생 많으셨어요.

- 수고하셨습니다. 끝까지 힘을 내어 완주하는 모습 보아서 역시 저력을 느낄 수 있었어요. 도와드리지 못해 죄송합니다.

- 당신들의 주장이 맞습니다만 유연성은 0. 어떻게 동시 출마? 도둑놈들 좋으라고. 노회찬·노옥희 지구를 떠나시오.

- 선생님, 고생하셨습니다. 근데 학원비 인상 교육감 그냥 둬선 안 됩니다. 부탁드립니다.

- 사퇴가 능사가 아니고 다시 합당해서 노동자들이 희망을 갖도록 해주세요.

- 와신상담, 마음 다스릴 시기라 연락조차 조심스럽네요. 실패는 성공을 이루기 위한 밑거름.

위. 2010년 1월 13일 시장 선거 출마 기자회견.

아래. 시장 선거 사무실도 따로 마련하지 못하고 시당 사무실을 그대로 사용했다.

위·가운데ㅣ 시장 선거 공약 발표 기자회견.
아래ㅣ 선거운동 때 시청 마당에서 장애인 이동권 체험 중 조승수 국회의원과 함께.

위: 시장 선거 운동원들.
아래: 선거운동 중 시의원 비례대표 후보 장금화와 구혜숙과 함께.

시장 선거 결과는 간발의 차이로 10퍼센트에 미치지 못해 선거비용을 한 푼도 보전받지 못했다. 경제적으로도 큰 부담을 껴안게 되었다. 가난한 신생 정당의 후보라 대부분 후보가 책임을 지고 선거를 치르게 되어 가족들에게 너무 미안했다. 그러나 남편은 원망하는 소리 한 번 하지 않고 묵묵히 받아 주었다. 고마운 마음과 미안한 마음에 눈물지어야 했다.

나는 선거 결과에 대한 입장 발표를 보도 자료로 대신하고, 선거 결과에 대해 책임을 지고 위원장직을 사퇴하는 기자회견을 했다. "이제는 평당원으로 돌아가 지난 활동들을 돌아보며 피나는 자기부정을 통해 굳은 관성을 벗고 아래에서부터 새롭게 출발하려 합니다."라는 인사와 함께 내가 살고 있는 동구로 들어왔다. 만감이 교차하는 순간이었다.

새롭게 지역 활동을 시작하다

2008년 총선이 끝나고 선거를 평가하는 과정에서 지역 활동에 대한 얘기들이 있었다. 동구에서 30년을 살았으나 막상 선거대책본부 출범식을 할 때 보니 제자들과 전교조·노동운동 동지들과 당원들만 있을 뿐 지역 주민을 찾아보기 어려웠다. 지역 주민들과 어울리며 함께할 여유도 없이 활동해 온 탓이리라. 내가 당연히 시내에 살고 있을 것이라고 생각하는 사람들도 있을 정도였다. 30년간 동구에 살면서 제자들을 키워 내고 현대그룹 노조 설립에 함께했으며, 동구를 영원한 고향으로 생각해 왔는데 말이다. 구체적으로 동

2010년 7월 17일 더불어숲 작은도서관 개관식.

구 사람들과 만나고 함께하는 과정이 없었던 것이다. 기자회견이나 집회 등을 통해 발언하는 방식의 활동이 갖는 한계 또한 명확히 느낄 수 있었다.

그저 옳은 소리만 한다고 사회나 정치가 바뀌는 것이 아니라는 사실을 알게 되었다. 옳은 일을 헌신적으로 하면 당연히 알아주겠거니 생각해 온 것은 나만의 주관적인 판단이었다. 운동으로서의 정치를 넘어서는, 실제 힘을 조직하는 정치가 필요하다는 것을 깨닫게 된 것이다. 구체적으로 사람이 바뀌지 않으면 안 된다는 생각도 하게 되었다.

그래서 준비한 것이 북카페 '삶을나누는공간 더불어숲'이었다. 2008년 총선이 끝나면서 구상했고, 2009년 4월 문을 열었다. 문을 열 때는 한창 북구 국회의원 재선거가 진행 중이었고, 선거가 끝나고는 바로 시낭 상당에

2008년 5월 전교조 강의를 마친 다음 날 신영복 선생님을 모시고 울산 주변을 안내해 드렸다.
대왕암에서 신윤철 선생님과.

이어 6·2 지방선거를 준비해야 했기에, 문은 열었지만 운영에 집중할 수 없었다. 그러다가 6·2 지방선거를 마치고 시당위원장을 사퇴하고서야 북카페 운영에 본격적으로 참여해 지역 활동을 할 수 있게 되었다.

이미 진보신당은 중앙당의 사업과는 별도로 지역 차원에서 활동이 이루어지고 있었는데, 마포에서는 '민중의 집'이 문을 열었고, '노회찬의 마들연구소', '심상정의 마을학교' 등 또한 본격적인 활동을 하고 있었다. 더불어숲도 이런 지역 활동과 (울산에서 먼저 문을 연 북카페) '페다고지'의 활동에서 아이디어를 얻어 시작되었고, 조금씩 자리를 잡아 가고 있다.

어떤 공간을 만들 것인지에 대해 뜻을 함께하는 노동자, 교사, 장애인 부모, 학생, 주부들이 준비 과정부터 참여했다. 많은 분들의 노력 덕분에 적은

신영복 선생님이 직접 써주신 제호,
'삶을나누는공간 더불어숲'.

비용으로 예쁜 공간이 마련되었다. '삶을나누는공간 더불어숲'이라는 이름
은 준비하는 사람들이 투표까지 해서 결정했는데, 신영복 선생님께서 이름
사용을 허락하고 직접 제호까지 써주셔서, 준비하는 사람 전원이 감사함을
담은 엽서를 보내기도 했다.

울산 동구는 울산 시내에서도 한참 떨어진 곳으로 질 높은 강좌 등을 준
비하기 힘든 곳이었기 때문에, 더불어숲에서 하는 명사 초청 월례 강좌는
큰 호응을 얻고 있다. 자라나는 청소년들을 중요하게 생각하는 선생님들이
진행하는 '청소년 인문 아카데미'도 많은 학생들이 참여해 인기 있는 프로그
램으로 자리를 잡아 가고 있다.

또한 부모늘이 올바튼 관섬을 가시는 깃이 긴깅힌 지녀들 키우는 데 절

대적이라고 생각해 부모 교육 강좌를 비중 있게 배치해 진행하고 있는데, 여러 가지 시행착오를 겪으면서도 조금씩 안정되고 있다.

하지만 아쉬운 점은 지역 주민의 절대다수를 차지하는 노동자들, 특히 비정규직 노동자들에게는 이 공간의 문턱이 아직 높아서인지 만날 수가 없었다는 점이다. 노동자들이 찾아올 수 있는 공간이 되도록 해야 한다는 고민 끝에 노동자, 특히 비정규직 노동자들의 인권을 지키기 위한 '더불어숲 노동인권센터' 사업을 구상하고 따로 공간을 마련하기로 했다. 앞으로 문턱을 더욱 낮추는 것은 물론이고 좀 더 쉽게 다가갈 수 있는 술집이나 식당 같은 형식의 공간이 좋겠다는 생각도 하고 있으나 여러 가지 이유로 아직 실현하지는 못하고 있다.

비정규직 노동자들의 친구

우선 노동조합으로 조직되어 있는 정규직 노동자들은 87년 노동자 대투쟁 이후 비교적 많은 권리를 보장받고 있으므로 비정규직 노동자들에게 힘이 되는 사업들을 펼치기로 마음먹었다. 그간 민주노동당이 정규직으로 조직되어 있는 민주노총의 배타적 지지를 받으면서 미조직 영세 사업장, 비정규직 노동자들을 대변하지 못한다는 비판이 있었던 것도 사실이며, 진보신당을 창당할 때 비정규직 정당이 되어야 한다고들 했지만 제대로 하지 못했다.

그래서 우선 동구 지역 조선 3사 사내 하청 노동자들의 실태 조사를 시작

위: 2011년 6월 울산과학대 조합원들과 함께 진행한 최저임금 인상 캠페인.
아래: 2011년 6월 조선 3사 하청 노동자 임금 관련 기자회견.

위·아래ㅣ 비정규직 노동자들과 함께한 자리에서, 이들에게 힘이 되는 정치를 해야겠다고 다짐했다.

해, 그 조사 결과를 바탕으로 사업을 진행하고자 사내 하청 노동자들을 만나기 시작했다. 실태 조사 결과를 보니 노동자들의 처지는 예상했던 것보다 훨씬 더 열악했으며 〈근로기준법〉조차 제대로 지켜지지 않고 있었다. 사내 하청 노동자들은 어떤 조건으로 계약을 맺고 있는지를 알 수도 없어 휴일이나 임금, 노동시간에서 법적 보호를 받지 못하고 있거나, 법의 사각지대에 놓여 있었다.

"〈근로기준법〉을 준수하라."며 전태일 열사가 산화해 간 지 40년이 지났고, "노동자도 인간이다."를 외치며 87년 노동자 대투쟁이 일어난 지도 25년이 지났건만, 여전히 하청 노동자들은 노동조합으로 조직되지 못하고 법에서 정한 권리도 보장받지 못하고 있다는 것이 확인되었다.

'나는 왜 온갖 어려움을 무릅쓰고 진보 정치를 하려고 하는가?', '나는 진보 정치가 꼭 필요한 사람들에게 어떻게 힘이 되고 있는가?'를 자문해 보게 하는 부분이다. 그저 옳기만 한 것이 아니라, 진보 정치를 필요로 하는 어려운 사람들에게 구체적으로 힘이 되는 정치를 해왔는가를 성찰하는 기회가 되었다.

노동조합에서 다루면 알맞을 의제인, 〈근로기준법〉을 지키라는 문제를 당 차원에서 꾸준히 제기했다. 내용은 낮은 수준일지 몰라도, 방식에 있어 문제를 제기하는 데 그치지 않고 실태 조사를 근거로 울산고용노동지 6청을 방문해 근로 감독을 요구하고 책임을 물었다. 그리고 법을 어기고 있는 하청 업체를 구체적으로 지적하자 회사 측에서는 상당한 부담을 표시한 반면, 하청 노동자들은 줄근길에 홍보물을 배포하는 우리에게 상당히 우호적인 반응을 보여 주었다. 실태 조사 사업을 통해서도 신뢰가 형성되었지만, 2년 정도 매주 1회씩 출근길에 사내 하청노조 홍보물 배포를 지원하며 신뢰를 쌓아 온 결과가 아니었을까 생각한다. 몸은 힘들어도 보람을 느끼는 순간이었다.

동구청장 보궐선거

시당위원장을 사퇴하고 동구 지역으로 들어온 후 2011년 4월 27일 동구청장 보궐선거가 있었다. 진보 진영 동구청장 후보로는 민주노동당의 김종훈 후보와 무소속 이갑용 후보가 함께 출마했다. 진보신당은 후보가 없는 가운데 두 후보가 단일화하기를 바라면서 시민사회단체와 함께 두 후보의 단일화를 위한 협상 테이블을 제안했다. 동구 당원협의회에서는 야 4당 단일 후보를 결정하기 전에 무소속 이갑용 후보와 먼저 단일화하기를 원했지만 후보 쌍방이 원하지 않아 단일화는 이루어지지 않았다. 시당에서는 동구 당협이 동의하지 않은 가운데 김종훈 후보를 야 4당 단일 후보로 합의했다. 동구 당협은, 단일화를 위한 제안에 두 후보 모두 동의하지 않았고, 동구 당협에 속해 있는 노동자 당원들은 대부분 이갑용 후보와 같은 현장 조직인 전노회 소속이었기 때문에 두 후보 중 어느 한 사람을 지지하기가 힘들었던 것이다.

이런 이유로 시당에서는 야 4당 후보인 김종훈 후보를 지원했지만 동구

당협은 이러지도 저러지도 못하는 난처한 상황이 되었다. 그래서 동구 보궐 선거에서 후보에 대한 지지와 관련해서는 어떤 입장도 갖지 못한 채 선거를 맞이해야만 했다. 다만 시당에서 김종훈 후보를 지원했고 동구 당협에서는 공개적인 문제 제기가 없었기 때문에 결과적으로는 김종훈 후보를 지지한 것이 되었다.

그동안 늘 후보가 되거나, 후보가 아니어도 직접 선거에 개입해서 선거 운동을 해오다가 동구청장 보궐선거는 한발 떨어져서 보내게 되었다. 내가 있는 더불어숲은 대송시장 근처에 있어, 연일 후보들이 번갈아 선거운동을 하러 왔다. 나도 그랬지만 더불어숲에 오는 다른 분들도 두 후보 사이에서 입장이 곤란하다는 말을 많이 했다. 우리 부부도 선택이 달랐으니 말이다.

어느 비정규직 노동자 한 분은 두 후보 중 특정 후보를 지지하는 입장을 밝혔음에도 선거 운동원들을 만날까 봐 피해서 왔다는 얘기를 하기도 했다. 아마 민주노동당에서 진보신당이 분당되었을 때 진보 정당을 지지하는 보통 사람들의 입장이 이러지 않았을까 하는 생각이 들었다. 분당의 한복판에 있는 당사자들이야 절실한 문제였지만 그렇지 않은 분들에게는 회피하고 싶은 고통이었겠다 싶었다.

동구청장 보궐선거를 통해 당 활동가가 대중의 입장에서 어떤 태도를 가져야 하는가에 대해 많은 생각을 했다. 이런 과정을 겪으면서 그동안 진행해 온 진보 정당 통합 운동에 대해 분명한 입장을 가지고 적극적으로 참여할 수 있게 되었다.

안타깝게도 9·4 진보신당 대의원대회에서 진보 정당 간의 통합이 부결되었다. 당 대의원대회에 참석하고 내려오는 차 속에서 어떤 말도 할 수 없었고 하염없이 눈물만 흘렸다.

그러면서 내 깊은 내면에서부터 오기라고도 할 수 있고, 아니면 사명감이라고도 할 수 있는 확신이 차올랐다. 다시 한 번 의지와 열정을 모아 대중적인 진보 정당을 튼튼하게 건설해 가야겠다는 다짐을, 소리 없이 속으로 했다. 그래 이제 진짜 시작이다. 더는 실패하지 않겠다.

6

내 인생의 사람들

부모님

나는 김해 한림면 소재지에서도 4킬로미터 정도 떨어진 모정이라는 작은 마을에서, 여섯 명의 자녀 중 다섯째로 태어났다. 위로 오빠 셋과 언니, 아래로 여동생 하나가 있다. 아버지는 정미소를 하셨는데 인근의 여러 마을에서 나락을 말 구루마에 실어 와 찧어서 다시 배달해 주는 일을 하셨다. 집에 나락을 보관하기 어려운 사람들은 가을에 추수한 나락을 우리 창고에 맡겨 두고 필요한 만큼 찧어 가기도 했다. 먹을 만큼 도정하는 경우도 있지만 쌀을 팔아서 돈을 만드는 사람도 많았다. 그래서 집에는 쌀을 사기 위한 쌀장사들과 방아를 찧기 위한 사람들로 항상 붐볐고, 밥때가 되면 사람들이 다 같이 모여 밥을 먹을 때가 많았다.

아버지는 학교교육을 많이 받지는 않았지만 동네에서 기계가 고장 나거나 하면 찾아와 모셔 갈 만큼 기술이 뛰어났다. 아버지는 전통적인 농사꾼은 아니었다. 경운기가 귀하던 시절이라 경운기로 논이나 밭을 갈아 준 뒤 삯을 받기도 하고, 나락을 사들여 도정해서 쌀을 팔고, 닭을 키우는 등 여러 가지 일을 했다.

그러나 이런 아버지의 노력에도 불구하고 농촌에서 여유 있게 살기란 힘들어서 살림은 그다지 나아지지 않았다. 우리가 살던 동네는 양반으로 알려진 세실 노씨 집성촌과 가까워 늘 양반이라는 생각을 하고 지냈다. 당시 우리 집은 동네에서 신문을 구독하는 몇 안 되는 집이기도 했다. 아버지는 의식이 상당히 깨인 분이었지만 체면을 중시해 항상 집안사람들보다 남들의 이목을 더 중요시했다. 남들은 참 좋은 사람이라고 했지만 어머니는 이런 아버지에게 늘 불만이 많으셨다. 결혼하기 전에 남편 될 사람을 소개하니 "하필이면 천씨냐?"며 서운해하셨던 기억이 난다.

어머니는 진영 방동이라는 곳에서 우리 동네로 시집을 오셨는데 내가 기억하는 어머니의 모습은 늘 집안 살림에 안간힘을 쓰시는 모습이었다. 아버지가 자녀 교육에 대해 그다지 신경을 쓰지 않아, 어머니가 살림을 꾸리면서 6남매까지 교육시키려니 많이 힘드셨을 것이다. 매일 아침 아침밥을 준비해 놓고는 동네를 한 바퀴 돌며 돈을 빌려 오던 모습이 선하다. 아버지는 늘 남들에게 사람 좋다는 얘기를 듣는 분이라 어머니는 더 힘들었다. 그래서 늘 아버지에게 불만이 많으셨기에, 두 분 사이가 그리 좋지는 못했다.

우리 마을은 낙동강 지류에 위치하고 있어 해마다 홍수가 나곤 했는데 언젠가는 대홍수가 나서 우리 집이 물에 잠겨 사람이 다니기 힘들 정도가 된 해도 있었다. 급히 피난을 가야 했는데, 이런 상황에서도 어머니는 가재도구 하나라도 더 건지기 위해 물속을 쉬지 않고 왔다 갔다 하셨다. 그렇게 애쓰시던 모습이 아직도 기억에 남아 있다. 낮에는 정신없이 물속을 헤매느라 몰랐지만 저녁이 되자 피부가 발갛게 발진이 되어 잠 못 이루시던 기억도 난다. 자녀 교육에 악착같으셨고 우리 형제들이 공부 잘하는 것을 늘 자랑으로 여기셨다.

어머니는 내가 대학 1학년 때 돌아가셨다. 늘 어머니가 집안을 꾸려 오셨기 때문에, 결혼한 큰언니가 친정을 오가며 살림을 챙겼으나 어려움이 많았다. 막내인 여동생이 중학교 3학년 때였는데 모두들 동생 걱정을 많이 했다.

동생도 고등학교에 진학해 떠나고 나니 아버지만 남게 되어 새어머니를 모셔 오게 되었다. 새어머니는 일찍이 결혼했으나 애기를 낳지 못해 소박을 맞았다고 했다. 우리 집에 오셔서 경운기에 손가락이 들어가 엄지손가락이 잘리는 사고까지 당할 만큼 몸을 아끼지 않고 온갖 궂은일을 하며 고생을 많이 하셨다. 그러나 성격도 좋고 다른 사람들과도 잘 어울려 우리 가족들은 물론 동네 사람들과도 잘 지내셨다. 몇 년 후 아버지가 먼저 돌아가시고 지금은 아무도 없는 고향집에서 불편한 몸으로 혼자 지내신다.

형제자매들

큰오빠는 공부를 아주 잘했다. 그 시절에 중학교 때부터 부산으로 유학을 가 명문이라고 하는 경남고등학교를 다녔다. 중학교·고등학교에서 공부를 아주 잘했고 서울대학교에 가려고 했으나, 그때 아버지가 보증을 잘못 서서 집안이 어려워 진학할 형편이 못되었다. 그러자 부모님과는 상의도 없이 공군사관학교를 지원했고, 부모님은 그 사실을 합격 통지서를 받고서야 알게 되었다고 한다. 어머니는 공부 잘하는 아들을 서울대학교에 보내지 못한 걸 평생의 한으로 생각하며 사셨다. 그래서 어머니는 큰오빠에게, 아래 다섯 남매들에 대한 사랑을 다 합쳐도 모자랄 만큼 특별한 사랑을 주셨다.

공군사관학교에 다니던 큰오빠가 생도 복장을 하고 집에 왔던 기억이 난다. 사관학교를 졸업하고 직업군인으로 있다 공군 대령으로 예편했는데, 보통 우리가 생각하는 군인 체질이 아니었던 것 같다. 사관학교 다닐 때 4년간 쓴 일기를 우연히 보게 되었는데 매사에 굉장히 예민하고 비판 의식이 많은 군인이었다. 학과 성적은 항상 최상위였으나 나머지 내무반 성적은 거의 꼴찌였다. 그리고 나와 여동생이 노동운동으로 구속되기도 했으니, 신원 조회가 엄격한 공군 파일럿으로서는 장성으로 진급할 수 없었을 것이라 짐작된다. 두 동생이 앞길을 가로막았지만 오빠는 한 번도 나무라거나 원망하는 소리를 하지 않았다.

예편되고 얼마 되지 않아서 바로 뉴질랜드로 이민을 간 것으로 보아 직업군인 생활을 하면서 우리나라에 대해 많이 실망했던 게 아닐까 짐작된다. 오빠는 이민을 간 지 얼마 되지 않아 갑자기 병이 나서 돌아가셨다. 위독하다는 소식을 듣고 우리 동생들은 뉴질랜드까지 날아갔는데 그토록 건강했던 오빠의 모습은 온 데 간 데 없고 뼈만 앙상하게 남아 있었다. 누워서 잠을 잘 수가 없어 앉은 채로 잠을 자고, 컴퓨터로 한국 노래를 들으면서 제대로 먹지도 못하고 월남 국수만 찾았다. 지금도 그 모습을 생각하면 가슴이 미어진다. 치료하러 한국으로 돌아가자고 했으나 아픈 모습으로는 가고 싶지 않다고 해서 끝내 돌아가시고 나서야 고국으로 돌아와 국립묘지에 안장되었다. 서울 토박이인 큰올케는 시골 6남매의 장남과 결혼하는 것 때문에 큰 걱정을 했다고 한다. 그런데 결혼해서 와보니 도회지 사람들보다 집안 분위기가 훨씬 자유로워 놀랐다는 말을 했다.

언니는 당시만 해도 여자를 공부시키는 집이 많지 않아 중학교를 졸업하고 집안일을 도왔다. 큰오빠가 고등학교를 졸업할 무렵 가세가 기울면서 우리 형제들은 모두 집에서 제일 가까운 면소재지에 있는 한림중학교를 다녔다. 언니는 엄마가 계실 때는 물론이고 돌아가시고 나서도 우리 동생들에게, 특히 내게는 엄마 같은 존재였다. 숙제를 제대로 못하고 잠이 들었다가 아침에 일어나 보면 언니가 숙제를 대신해 놓는 일이 허다했다.

언니와 결혼한 형부는 위로 형제들이 많았으나 어머니를 모셔야 했고, 시어머니가 돌아가실 때까지 언니가 그 일을 감당해야 했다. 형부는 당시 신발 공장에 다니는 노동자였고 형편이 어려웠다. 그래서 언니도 얼마 뒤부터 형부와 함께 공장에 다니며 시어머니를 모시고 애 둘을 낳아 길렀다. 거기다가 동생인 나까지 몇 년간 언니 집에 얹혀 지냈으니 그 어려움이 말도 못할 지경이었을 텐데, 워낙 낙천적인 성격이라 잘 극복해 나갔다. 지금은 아들딸을 모두 결혼시키고 편안하게 잘 살고 있다. 언니를 보면서 어려운 상황일지라도 긍정적으로 생각하며 산다는 것이 얼마나 중요한지를 배우게 되었다.

둘째 오빠는 이유는 잘 모르겠지만 큰오빠와는 달리 공부에 관심이 없었다. 큰오빠가 부산에서 방학 때 내려오면 공부하라고 할까 봐 저녁도 먹지 않은 채 자는 척했다는 얘기도 들었다. 집에서 기차를 타고 두 정거장 가야 하는 진영중학교에 응시했으나 떨어지고 집에서 가까운 한림중학교에 가게 되었다고 한다. 이런 일을 두고 우리가 놀리기라도 하면 수험 번호가 1번이었는데 1번은 항상 떨어진다며 번호를 잘못 받아서 그렇다고 농담을 하곤 했다. 이후 부산의 광성공고에 진학했으나 친구들과 어울리며 놀다가 졸업을 하지 못했다. 어릴 때 권투에 미치다시피 해서 권투 글러브를 끼고 복장을 갖춰 폼을 잡으며 찍은 사진들이 꽤 많았다. 그런데 부모님이 권투를 못하게 했고, 그래서 마음을 잡지 못한 채 학창 시절을 보냈던 것 같다. 장가가기 전에는 아버지가 동네에서 처음 들여온 경운기로 남의 밭과 논을 갈아주는 일을 하며 아버지를 도왔으나, 젊은 혈기에 이 일에 적응하지 못하고 집을 나갔다 들어왔다 하기를 반복하며 방황했다.

그러다 건축 일을 하게 되었는데, 건축 회사를 차렸다가 부도가 나서 어려움을 겪기도 했지만, 어려움을 잘 극복하고 지금은 잘 지내고 있다. 아무리 어려워도 형제들에게는 손을 내밀지 않아 피해를 준 적이 없고 오히려 다른 오빠들과는 달리 용돈이 후해 아이들이 좋아하는 외삼촌이기도 하다. 멀리 가있던 큰오빠를 대신해서 부모님 생전에는 부모님을 모시기도 했고 돌아가신 지금도 제사를 지낸다. 나에게도 형제들 가운데 가장 강력한 후원자이다. 정치에 관심이 많을 뿐만 아니라 아무리 살림이 어려워도 선거 때마다 거금을 후원해 주시기도 했다. 우리 형제들은 모두 운동에 젬병이어서 운동회만 되면 기가 죽었는데 유일하게 이 오빠만은 운동을 잘해서 우리들의 부러움을 샀다.

막내 오빠는 나와 두 살 차이로 어려서부터 많이 싸우면서 함께 자랐다. 부산에서 고등학교를 다니는 동안 1년간 자취 생활을 함께하기도 했다. 부산공고에 입학했으나 결핵을 앓고 적성에도 맞지 않아 힘든 고등학교 시절을 보내야 했다. 고1이던 내가 부산에 가서 함께 자취할 때 막내 오빠는 고3이었고 대학에 진학하기 위해 공부하고 있었다. 군대에 갔으나 몸이 좋지 않아 제대한 후 계명대학교 철학과에 들어갔다. 고등학교 다닐 때 몸이 약해서인지 대인관계도 좋지 않았고, 한때는 세상을 비관적으로 바라봐서 가족들이 눈치를 살펴야 했다. 그런데 대학을 졸업하고는, (우리로서는 도저히 상상할 수도 없는) 자동차 세일즈를 시작해 평생을 하고 있다. 우리 집에서는 모두가 불가사의한 일이라고 말한다. 융통성이라고는 없는 원칙주의자인 것이 오히려 세일즈를 하는 데 도움이 되는 것인지 알 수가 없다. 한때는 민주노동당에 가입했고 분당 이후 탈당했으나 여전히 진보 정치에 관심이 많다. 요즘도 부산 노무현 시민학교에 다니면서 열심히 공부하고 있다.

막내 여동생은 6남매 중 막내라 그랬는지 처음에는 부모님의 관심을 덜 받았다. 부모님은 공부를 잘한 큰오빠와 나를 자랑으로 여기면서도 여동생에게는 크게 기대하지 않았다. 그런데 어느 순간 동생이 나보다 공부를 잘해 부모님이 예뻐하고 위로 언니 오빠들도 대견하게 여기게 되었다. 입시를 앞둔 중학교 3학년 때 어머니가 돌아가시자 큰 충격을 받았으나 고등학교에 좋은 성적으로 합격해 모두를 기쁘게 했다. 당시 부산이 고교 평준화 지역이 되면서 부산에 있는 고등학교에 가지 못하게 되어, 형제 중 유일하게 마산여고로 진학했다.

어머니도 안 계시고 언니도 결혼한 상태라 마산에서 홀로 자취하며 살아

1983년 2월 여동생의 대학 졸업식 때 큰언니와 함께.

가는 동생을 보면 가족 모두가 늘 짠했다. 그런데도 공부를 열심히 해서 부산대학교 약대를 수석으로 입학했다. 가족 모두 자랑스럽고 대견하게 생각했다. 그런데 가족의 기대를 한몸에 받던 동생이 대학에 들어가서 운동권이 되었다. 학교에 다닐 때부터 노동운동에 관심이 많아 노동 야학을 했고, 약대를 졸업하고도 약사를 하지 않는 대신 신발 공장에 들어갔다. 부산에서 활동하던 김진숙, 고무 노동자 권미경 열사와 함께 활동하기도 해서 동생을 통해 얘기를 듣기도 했다. 수배되고 연행되기도 했는데, 군인이던 오빠가 와서 신병을 인수해 간 적도 있다. 부산에서 신뢰받는 노동운동가였으나 역시 함께 활동하던 가난한 제부와 결혼하게 되어 아기를 낳고는 활동을 접었다. 아기를 키울 수 없을 만큼 가난해 약국에 취직하고 이후 약국을 개업해 직접 운영하고 있다. 언니인 나와는 비교도 되지 않는 대단한 활동가였는데 평범한 약사로 살아가는 것을 보면서 가끔씩은 안타까운 생각이 들기도 한다. 나의 활동에도 많은 도움을 주고 있는 동생이라 늘 미안하고 빚진 마음이다.

성장 과정

우리 집은 정미소를 하고 있었기 때문에 항상 사람들이 들끓었다. 점심밥을 우리 식구끼리 먹는 경우가 거의 없을 만큼 우리 형제들은 사람들 사이에서 자랐다. 내가 세 살쯤이었던 듯한데, 동네 사람들이 방아를 찧기 위해 우리 집에 모여들어 둘러앉아 있다가 내게 "말의 다리가 네 개인데 말이 세 마리면 다리가 모두 몇 개냐?"는 등의 질문을 하면, 내가 손가락 발가락을 조물락조물락 하면서 맞히곤 했다고 한다. 그러면 동네 사람들이 너무 신기해서 "저녁에 와서 훔쳐가겠다."고 농담을 했단다. 그렇게 똘똘했던 덕에 생일이 음력으로 동짓달임에도, 7세인 만 5세에 다른 아이들보다 일찍 초등학교에 들어가게 되었다고 한다. 또 모여 있는 사람들이 "다리 밑에서 주워 왔다."며 "친엄마를 찾으러 가자."는 말만 하면 울기에 재미삼아 놀려댔다고 한다.

초등학교는 걸어서 20분 정도 떨어져 있던 금곡초등학교를 다녔다. 인근의 5개 정도 부락에 사는 아이들이 다닌 학교였는데, 학년마다 반이 하나씩만 있는 작은 학교였다. 당시 대부분의 학교는 한 학급이 60명 이상이었으나 우리는 47명이었던 것으로 기억된다. 지금은 폐교되어 없어졌다.

초등학교 5학년 때까지는 공부라는 게 뭔지도 모르고 다니다가 6학년이 되자 중학교 입학시험을 준비해야 했다. 당시에는 중학교도 입학시험을 치렀지만 모두가 면소재지 중학교에 진학하기 때문에 그다지 긴장할 필요가 없었음에도 담임선생님은 특별한 관심으로 우리를 지도했다. 그래서 수련장을 사서 문제를 풀었는데, 정답지는 찢어서 담임선생님께 제출하고 처음한 번은 답지에 답을 써서 풀고 두 번째는 같은 문제를 시험지에 표시해 또한 번 푸는 식으로 공부했다. 그런데 두 번째 문제를 풀라 하고는 담임선생님이 교무실로 가셨다. 그때 누군가 정답지를 갖고 와서 반 전체 학생이 그 답안지를 보고 이른바 '커닝'을 했다. 담임선생님이 오셔서 점수를 매기는데 모두 1백 점인지라 커닝한 사실이 자연스럽게 알려지면서 단체로 벌을 서게 되었다. 담임선생님은 화가 나서 나가시고 학생들도 모두 학교를 파하고 집으로 갔다. 그런데 나는 그때 무슨 생각이 들었던지 담임선생님께 용서를 빌어야겠다는 생각이 들어 따로 남아 담임선생님을 찾아갔다. 담임선생님께서는 나를 데리고 운동장을 돌기 시작했다. 내가 잘못했다고 하자 담임선생님은 "한 명도 빠짐없이 모두 커닝을 했다는 사실이 너무 실망스럽다."고 말씀하셨다. 초등학교 시절, 강한 기억으로 남아 있는 사건이다.

나는 고등학교 때까지는 몹시 말라 있었다. 초등학교 4학년 때로 기억하는데 우리 반에는 보통 아이들보다 나이도 많고 덩치도 큰 여학생 친구가 있었다. 그 친구는 제 덩치를 믿고 약한 아이들을 많이 괴롭혔다. 그날도 한 친구가 삶은 고구마를 학교에 가져와 먹고 있는데, 이 친구가 다 빼어 가는

238

게 아닌가. 그걸 본 순간 참지 못한 나는 왜 그러느냐고 대들다가 흠씬 두들겨 맞아 코피까지 났던 적이 있다. 내가 어쩌다 노동운동을 하게 되었나 생각할 때면 떠오르는 기억 중 하나이다.

이때는 모두 가난할 때라 도시락도 제대로 싸오지 못하는 아이들이 많았고, 학교에서는 식빵이나 옥수수 죽을 나누어 주었다. 옥수수 죽은 별로였는데 식빵은 어찌나 맛있던지 볼록볼록하게 생긴 식빵을 잘라 나누어 줄 때면 조금이라도 더 큰 식빵을 받으려고 애를 썼다. 또 식빵을 걸고 내기를 하거나 사고팔기도 했다. 그런데도 그 맛있는 식빵을 먹지 않고 아껴서 집에 있는 동생에게 가져다주는 기특한 친구들도 있었다. 또 제사 지내는 집이 있으면 밤에 자지도 않고 제사가 끝나기를 기다렸다가 떡을 얻어먹기도 했다. 집이 가난한 친구들은 초등학교만 졸업하고 중학교에 진학하지 못한 채 부산으로 식모살이를 가기도 했다. 지금 돌이켜보니 참 가난했던 시절이었다.

군것질거리가 없어 저녁에 친구들끼리 모여 집에서 몰래 가져온 쌀이나 김치로 밥을 해먹기도 했다. 어떤 친구들은 담배를 피워서 담배 연기로 도넛 모양을 만들기도 하고 거울에 계란 모양을 만들기도 하면서 놀았다. 간혹 부모님께 들킬까 봐 담을 넘어 집에 들어가다가 들켜서 심하게 두들겨 맞는 친구들도 있었다. 그러나 우리 집은 자식들이 놀러 다녀도 거의 나무라지 않았다.

그때만 해도 가까운 곳에 대중목욕탕이 없었기 때문에 명절이나 되어야 목욕할 수 있었던 기억도 난다. 겨울이면 손에 때가 새까매서 트고 갈라져 피가 나기도 하고, 봄이나 머리에서 이기 기어 나오기도 했다. 겨울이면 호

위: 1971년 추석 명절을 맞이해 고향 집에서 형제자매·사촌들과 함께.
가운데: 왼쪽부터 어린 시절 셋째 오빠와 함께, 초등학생 시절, 중학생 시절.
아래: 고등학교 2학년 때 수학여행 가는 기차 안에서 친구들과 함께.

롱불 아래 둘러앉아 내의를 벗어서 이를 잡던 일이 생각나 웃음이 나온다. 양말이 떨어지면 전구를 발꿈치 부분에 넣어 기워서 신었다. 추석이나 설이 되면 부모님이 새 옷이나 신발을 사주었기 때문에 명절을 손꼽아 기다리기도 했다. 우리 집은 정미소를 하면서 여름에는 국수를 하고 명절 때는 떡을 했다. 명절이면 떡 하러 오는 사람들이 새벽부터 줄을 서서 기다리고 부모님은 밤을 새워 떡을 했다. 자다가 눈을 떠보면 부모님이 돈을 세고 계셨는데 굉장히 많았던 기억이 난다.

중학교는 면소재지에 있는 한림중학교에 다녔다. 집에서 4킬로미터 정도 떨어진 곳이라 매일 왕복 2시간가량을 걸어야 했다. 체구도 작고 빼빼 마른데다가 얼굴까지 새까매 늘 어디가 아프냐는 소리를 듣고 자랐으며, 통지표에는 '종합 진단 요망'이라는 의견이 써있던 기억이 난다. 그때는 중학교 입학시험이 있던 때라 초등학교 6학년 때 수련장을 몇 권 푼 것을 제외하고는 시험공부라고 해본 적이 없다가, 중학교에 오니 다른 친구들이 시험 때마다 공부하는 것이 너무 어색하고 낯설었다.

중학교는 각 학년별로 4개 반이 있었는데 우열반을 편성해서 운영했다. 나는 늘 전교 2등을 했는데 나보다 잘하는 전봉준이라는 친구를 도저히 이길 수가 없었다. 이 친구는 경남고에, 나는 부산여고에 원서를 넣었다. 그다음으로 성적이 우수한 아이들은 마산고와 마산여고를 지원했다. 학교에서 공부 잘하는 아이들을 일류 고등학교에 보내서 실적을 올려야 하는데 나는 공부는 잘했지만 체육을 영 못해서 입시 준비가 걱정이었나. 담임선생님이 내 손을 잡고 달리기 연습을 시키면서 애를 썼으나 나는 부산여고를 떨어지고 그 친구는 경남고에 장학생으로 합격했다. 그때는 체력장이 도입되기 전이라 하루는 필기시험, 하루는 체육 실기 시험을 치렀는데, 몇 개만 틀려도 떨어질 만큼 커트라인이 높았다. 결국 체육 시험을 못 쳐서 떨어지고 말았다.

고등학교 체육 시험을 치르는 날 체육관에 코트를 벗어 놓았는데 시험을 마치고 가보니 코트 속에 든 지갑이 없어졌다. 평소 학교에서 연습할 때는 달리기, 멀리 던지기, 멀리뛰기, 윗몸일으키기 가운데 달리기를 제외하고는 어느 정도 되는 편이었는데, 이날 시험에서는 한 종목도 제대로 하지 못해 시험도 망친데다가 지갑까지 잃어버린 터라 부산에서의 첫 기억이 좋을 수가 없었다. 체육을 못했어도 떨어진다는 생각을 해보지 않았기에 막상 떨어지고 나니 어떻게 해야 할지를 몰랐다. 그러다가 부산에서 고등학교에 다니고 있던 오빠 얘기도 듣고 하면서 후기인 데레사여고에 입학했다. 내 인생에 첫 실패를 경험하면서 중학교 때까지 가졌던 우월감이 한순간에 사라졌다.

중학교 때까지는 공부를 잘하든 못하든, 집이 잘살든 못살든 별로 신경 쓰지 않고도 친구들끼리 친하게 지낼 수 있었다. 같은 동네 이웃이거나 이웃 동네에 살면서 집안끼리도 웬만하면 다 알고 지낼 만큼 공동체가 유지되어 있어서 그랬을 것이다. 초등학교·중학교 때 친구는 고등학교·대학교 친구와는 달리 오랜 세월이 지난 뒤 만나도 아무 허물없이 이야기할 수 있는 것은 그런 이유에서일 것이다. 학교가 이런 공동체가 되어야 한다는 생각을 한다.

고등학교에 입학해서 처음에는 고등학교 3학년인 오빠와 자취를 했고,

오빠가 졸업한 뒤에는 부산에 살고 있던 언니 집에서 학교를 다녔다. 중학교 때까지는 늘 성적이 좋아 애정과 관심을 받았고 친구들도 비슷비슷한 이웃이라 잘살고 못살고 관계없이 잘 지냈다. 그러다가 고등학교에 진학하자 그동안 받아 왔던 대접을 받지 못하는데다가 잘사는 친구들도 많아, 어렵게 사는 언니 집에 얹혀서 사는 내 처지가 초라하게 느껴져 열등감도 많이 생겼다. 그러나 입학했을 때보다는 성적이 많이 좋아지고 친구들과도 잘 어울리면서 고등학교 생활에 적응해 갔다. 고등학교에 진학해서는 키가 한 해에 10센티미터씩 자라 키가 큰 친구들과 어울리게 되었는데 우리들을 보고 농구 선수들이 합숙하다 나왔냐고 물어보는 사람들도 있었다. 데레사여고는 천주교 재단의 학교로 종교 과목도 있었고, 대학 입시를 앞두고는 성당에서 합격을 기원하는 미사를 갖기도 했다. 어머니가 절에 다니고 있었으나 성당 분위기가 여고생들의 정서와 잘 어울리는 것 같기도 하여 나는 싫지 않았다. 이후 울산에 와서 성공회 성당에서 영세를 받기도 하고 천주교 신부님을 알게 되었는데 고등학교 때 경험 덕분에 낯설지 않았다.

대학은 부산대학교 수학과에 진학했는데 어릴 때 숫자 놀음을 좋아하고 중·고등학교 때도 영어보다는 수학을 좋아해서 선택한 전공이었다. 처음 입학할 때는 대학을 졸업하고 나서도 공부를 계속하고 싶었으나 그러기가 쉽지 않아 졸업할 때 많이 힘들었다. 그다지 특별한 것이 없는 평범한 대학 생활이었다. 어떻게 살아야 할지에 대한 고민이 많았지만, 학과 탓이기도 해서인지, 시대적인 소명 같은 것까지는 생각이 미치지 못했다. 지금 생각하면 아쉽지만 평범한 대학 생활 또한 이후 살아가는 데 많은 자양분이 되었다.

우리 동네에서 여자로서는 처음으로 4년제 대학에 진학하자 아버지는 부잣집에서도 여자애를 대학에 보내지 않는다면서, 남의 이목을 살피며 걱정을 하셨다. 정미소를 하면서 겉으로는 잘사는 것처럼 보였지만 아이들이 많아 부모님은 자식들 공부시키느라 고생을 많이 했다. 이런 부모님의 고생을 덜고자 4년 내내 입주 과외 아르바이트 등을 하며 지냈다. 어렵게 지내다 보니 고등학교와 대학교 시절 7년을 보낸 부산에는 그다지 미련이 없었다. 객지인 것은 마찬가지였기에 사택을 제공한다는 현대학원의 광고에 끌려 쉽게 부산을 떠나게 된 것도 그 때문인 것 같다.

남편과의 만남

남편의 대학 선배이자 교육운동 동지였고, 얼마 전 고인이 된 유상덕 선생의 소개로 지금의 남편을 만났다. 남편은 전두환 정권 시절 사범대학을 졸업했으나 박정희 정권 시절에 유신에 반대하다 구속된 전력이 있다는 이유로 신원 특이자로 분류되어 발령을 받지 못했다. 그러자 박정희·육영수의 이름을 한 자씩 따서 이름 붙인 정수직업훈련원을 다녀 전기 기능사 자격증을 따서 현대중전기에 취직했다. 나는 1979년 3월부터 현대공고에 근무하고 있었는데 남편이 1982년 현대중전기에 취직이 되어 울산에 내려오자 유상덕 선생이 "현대공고에 있는 노옥희 선생을 만나보라."고 해서 만나게 된 것이었다.

남편은 대학 졸업 사실을 숨기고 현장에 취직한 상태라 함부로 누굴 만날 형편이 되지 못했다. 울산에 내려와서도 6개월이 지나서야 처음으로 전화해 만나게 되었다. 신분이 노출될까 봐 만나는 것은 물론이고 전화도 마음대로 할 수 없어 조심스럽게 만나야 했다. 비록 교사는 아니었지만 사범대 출신이고, 또 내가 근무하는 학교가 공고라 졸업생들이 현장에 취직하게 되어 함께할 얘기가 많았다.

졸업생들을 대상으로 실태 조사를 할 때도 많은 도움을 주었고, 현대그룹 각 사업장에 노동조합을 준비하는 사람들을 모아 소모임을 같이 진행하면서 함께하는 시간이 많아졌다. 하루는 부산까지 가서 타자기를 사온 적이 있었다. 그때는 먹지를 깔고 타자로 쳐서 등사기로 밀어 홍보물을 만들어 뿌렸는데, 내 자취방에서 이런 일들을 했다. 타자기를 이용하기 전에는 먹지를 밑에 깔고 손으로 글씨를 썼는데 필체를 들키지 않기 위해 왼손으로 쓰기도 했다.

그러다가 나는 87년 노동자 대투쟁을 지원했다는 이유로 〈노동쟁의조정법〉의 3자 개입 금지 위반으로 구속되었다. 그때 울산에 내려와 있던 남편의 선배인 배남효 선배가 남편에게 "노옥희 선생이 면회를 기다리더라."고, 하지도 않은 이야기를 해 두 사람 사이에 다리를 놓아 면회를 오게 되면서 그 전과는 다른 관계로 발전했다. 두 사람 사이에 특별한 약속은 없었지만 결혼을 한다면 '이 사람과 하겠다.'는 생각이 자연스럽게 들었다. 항상 상대방을 존중해 주는 그의 태도를 보면서, 운동을 하면서도 남아 있던 열등감을 극복하고 내 자신을 긍정하는 힘이 생기게 되었다.

남편을 생각하면 참 미안한 생각이 든다. 교사로 근무할 때 만나서 해고되고, 결혼하고 해고자 생활 13년을 거쳐 복직하고, 교육위원으로 활동하던 시절에는 그런 마음이 들지 않았다. 그러나 시장 선거에 출마하면서 이른바 정치에 뛰어들고서는 남편 또한 정치인 아내를 둔 죄로 많은 어려움을 겪어야만 했다. 선거에 출마할 때마다 배우자로서 선거운동을 해야 하고 사생활이 알려지게 될뿐더러, 경제활동은 하지 않으면서 집안 살림을 거덜 내기까지 하니 말이다. 남편은 내가 정치를 하는 것을 그다지 반기지 않는다. 그럼에도 대놓고 반대한 적은 거의 없다. 특히 지난 시장 선거에서 10퍼센트에 못 미치는 득표로 선거비용을 한 푼도 돌려받지 못해 경제적으로 큰 부담을 짊어졌지만 내색하지 않았다. 이러니 더 고맙고 미안한 마음이 들었다. 이러면서 왜 정치를 해야 하나 하는 생각도 여러 번 했다. 그럼에도 불구하고 그만둘 수 없다는 생각을 하기까지, 그 어려움이란 경험하지 않은 사람은 상상할 수도 없을 것이다.

결혼

결혼 당시 우리 둘 다 해고자였다. 권용목의 아버님이자 울산 노동자의 아버지라 불리던 권처홍 아버님이 주례를 해주셨다. 사회적으로 유명한 사람이 아닌 노동자의 아버지를 주례로 모신 것은 노동자의 소박한 삶을 살고자

천창수·노옥희 결혼합니다

• 일시 : 1989년 1월 15일 (음력 12월 8일) 오후 1시
• 장소 : 울산 비당 (울산시 국구 학산동 497. T. 2-2042)

초대하옵서

신랑 : 이필녕씨 아들 천 창수
신부 : 노 경현씨 동생 노 옥희

어려운 시절에 만나 서로 의지하여 뜻과 사상을 다켜왔던
두 젊은이가 이제 부부의 인연을 맺으려 합니다.
사랑이 나이들어 시집, 장가 가듯게 너무나 당연한 일이
지만 시련과 격동의 80년대를 용기와 헌신으로 큰 길을
걸어온 두 사랑의 결혼이기에 남다른 의미와 기쁨을
느끼게 합니다.
모쪼록 두사람을 아끼는 모든 분들이 빠짐없이 자리를
함께 하여 어려웠던 두 사랑의 지난 날들을 생각하며
진심으로 이 소중한 결혼을 축복하고 앞으로 더욱 더
큰 사랑으로 큰 인생길을 힘차게 걸어 가도록 따뜻한
격려를 보내줍니다.

－천 창수·노 옥희 결혼을 준비하면서 －

위 : 1989년 1월 15일 우리 부부의 결혼식에서 주례 권처흥 아버님과 함께.
아래 : 배남효 선배와 이영희 후배가 준비한 결혼 청첩장.

위 : 결혼식을 마치고 곧바로 참석한, 태화강 고수부지에서의 테러 규탄 집회.
아래 : 동강병원 입원실에서 보낸 결혼 첫날.

하는 의지에서였다. 아버님은 주례사에서 우리의 인연을 "아름다운 이름, 해고자"라는 말로 격려해 주셨다. 결혼식을 1주일 남겨 둔 상황에서 남편은 산장에서 동료들과 수련회를 하던 중 현대그룹으로부터 테러를 당했다. 이 테러는 노조 파괴자로 악명 높은, 제임스 리로 불린 이윤섭 씨와 현대엔진 한유동 전무가 중심이 되어 조직폭력배를 동원해 이루어졌으며, 회사가 조직적으로 개입한 사건으로 판결이 난 바 있다.

테러로 허리를 심하게 다쳐 결혼할 수 있을까 걱정했으나 이미 결혼 소식이 널리 알려진데다가, 테러에도 굴하지 않는다는 의지의 표현으로 허리에 보호대를 하고 결혼식을 올렸다. 결혼식은 민중 혼례로 치렀는데 울산에서는 처음이었다. 인천에서 걸개그림과 결혼식 비디오를 빌려왔고, 지역에서 문화 운동을 하는 후배들이 비디오를 보면서 결혼식 순서를 짜고 실제 결혼식의 진행을 맡아 주었다. 결혼식 청첩장은 남편의 대학 선배이자 우리를 연결시켜 준 배남효 선배가 만들었고, 축시는 백무산 시인이 직접 지어 낭독했으며, 축가는 〈동지〉 등의 투쟁가로 대신했다. 결혼 후 내가 임신했다는 소식을 들은 동료들은 남편에게 그 허리로 해냈냐고 농담을 하기도 했다. 심하게 다친 남편의 허리는 시어머님의 지극 정성으로 후유증 없이 깨끗이 나았다. 똥을 걸러서 말려 볶은 후 분말로 만들어 막걸리에 타서 마시는 약이 주효했다는데, 확신할 수는 없다.

결혼식을 마치자마자 테러 규탄 전국 노동자 대회가 열린 태화강 고수부지로 가서, 함께 테러를 당한 권용목·김서호 동지와 단상에 올라 인사를 했다. 결혼식 하객으로는 아마도 전국에서 제일 많은 사람들의 축하를 받게 된 셈이었다. 결혼식을 마치고는 신혼여행도 가지 못한 채 결혼식 날 아침에 나왔던 동강병원 입원실로 다시 들어가서 결혼 첫날을 보냈다.

결혼을 앞두고 시어머님이 궁합을 보셨다고 한다. 그런데 두 사람이 결혼하면 남편이 죽는다고 했다며 갑자기 결혼을 반대했다. 우리는 이런 말을 믿지 않았으나 어머님을 설득하기란 쉽지 않았다. 평소 어머님 말씀을 잘 듣는 효자 남편이 한 달간 고향에 가지 않으면서 저항하자, 시어머님은 나른 곳에서 궁합을 다시 봤는데 괜찮다더라고 하시며 명분을 만들어서는 결혼을 허락하셨다.

결혼할 당시만 해도 남편은 대학 때 이미 구속된 전력이 있고 또 해고된 상태라 시어머님은 아내인 내가 좀 말려 주기를 기대하고 있었다. 나만 만나면 시어머님은 고생한다며 당신 아들이 노동운동 좀 못하게 해달라고 말씀하시곤 했다. 그러다가 시간이 지나면서 둘이 한통속이라는 걸 아시고는 오히려 나를 더 원망하시기도 했다. 하지만 중요한 일들이 있을 때에는 가족들이 모두 응원하고 도와주었다. 시댁이나 친정에서 우리가 하는 일을 대체로 인정하며 긍정해 주어 큰 어려움 없이 활동할 수 있었다.

해고자 부부

앞서 말했듯이 결혼할 당시 우리 둘 다 해고자여서 생계가 어려웠다. 남편은 생계비가 나오지 않았고 전교조에서 내게 지급되는 것도 활동비 수준이

1992년 8월 3일 두 아이를 데리고 갔던
가족 나들이에서.

라 생계를 감당할 수 없었다. 그래서 부부가 신문 배달을 했는데 2년 정도 한 것 같다. 수련회가 있는 날이면 밤을 새우고 새벽에 신문을 돌려야 하는 참 고달픈 생활이었다. 이런 경험을 해서인지 지금도 신문 배달하는 사람을 보면 각별하다.

신문 배달을 하는 한편, 어린이 책 외판도 2년가량 했다. 활동과 일을 병행해야 해서 제대로 할 수는 없었지만, 아이들이 어려 생계는 그럭저럭 유지할 수 있었다. 결혼은 했으나 친지의 경조사도 챙길 수 없었다. 나이는 어른이지만 어른 노릇, 부모 노릇, 자식 노릇을 제대로 할 수 없던 시절이다.

해고된 남편은 회사 정문 앞에서 『한겨레신문』을 팔기도 하고 소식지를 만들어 배포하는 등 복직 투쟁을 이어갔다. 그러다가 남편이 다니던 현대중전기에서 동료들이 약간의 활동비를 보내 주었고 나중에는 현대중공업으로 회사가 합병되면서 노동조합도 통합되어 비로소 생계비를 지원받았다. 나 또한 학교에 복직되면서 경제적인 어려움을 면할 수가 있었다.

개인의 의지가 아무리 강하다 하더라도 살아갈 수 있는 최소한의 요건을 갖추지 못하면 뜻한 바를 이루기 위한 활동을 지속할 수가 없다. 그리고 어떤 활동가가 자기 일에 전념하며 일정한 성과를 거둘 수 있다는 것은, 그 사람이 그 일을 할 수 있도록 수고한 사람이 있기 때문이라는 생각을 하게 되었다.

남편의 해고와 구속

남편은 서울대학교 사범대학에 입학했으나 유신 반대 시위를 했다는 이유로 교사 발령을 받지 못했고, 『교육신보』 기자 등을 거쳐 정수직업훈련원에 들어가 전기 기능사 자격증을 딴 뒤 현대중전기에 입사했는데, 이때 고등학교 졸업으로 학력을 숨겼다고 한다.

그러다가 87년 노동자 대투쟁으로 노동조합이 결성되고 1988년 여름 파업이 장기화되면서, 회사 측이 신원을 조회해 대학 졸업 사실이 발각되어 해고를 당했다. 다른 사람의 이름으로 입사한 이른바 위장 취업과는 명백히 달랐으나 회사는 위장 취업이라며 해고시켰다. 대학 졸업 사실을 입사 당시 알았다면 채용하지 않았을 것이고 이런 사실을 숨김으로써 회사 측에 손해를 입혔다는 것이 해고 사유였다.

남편은 사범대를 졸업하고도 교사 발령이 좌절되었지만 자기가 가진 기능으로 현장에서 일하고 동료들과 어울리며 살아가는 것 자체를 즐거워했다. 그렇게 노동자로 살아가면서 노동운동을 할 수 있는 여건을 만들어 가고 기회가 왔을 때 함께하려는 생각을 했다고 한다. 보통의 노동자들이 노동운동의 길에 들어서는 것과 마찬가지였다. 해고당하지 않고 계속해서 현장에서 일할 수 있었다면 그는 어떤 삶을 살았을까 가끔 생각해 보기도 한다.

1989년 1월 8일 남편이 테러를 당하고 1주일 후인 1월 15일 결혼했으나 현대그룹의 탄압은 멈추지 않았다. 남편은 4월 15일 〈노동쟁의조정법〉의 3자 개입 금지 및 〈국가보안법〉 위반 혐의로 구속되었다. 결혼한 지 3개월도 안 된 신혼이었고, 테러를 당한 뒤 제대로 회복도 되지 않은 상태에서 구속된 것이다. 당시는 나 또한 임투지원본부 활동으로 인해 수배 중이었기 때문에 함께 지내지도 못하던 때였다. 6개월 정도 구속되어 있다가 석방되었는데 면회를 자주 가지는 못하고 편지를 주고받는 것으로 대신했다.

남편은 면회를 자주 가는 것도, 특별히 뭘 사 넣는 것도 원치 않았다. 대학 시절 처음 구속되었을 때도 면회를 오면 오히려 감옥 생활의 흐름이 깨진다며 오지 못하게 했다고 한다. 어려움에 처했을 때 그 사람의 모습을 제대로 볼 수 있다던데, 남편은 구속되어 있다는 사실을 전혀 느낄 수 없을 만큼 차분하게 잘 지냈다. 평소 보아 왔던 남편의 모습 그대로였다.

평등 부부

노동운동을 함께하면서 만난 남편과 서로 평등한 관계를 유지한다는 것은 너무나 당연한 일이었다. 그럼에도 주변에서는 평등한 부부의 전형이라며 부러워하기도 하는데 그럴 만한 이유가 있다고 생각한다. 무엇보다도 서로 역할을 나누어 집안일을 하지 않으면 부부가 함께 활동하기가 불가능하기 때문이다. 이런 경우 주로 자녀 양육 때문에 여성이 일을 접거나 역할이 작은 활동으로 조정하는 것이 다반사였다. 그러나 우리 부부는 집안일이나 자녀 양육으로 활동을 접어야 한다고는 전혀 생각하지 않았다. 조금 더디더라도 함께 활동하는 것이 낫다는 생각이 확고했기 때문이다.

집안일 중 남편은 빨래를, 나는 식사를 담당하고, 청소는 함께하는 것으로 자연스럽게 정리가 되었다. 결혼한 이후 남편이 구속되거나 멀리 떨어져 있을 때를 제외하면 내가 빨래를 해본 적이 없다. 아이 둘을 천 기저귀로 키웠는데, 이런 기저귀며 내 속옷이며 모든 빨래를 남편이 도맡았다. 아이들도 남편의 이런 모습을 보고 자라면서, 빨래는 남자가 하는 것이라는 인식이 박힐 정도였다.

이 때문에, 함께 활동하던 동료 여교사들이 남편과 문제가 생기면 상담을 청하기도 했다. 그런 얘기를 들어 보면, 바깥에서 활동할 때는 지극히 평등한 활동가임에도 집에서는 보통 남자와 크게 다르지 않게 행동하는 경우가 많음을 알게 되었다. 그런 남자들에게는 적잖이 실망하기도 하지만, 반대로 그런 상황에서도 열심히 활동하는 동료 여교사들과 여성 활동가들에게는 존경심이 절로 생겼다. 심지어 남편이 자신과는 가치관이 전혀 달라 활동을 반대함에도 꾸준히 활동하는 후배들을 볼 때마다 같은 여성으로서 큰 신뢰를 갖게 되었다.

자녀 교육

아이들 생각을 하면 마음이 짠하다. 어릴 때부터 활동을 한다는 이유로 양육에 너무 소홀했기 때문이다. 태어나서 얼마 되지 않을 때부터 남의 손이나 어린이집에 맡기고 늘 늦게 찾으러 갔는데, 그러면서도 아이들이 받았을 상처에 대해 그다지 신경 쓰지 못했다. 남편이 해고자였을 때 한동안 아이들을 데리고 다녔는데, 아이들이 해고자 사무실인 현대그룹해고자협의회 방바닥을 기어 다니며 바닥 청소를 하기도 했다.

아이들이 학교에 들어간 뒤로는 밤늦도록 아이들만 집에 남겨지는 일이 많았다. 옷은 주로 남의 것을 물려받아 입혔는데, 해고자 신분이어서 형편이 어렵기도 했지만, 아이들도 아무런 불평이 없었다. 그래서 참 기특하게 여기고 있었는데, 고등학생이 된 어느 날 그때 얘기를 한 적이 있다. 그런데 늘 새 옷 한 번 입지 않고 남이 입던 옷만 입으니, 아이들이 "너 고아냐?"라고 하더라며 울먹이는 것이었다.

그동안 부모들이 잘 돌보지 못했는데도 잘 자랐다고 생각했는데, 정작 아이들에게는 상처가 많다는 것을 알게 되어 가슴이 아팠다. 겉으로 보기에는 아무렇지 않을지 몰라도 거저 자라는 법은 없다. 아이들이 시기별로 부모와의 관계 속에서 관심을 받고 시간을 함께 보내는 것과 그렇지 않은 것은 분명히 다르다는 생각이 그제야 들었다.

그때는 일에 대한 책임감으로 아이들 양육을 소홀히 하면서도 부모가 바르게 생활하면 아이들도 잘 자라 주겠거니 여겼다. 그러나 지금 와서 생각하니 아이들을 잘 돌보면서도 일을 잘할 수 있는 길이 얼마든지 있고, 또 그렇게 하는 것이 장기적으로 볼 때 더 좋다는 생각을 하게 된다. 학교에 교사로 있을 때 노동운동 활동가들의 자녀들이 반듯하게 자라지 못하고 사고를 치는 것을 보며 마음이 아팠다. 부모가 노동운동에 열심이다 보니 해고되고 구속되고, 그렇지 않더라도 늦게 들어오는 날이 많아 자연히 자녀 교육에 소홀할 수밖에 없어 생기는 일이었다.

운동과 가정 모두에 충실하기란 쉽지 않지만, 오랫동안 제대로 운동하려면 자녀 교육에 대해서도 집단적으로 고민할 필요가 있다는 생각이 들었다. 부모가 하는 활동을 자녀가 소중하게 생각하지 않고서야 아무리 열심히 활동을 한다 한들 지속 가능하지가 않기 때문이다.

방목

우리가 아이들을 키운 방식은 한마디로 '방목'이다. 부모가 바빠 그렇기도 했지만 아이들을 부모 뜻대로 키울 수도 없고, 그런 방식이 옳지도 않다고 여겼기 때문이다. 출산 휴가 2개월을 보낸 후로는 어린이집과 개인 보모에게 맡겨서 키웠다. 유치원은 둘 다 초등학교 병설 유치원을 다녔고 큰애는 병설 유치원을 2년에 걸쳐 두 군데나 다니기도 했다. 초등학교까지는 공부란 것을 모르고 지냈다. 애들이 시험공부를 어떻게 하는지도 몰랐을 정도다.

초등학교 때까지는 방과 후에 아이를 맡길 곳이 마땅치 않아서 학원을 보내기도 했지만, 이른바 학습과 관련한 학원에는 보낸 바가 없다. 중학교 때 테니스를 배우러 다닌 것을 제외하고는 고등학교를 졸업할 때까지 사교육비 지출은 없었다. 그러다 보니 자녀 교육 문제와 관련해, 비싼 사교육비로 고통을 받는 학부모들의 사정을 온전히 이해하기가 쉽지는 않았다.

사교육비를 들이지 않은 대신, 그 돈으로 다양한 경험을 할 수 있도록 했다. 초등학교 때는 여름·겨울방학마다 계룡산에 있는 놀이 학교에 보냈고, 간디학교에서 하는 한 달간의 호주 여행도 보냈다. 중학교 때는 아빠와 함께 유럽 여행도 보름씩이나 다녀오게 했고, 주변 동료들의 자녀들과 함께 리더십 교육을 만들어 듣게도 했다. 적지 않은 경비가 들었으나 매달 지출하는 사교육비에 비하면 훨씬 싼값에 다양한 경험을 할 수 있었다. 이런 방식이 더 좋다고 생각했다.

아이들은 어렸을 때만 해도 책읽기를 무척 좋아했다. 그러나 초등학교 고학년이 되면서는 내가 욕심을 내서 그 학년 학생들에게 권장하는 책을 한꺼번에 1백 권씩 사다 놓으니 책을 잘 읽지 않게 되었고 컴퓨터를 즐겨 하면서부터는 더욱더 멀리했다. 이 무렵부터 동화책 대신 만화책을 즐겨 읽었는데 그렇다고 반대하지는 않았다. 큰애는 만화로 된 잡지란 잡지는 다 사서

2003년경 가족 나들이 중 들른 푸른꿈고등학교에서.

읽고 모으는가 하면, 시리즈로 된 만화책도 빌려 읽거나 사서 모았다. 명절에 받은 거금의 세뱃돈을 몽땅 만화책 사는 데 쓰기도 했다. 둘째 애는 미리 쓰는 유서의 제일 첫머리에 만화방 주인에게 감사하다는 말로 시작할 만큼 만화를 즐겼다. 이 시기에 좋은 책들을 많이 읽히지 못해 아쉬움이 크지만, 즐겁게 만화책을 읽을 수 있었던 그 시절을 아이들은 기쁘게 기억하지 않을까 싶다.

다음으로 많은 자녀들이 영어 공부에 대해 고민하는데 우리 아이들은 영어 공부를 자연스럽게 했다. 이른바 엄마표 영어라는 방식으로 공부했는데 비디오 등 시청각 자료는 별로 보지 않고 테이프로 듣기를 많이 했다. 정찬

2011년 더불어숲 제2기 부모 교육 강좌를 마치고.

용 씨가 쓴 『영어 공부 절대로 하지 마라』에서 나온 테이프를 사서 매일 저녁 잠들기 전 조금씩 듣는 방식으로 공부했다. 이 부분은 아빠도 함께 봐주어 학교에서 하는 웬만한 듣기 평가는 어려움 없이 풀 수 있었고 독해나 쓰기도 큰 어려움이 없었다고 한다. 다만 말하기는 제대로 하지 못했지만 이것도 시간이 지나고 꼭 필요해지면 할 수 있지 않을까 해서 그다지 걱정하지는 않았다. 이런 경험을 통해 엄마표 영어 공부 방법이 옳다는 확신이 생긴 이후에는 부모 교육 강좌 과정에 이 강의를 한 꼭지씩 넣기도 했다.

고등학교 다닐 때는 학교에서 자율 학습을 하고 늦게 집에 돌아와서는, 아무리 늦은 시각이라도 2시간 이상 텔레비전을 보거나 컴퓨터를 했다. 심지어는 새벽까지 하는 날도 있었다. 매일 아침 일어나지 못해 깨워야 해서 늦게 잔다고 잔소리를 많이 했지만, 애들 입장에서 생각해 보니 온종일 학교에서 공부 스트레스에 시달리는데 이런 재미도 없으면 견디기 힘들겠다 싶어 이해가 가기도 했다. 아이들의 이런 행동은 어쩌면 간질을 앓는 사람들이 살기 위해 몸을 떨듯이, 살기 위한 몸부림이 아니었을까.

아이들에게는 습관이 매우 중요한데, 우리 부부는 바쁘게 돌아다니느라 아이들이 좋은 습관을 갖도록 키우지 못했다. 무척 아쉽다. 자신의 물건을 제대로 정리한다거나 잠자는 습관, 독서 습관 등이 특히 그렇다. 사교육을 전혀 하지 않았기 때문에 스스로 공부하는 힘은 키웠던 것 같다. 오로지 학교 공부와 스스로 하는 복습으로 학교 시험이며 입학시험을 감당해 낸 것은 참 대견스럽다. 그럼에도 자신이 가진 재능을 제대로 발휘하도록 안내하지 못했다는 점이 늘 아쉽다.

제도 교육의 문제도 있겠지만 부모로서도 미안한 부분이 많다. 우리 아이만의 문제는 아닐 것이다. 대부분의 아이들이 자신이 어떤 재능을 가졌는지도 모른 채 학창 시절을 보낸다. 교사와 전교조 활동, 교육위원 활동을 한 사람으로서 책임감과 죄책감이 드는 부분이다. 어떤 가정에서 태어났든 자신이 하고 싶은 일을 하면서 행복하게 살 수 있도록 하는 교육제도, 사회제도, 그리고 이를 가능케 해주는 정치가 절실히 필요한 이유이다.

대학 2학년 딸의 결혼

결혼해서 아이를 낳아 보면 부모님 심정을 알게 된다는 얘기를 많이 들었다. 그러나 나는 결혼해서 아이 둘을 낳아 기르면서도 진지하게 내가 부모라는 생각을 하지는 않았던 것 같다. 아이들이 스스로 자란다는 생각으로 방목했고, 또 그런 아이들이 잘 자라 줄 것이라고 믿었다. 사람들은 아이들을 학원 한 번 보내지 않았는데도 이른바 'SKY 대학'에 진학했으니 별다른 걱정 없이 애들을 키웠으리라고 짐작하면서, 내가 자녀 교육에 대해 얘기라도 할라치면 말할 자격이 없다는 듯이 취급했다. 입시 경쟁과 서열화된 대학으로 대표되는 학벌 사회의 문제를 지적하기에 내 이야기는 설득력이 부족한 것 같기도 해서 껄끄러운 측면이 있었다.

그러던 중에 대학 2학년에 막 올라간 딸이 어느 날 갑자기 친구를 데리고 온다고 연락이 왔다. 당연히 여자 친구일 거라고 생각했고 미리 연락도 하지 않고 당일 내려온다기에 웬일인가 하고 있었다. 울산에 도착했다는 연락을 받았지만 일이 끝나지 않아서 기다리라고 하고 밤늦게 집에 들어가니 함께 왔다는 친구가 여자가 아니고 남자가 아닌가! 남자였어도 당연히 얼마 전 이탈리아에 같이 갔다는 학교 친구 가운데 한 명이겠거니 생각했으나, 좀 당황스럽긴 했다.

친구냐고 하니 아니라고 했다. 그럼 선배냐고 하니 아니라고 했다. 아무 생각이 없던 우리 부부의 상상력은 여기서 멈추었다. 딸은 결혼할 사람이라고 했다. 너무 어이가 없어서 잠시 말문을 잃었다. 도대체 무슨 말이냐고 하자 아르바이트 하던 가게의 사장님이고 요리사라 했다. 35세로 딸보다 14살이나 많았다. 게다가 임신을 했다는 것이 아닌가! 그제야 정신을 차려서 '임신했다고 다 결혼하는 것은 아니다', '정말 결혼할 사람인지 더 생각해 보자', '학교는 어떻게 할 생각이냐?' 등등을 물어보았다. 그러자 혼날 줄 알고 왔는데 왜 혼내지 않느냐며 우는 것이었다. 자신의 행동에 대해 당당해야 한다고 얘기하고는 더 이상 이야기를 계속할 수 없어서 자고 내일 이야기하자며 우리 부부도 잠을 청했다. 그러나 잠이 오지 않았다.

나이가 스물한 살이면 일어날 수 있는 일인데도 전혀 상상하지 못했다. 평소 결혼하지 않을 거라며 남자에게 별 관심을 보이지 않았고 특히나 기숙사에 들어가 있어 걱정을 하지 않았다. 게다가 4년 장학생으로 대학에 입학해 일정한 성적을 유지하지 않으면 장학금을 계속 받을 수 없었기 때문에 성적도 거의 전 과목 A학점을 받을 만큼 공부에 매달려 있었다. 그런데 여름 방학 때 이탈리아에 다녀온 후 그때 쓴 돈을 메꾼다며 아르바이트를 두 군데나 그것도 밤늦게까지 한다기에 안 했으면 좋겠다고는 했지만, 이런 일이 생길 줄은 꿈에도 생각하지 않았다.

잠을 청했으나 잠이 오지 않았다. 누웠다 하면 바로 잠드는 남편도 잠을 이루지 못하며 뒤척이고 있었지만 한동안 아무 얘기도 할 수 없었다. 우리 부부가 가장 가슴이 아팠던 것은 청춘을 청춘답게 보내지 못하게 되는 것이었다. 대학에서 친구들과 어울려 수다도 떨고, 국내 각지로 세계로 여행을 다니며 온갖 경험을 다 하고, 이런 일을 해볼까 저런 일을 해볼까 고민하며 즐거워하고, 직장에서 자신의 꿈을 펼쳐 보는 것, 이 모든 기회가 사라져 버리고, 아이를 낳고 키우느라 그 좋은 청춘 시절을 허망하게 보내지 않을까 하는 안타까움이었다.

그러나 우리는 늘 그렇게 아이를 대해 왔듯이 딸의 선택을 존중해 주기로 했다. 다만 곧바로 결혼식을 할 것인지, 아니면 아이를 난 뒤에 할 것인지에 대해서는, 딸애 입장에서 힘들더라도 결혼식을 바로 하는 것이 더 당당해 보여 좋겠다는 쪽으로 의견을 모았다. 우리가 딸에게 너무 무심했구나, 피임 같은 것에 대한 교육이 너무 부족했구나 하는 얘기도 나누었다. 그렇지만 낙태로 현실을 회피하지 않고 생명에 대해 책임지려 하는 딸의 모습에서, 나이는 어리지만 대견함을 느꼈다.

결혼한다는 것을 알리자 모두들 거짓말이 아니냐며 확인하는 전화가 걸려 왔다. 딸의 고등학교 3학년 때 담임선생님께서도 놀라서 전화를 하셨다. 고등학교를 졸업하고 겨우 1년밖에 안 됐기 때문이다. 학교가 발칵 뒤집혔다고도 하고 다른 학교에서도 선생님이 우리 딸 얘기를 했다며 전해 주기도 했다. 양가 부모 상견례를 시작으로 모든 것이 바쁘게 돌아갔다. 결혼식 주례는 아직 어린 딸이라 여성이면 좋겠다고 생각해 당시 미국에 가있던 심상정 전 국회의원에게 부탁하니 놀라면서도 흔쾌히 해주겠다고 했다. 귀국하자마자 결혼식이라 직접 만나기는 힘들 것 같아 딸에게 주례 선생님께 메일을 보내라고 했다. 주례 선생님의 말에 의하면 메일에서 두 사람이 운명적으로 만났다며 잘 살겠노라 했다고 했다. 이렇게 급하게 결혼시키고 싶지 않았는데 결혼식을 마치고 나니 너무 아쉬웠다. 이런 게 인생인가 하는 생각이 들었다.

외할머니가 되어 깨닫게 된 것들

결혼을 하고 혼인신고를 하려니 만 20세가 되지 않으면 부모 동의 없이 혼인신고가 되지 않아 딸과 함께 구청을 방문해 혼인신고를 했다. 혼인신고를 하고 나니 우리 딸이 결혼해서 부모를 떠나는구나 하는 생각이 새삼 들었다. 서울에 살림을 차리고 결혼한 지 4개월 만에 딸을 낳았다. 딸의 임신과 출산을 지켜보면서 부모가 된다는 것에 대해 많은 생각을 하게 되었다. 준비 없이 맞이하는 이런 일들에 대해 부모로서 책임감과, 부모라는 존재에 대해 깊은 이해가 생겼다. 말로 표현하기 힘든 감정이었다.

어린 엄마가 자신의 모든 것을 헌신하면서 딸을 키우는 모습이 참 대견하기도 하고 안쓰럽기도 했다. 딸의 출산 소식을 접한 지인들은 "외손녀가 참 예쁘죠?"라고들 하지만 처음에는 외손녀가 예쁜 것보다 어린 딸이 아이를 힘들게 키우는 것에 마음이 쓰였다. 그러나 차츰 시간이 가면서 아직은 젊은 나를 할머니로 만든 외손녀가 예쁘게 보이기 시작해 하루에도 몇 번씩 사진을 꺼내 보곤 한다.

딸은 아이를 어느 정도 키우고 나면 복학해서 학업을 계속할 것이다. 아직 우리나라 대학은 아이를 낳아 기르면서 다니기에는 어려움이 너무 많다. 딸이 다니는 대학에도 어린이집이 있으나 대학원생만 맡길 수 있다고 한다. 복학하기 전에 학부생도 학교 내 어린이집에 아이를 맡길 수 있도록 학교 측과 부딪혀 봐야 하고 제도적으로도 보완할 수 있는지도 알아봐야 한다. 핀란드에 갔을 때 대학생들이 학교에서 유모차에 아기를 태우고 다니는 모

2005년경 시어머니 영정 사진을 찍던 날. 딸의 결혼과 출산으로 "부모라는 존재에 대해 깊은 이해가 생겼다."

습을 심심찮게 볼 수 있었던 것이 새삼 생각났다. 경제적인 문제로 대학을 다니기도 힘들지만 대학을 나오고도 제대로 된 직장을 구할 수가 없어 결혼이 점점 늦어지는 우리 현실에서는 아직 그림의 떡처럼 보인다. 그러나 절실하게 원하면 가능해지지 않을까 기대한다. 외할머니로서 엄마와 함께 손주에게 해줘야 할 의무이기도 하다.

그동안 이른바 범생이 자녀를 두었다며 자녀 교육에 대해 얘기할라치면, 들을 것도 없다는 대접을 많이 받았다. 그런데 딸 덕분에 부모와 자녀에 대한 이야기를 나눌 수 있는 자격을 갖게 되었다. 만나는 사람마다 해주고 싶은 얘기가 많이 생겼다. 오로지 공부에만 올인하는 부모들을 보면 그전과는 또 다른 차원에서 안타까운 마음이 들기도 했다. 딸의 경험을 팔아서라도 뭐가 소중한지, 그 소중한 것을 잊지 말라고 자꾸만 얘기하고 싶어지는 것이다. 비단 자녀 교육만이 아니라 뭐든 저절로 되는 법은 없다. 많은 것을 잃고 얻은 소중한 깨달음이었다. 정성을 들인 만큼 결과가 나타난다는 이치를 비로소 깨닫게 된 것이다.

7

나의 무지를 일깨워 준 덴마크 교육 기행

2004년 설날 아침에 출발해 시작한 약 5일간의 덴마크 교육 탐방은 무엇보다도 그간 나를 둘러싼 산적한 교육 현안으로부터 물리적으로 떨어져 우리 교육을 객관적으로 바라보면서 앞으로 어떻게 나아가야 할지를 고민하게 한 참으로 소중한 기회였다. 덴마크 자유학교(프리 스쿨) 교사 양성 기관인 자유교사교육대학의 주요 교육목표 중 하나가 '자기 지식의 부족함에 대한 의식과 그것을 메워 줄 지식에의 열망'이었는데, 이를 온몸으로 느낄 수 있었다.

덴마크의 공립학교와, 사립인 자유학교·애프터스쿨·평민대학(Folkhigh school)·김나지움·자유교사교육대학 등의 교육기관을 방문했는데, 이들이 교육목표로 제시한 '공동의 선과 민주주의'에 대해 끊임없이 들으면서 우리는 학교에서 무엇을 가르치고 있는지에 대해 많은 생각을 했다. 그리고 양로원이나 환경 단체, 교회, 우리를 안내한 칼 크리스티안 에기디우스(Karl Kristian Aegidius) 교수 댁을 방문하면서 우리 사회가 어떤 모습으로 변해야 하고, 또 우리는 어떻게 살아왔으며 어떤 태도로 살아가야 할지를 돌아보게 되었다. 덴마크와 우리나라가 학교에서 배우는 것과 삶의 태도가 다른 만큼, 그 나라의 구성원들이 만들어 가는 사회나 미래의 모습도 분명히 다르다는 것을 뼈저리게 느낄 수 있었다.

한바탕 꿈처럼 덴마크 기행은 끝이 났고, 내가 발 딛고 살고 있는 이 땅의 현실은 여전히 굳건하게 버티고 서있다. 나의 관심은 여전히 우리의 교육,

2004년 1월 덴마크 교육 탐방에는 송순재 교수를 단장으로 해 교장, 대안 학교 교사, 안승문·정찬모·최홍이 교육위원 등이 함께했다.

구체적으로는 학교를 바꾸는 것이고 덴마크 교육 탐방에서 어떤 의미 있는 시사점을 발견해 실천할지는 순전히 나의 능력과 의지에 달려 있다고 생각한다.

자전거, 핵, 1달러

며칠간의 방문만으로 그 나라를 이야기한다는 것이 건방진 일인지는 모르지만, 덴마크에서의 첫 느낌은 있을 건 있고 없을 건 없는 나라라는 것이었다. 우선 자전거 전용 도로가 인상적이었다.

도시 외곽의 왕복 2차선 도로에서부터 도심지 중심까지 모든 도로에 자전거 전용 도로가 있었고, 국회의사당에는 국회의원들의 자전거가 세워져 있었으며, 기차역에는 승객들을 위한 자전거 보관소가 갖추어져 있었다. 어디든 자전거가 없는 곳이 없었다. 한 공립학교를 방문하기 위해 핀(Fyn) 섬 북부에 위치한 중심지 오덴세(Odense)에서 버스로 20분 정도 걸려 도착한 린델스라는 작은 마을에는, 전날 내린 눈으로 온 세상이 하얗게 뒤덮여 있었다. 하지만 이른 아침이었음에도 자전거 전용 도로만은 깨끗이 눈이 치워져 자전거를 타기에 아무런 불편이 없어 보였다.

핵폐기물 처리장 문제로 몸살을 앓고 있으면서도 대부분의 국민이 핵은 불가피하다고 여기는 우리나라와 달리, 덴마크에는 핵 시설이 없다는 점도 궁금했다. 기존의 화력발전과 함께 바닷가에 늘어선 대형 바람개비를 통한 풍력발전에 의존한다는 사실이 놀랍기만 했다. 편리함만을 좇지 않고 불편함을 감수하면서 그 불편함의 가치에 동의하는 사회에 대해 생각해 봤다.

덴마크는 유럽의 다른 나라와 달리 40년 전에 팁 문화를 없앴다고 한다. 처음에 이 사실을 몰랐던 우리는 호텔을 나오면서 1달러짜리 지폐를 두고 나왔는데 저녁에 도착해도 그대로 있었다. 국가의 청렴도를 나타내는, 국제 투명성 기구가 발표한 국가별 부패지수에서 세계 3위인 나라답게, 여행 중 만나는 여러 종류의 사람을 통해 이런 분위기를 계속 확인할 수 있었다. 전세 버스 기사는 손님인 우리가 점심을 먹을 동안 준비해 온 도시락을 먹으며 손님들의 짐을 지키고 있었다. 부패지수 50위인 나라에 살면서 날마다 정치인과 교육 관료들의 부정부패를 접하며 안타까웠는데, 서로를 신뢰하는 것이

위 | 국회의사당 앞에 세워진 자전거들.
아래 | 눈이 말끔하게 치워진 자전거 전용 도로.

2011년 9월 신고리 5·6호기 추가 건설을 반대하는 시청 앞 1인 시위. "덴마크에는 핵 시설이 없다."

그 사회를 이끌어 가는 데 얼마나 중요한 힘이 되는가를 느낄 수 있었다.

덴마크의 이런 문화는 우리나라는 물론이고 그다음으로 방문한 헝가리와도 크게 비교되었다. 겉으로 보기에 화려하거나 웅장하지는 않았지만 소박함 속에 흐르는 정신, 이것은 덴마크 교육에서도 그대로 찾아볼 수 있었다. 짧은 지식으로 제대로 알 길은 없었지만, 교육을 통해 이런 문화가 형성되었으리라는 생각이 들었다.

다양한 선택이 보장되는 교육과정

덴마크에 가기 전에 살펴본 자료만으로는 학제가 어떻게 되는지 알기가

자유학교 교사를 양성하는 자유교사교육대학에서 학교의 전 구성원들이 모여 회의하는 모습.

힘들었다. 그런데 덴마크에 와서 보니 그제야 이해가 갔다. 정규 학제가 아닌 (우리의 초등학교·중학교에 해당하는 과정을 졸업한 학생이 갈 수 있는) 1년 과정의 기숙학교인 애프터스쿨과, 정규 고등학교와 대학의 획일화된 구조 속에서 지친 학생들이 가는 4개월에서 1년 과정의 평민대학 때문이었다.

우리나라의 초등학교·중학교에 해당하는 9년제 공립학교와 사립학교인 자유학교를 졸업한 후 바로 (우리의 인문계 고등학교 격인) 김나지움과 대학 진학으로 이어지는 정규 과정 사이에 (자유학교의 일종인) 애프터스쿨과 평민대학이 존재한다는 사실은, 정해진 학제만을 경험한 나에게는 생소했다. 대학입시나 직업을 구하는 것이 아니면 학교에 다닐 이유조차 발견하지 못하는 우리나라와는 달리, 자신이 누구인지를 깨닫고 자아를 발견하고자 다양한 경험을 하는 것을 목표로 하는 학교인 애프터스쿨과 평민대학의 규모나 교육 환경 등은 (정규 교육과정이 아님에도) 상상하기 어려울 만큼 뛰어났기에 놀랍고 부러웠다.

그리고 공립 교사 양성 대학과 달리 자유학교 교사를 길러 내는 5년제 자유교사교육대학을 설립·운영해 자유학교의 전통을 제도적으로 이어가는 데서도 자유학교 전통의 튼튼한 뿌리를 새삼 실감할 수 있었다. 자유교사교육대학에서 예비 교사인 학생들이 교육과정 편성에서부터 학교 운영에 이르기까지 주체로 참여하면서 교사가 될 준비를 하고 있었다. 학교의 공간이나 벽은 학생들의 수업 결과물인 작품들로 채워져 있었는데, 어떤 주제를 교육과정으로 정하면 이 주제를 다룬 책과 자료를 찾아서 토론하고 공부하는 데에 그치지 않고, 연극이나 음악, 미술 작품 등으로 표현하는 방식을 취해 학교 전체에 생동감이 넘쳤다. 5년의 재학 기간 중 3학년 1년간은 우리의 교생실습 격인 학교 현장 실습에 할애하고, 매주 수요일은 온종일 학교 구성원 전체(교수·학생·직원 등)가 학교 운영과 관련해 공통 과제를 도출해 토론한다는 이야기를 듣고서, 교원 임용 고시를 통해 교사가 되는 우리나라의 교사 양성 제도가 얼마나 문제가 많고 허술한지를 되돌아봤다. 누군가를 가르치는 사람을 두 사회가 어떻게 바라보고 있는지에 대한 철학의 차이를 느낄 수 있었다.

교육 주체가 주인인 교육

덴마크 교육 탐방에서 느낀 것 중 핵심은 교육을 교육 당국이나 교사 등 이른바 전문가들에게만 맡기지 않는다는 것이었다. 학부모가 학교나 교사에게 모든 것을 맡기면서도 이들을 신뢰하지는 않는 우리나라와 달리, 덴마크에서는 학부모가 학교에 깊이 참여하면서도 학교와 교사를 신뢰했다.

학교에서 무엇을 배울 것인지, 어떤 방식으로 가르치는지, 학교 예산은 어떻게 돌아가는지 등에 대해 학부모들이 주인으로서의 역할을 다하기는 커녕 교육 당국과 학교에서 제공하는 것을 맹목적으로 따르면서도 교육 당국과 학교에 대한 신뢰는 형편없는 우리와 다르게 내 아이 교육은 내가 한다는 생각으로 학교에 참여한다는 것을 알 수 있었다.

학부모들이 학교를 세우고 학교의 교사들과 함께 운영하는 사립학교인 자유학교는 물론이고, 공립학교에서도 학생 대표가 학부모와 함께 학교 위원회에 참석해 발언하고 의결권을 가졌다. 우리가 방문한 거의 모든 학교에서는 교장도 수업을 하는 것을 너무나 당연하게 여겼다. 교장은 학교 위원회에 참석은 하지만 표결에 참여하지는 않았는데, 이 또한 학교 운영의 주도권을 잡고 있으면서도 학교운영위원회로 인해 자신의 권한이 줄어들고 있다며 불만을 토로하는 우리나라 교장들의 권위적인 모습과는 매우 대조적이었다. 방문한 학교에서는 교감이나 교장이 친근하고 진지한 태도로 오랫동안 시간을 내어 손수 학교를 소개하고 손님을 맞이했다.

교육과정은 교육 당국이 최소한의 가이드라인을 결정하면 교사들이 주체적으로 운영한다. 같은 역사 과목을 배우더라도 그 주제와 내용을 달리해 가르칠 수 있으며, 평가 또한 교사들이 자신이 가르친 것을 평가하는 방식으로 진행한다. 그나마도 자유학교에서는 9년에 단 한 번 시험을 치른다고 한다. 우리는 교사들이 모든 것을 공문에 따라 국가에서 정해 주는 대로 가르쳐야 하고 자신들에게 주어진 재량권조차 부담스러워한다. 위쪽만 쳐다볼 뿐, 학생들과 학부모들의 요구가 무엇인지에 대해서는 고민하지 못한다. 특히 국가 주도의 교육과정에 대해 교사들은 무기력하며 스스로 교육과정의 주체가 되어야 한다는 생각조차 제대로 하지 못한 채, 일제 고사 형식의 학업 성취도 평가를 통해 아이들의 창의성을 말살하고 있기도 하다. 이런 우리의 현실에 비추어 볼 때, 교육과정 편성에서부터 평가에 이르기까지 철저히 교사가 주체가 되는 모습은 아직은 멀게만 느껴졌다.

교사와 학생을 신뢰하는 교육

교육 주체가 주인이 되는 교육은 교사와 학생에 대한 신뢰를 바탕으로 한다는 확신이 들었다. 학교장과 학부모는 교사를 믿고 교사의 평가와 권위를 인정했으며, 조별로 흩어져 마치 노는 시간처럼 보이는 수업 시간에 대해서도 결코 간섭하거나 통제하려 들지 않았다. 교사들 또한 시험을 통해 점수를 매기고 서열화하지 않아도 학생들이 저마다의 다양성을 통해 진정한 자아를 찾아간다고 믿는 듯했다.

6년 내내 전혀 숙제가 없다는 어느 자유학교의 교장 선생님은 아이들이 학교 과제를 위해 존재하는 게 아니라면서, 이렇게 해도 9학년 시험에 모두 통과한다고 말했다. 김나지움에 진학하는 데서도 공립과 아무런 차이가 없다면서, 시험이 필요한 것은 아이들이 아니라 어른들의 사고방식이라고 이야기하기도 했다. 무척 공감되는 말이었다.

학교장이 교사를 믿고 교사가 학생을 믿기 때문에 통제나 간섭 대신에 대화와 토론을 통해 바람직한 결론을 끌어내는 민주적인 훈련이 가능하고, 시험이나 경쟁에서 이기기 위한 공부가 아니기 때문에 배우는 것을 즐거워하며 스스로 공부할 수 있는 힘이 생긴다는 생각이 들었다. 교사와 함께하기도 하지만 교사가 보이지 않는 도서관이나 다른 장소에서 친구들과 참고도서를 찾아 가며 토론하는 모습, 창의적이고 다양한 활동을 하는 모습을 어느 학교에서나 볼 수 있었다. 우리나라처럼 교실에 딱딱하게 앉아 일방적으로 수업을 듣는 모습은 찾아보기 어려웠다. 교사들과 마치 친구처럼 편안하게 토론하고, 둘러서서 실습하고 노래를 부르는 것을 보며, 시험에 얽매인 채 무엇을 왜 배우는지에 대해 고민할 틈도 없이 획일적인 내용을 획일적인 방법으로 강요당하며 밤늦도록 자율 학습과 보충수업으로 아까운 나날을 보내는 교육이라면, 그것이 과연 누구를 위한 교육인지에 대한 의문이 생겼다. 아이들을 위한다는 명분으로 교사들과 어른들의 사고방식을 강요한다는 생각을 지울 수 없다.

공동의 선과 민주주의, 자아실현을 위한 교육

1인당 국민소득이 우리보다 2.5배나 많은 나라에서 학생들이 언 손을 불어 가며 자전거를 타고 등교하는 모습이 아름답게 다가온다. 만나는 학생들마다 우리가 낯설었는지 호기심 가득 찬 눈빛에 밝은 표정으로 관심을 보인다. 동양인에 대한 편견 같은 것은 찾아볼 수가 없었다. 소득의 40~60퍼센트를 세금으로 내고 각종 사회보장제도가 이루어지고 있는 나라, 150년 전에 의무교육 제도를 마련해 누구든지 교육받을 권리를 보장하지만 학교에 다닐 것을 강요하지 않고, 공립학교든 자유학교든 지원하지만 간섭은 최소화하는 것으로 국가의 의무를 다하는 나라, 이런 교육은 어떻게 해서 가능한 것일까?

덴마크 민중의 아버지라고 불리는 니콜라이 그룬트비(Nikolai Grundtvig, 1783~1872)를 빼고는 설명할 수 없다. 그는 1850년대 당시 상류층의 지배적인 부르주아 교육과 문화를 나타내는 글이 아닌 민중의 살아 있는 언어, 효과적인 습득이 아닌 개인의 자유를 통한 각성과 인간의 존엄과 평등 교육, 그리고 삶에 바탕을 둔 전인교육을 핵심 개념으로 제시했다. 그리고 실천가 크리스텐 콜(Christen Mikkelsen Kold, 1816~70)은 그의 사상을 평민대학 설립과 애프터스쿨 및 자유학교 설립 등을 통해 실현했다. 그들이 어떻게 실천했는지를 구체적으로 알 수는 없지만 우리를 안내한 에기디우스 교수의 소박하면서도 열정에 가득 찬 모습에서 그 정신을 읽을 수 있었다.

농촌 청년들을 계몽하기 위해 평민대학을 설립하고, 이어서 자유학교와 애프터스쿨, 자유교사교육대학을 설립해 공립학교에도 그 영향력을 미칠 정도가 되기까지는 우리가 쉽게 말할 수 없는 어려움이 있었을 것이다. 이번 기행을 통해, 그 깊이까지는 알 수 없었지만 모든 학교에서 공동의 선과 민주주의를 교육의 목표로 삼고, 또 학생들의 자아실현을 위한 교육을 펼쳐 가는 모습에서 초기 개척자들의 헌신과, 150년간 이를 운동으로 실천하면서 이어온 정신을 느낄 수 있었다.

특히 평민대학·자유교사교육대학·자유학교에서 함께 모여 일상을 나누고 노래 부르며 공동의 문제를 학교 공동체 구성원들이 끊임없이 토론해 결론을 이끌어 가는 것을 통해 민주주의 훈련을 받고 있는 데서 깊이 감동했다. 우리나라도 지식인들이 민중 속으로 들어가 삶을 민중과 함께하고자 투신했던 아름다운 경험이 있었지만 왜곡된 역사와 정치 구조 속에서 제대로 빛을 발하지 못했다는 생각에 안타까움이 더해지기도 했다.

우리 교육에 대한 고민은 우리 스스로

한국의 대안 학교를 보면서 (의미 있는 실천이긴 하지만) 이미 거대한 공룡처럼 자리 잡고 있는 제도 교육을 변화시키기에는 역부족이라고 생각하던 내게 공립학교까지 변화시키는 덴마크의 자유학교는 신선한 충격이었다.

사립학교라고 하면 부패 재단이 떠오르는 우리나라와 비교했을 때, 덴마크의 사립학교는 어떤 개인이나 특정 재단의 소유가 아닌 지역 주민 다수의

2011년 더불어숲 '놀토배움터'의 교사·학생들과 함께.

자발적인 참여를 바탕으로 설립되어, 국가로부터의 자유를 의미하는 공적인 성격이 강했다. 협소한 경험에 근거한 내 빈곤한 상상력이 부끄러웠다.

이제는 이 소중한 경험들을 어떻게 우리 교육에 접목할지가 고민이다. 짧은 생각으로는 다른 세계, 그리고 다른 교육에 대한 문제 제기와 경험을 나누는 데서 출발해야겠다고 보았다. 현실은 어쩔 수 없다고 자신을 합리화하며 아이들을 방치하고 있는 것에서 벗어나, 교육의 본질을 교사·학부모와 함께 공론화해 가야 한다.

내가 여러 경로와 경험을 통해 바람직한 교육에 대해 생각하고 변화될 수 있었듯이, 교사들과 학부모들도 고민할 수 있는 충분한 계기가 주어지면

칼 에기디우스 교수와 안승문·정찬모 교육위원과 함께.

현실이 바뀔 수 있다는 희망을 갖게 될 것이다. 이런 변화를 낙관하지 않고 쉽게 포기해 버리거나 열정을 갖지 못하고 있는 것은 아닌지를 반성해야 한다고 생각한다.

버스표 예약이나 식당 예약에 대한 도움은 물론, 빡빡하게 짜인 학교 방문 일정 속에서도 전혀 부담스러워하지 않으며 따뜻하고 성실하게 우리 일행을 대해 준 에기디우스 교수를 보며, 인간에 대한 깊은 신뢰와 존경의 마음이 되살아났다. 늘 진지한 태도로 토론에 적절히 참여해 우리의 궁금증을 풀어 주는 모습에서, 자유학교를 설립하면서 민중을 설득하고, 다시 그들에게서 힘을 받아 오늘에 이르게 된 모습을 읽을 수 있었다.

물론 자유학교의 뿌리 깊은 전통도 신자유주의 세계화의 거센 도전을 받고 있었다. 덴마크 자유학교의 교육 주체들은, 평민대학을 비롯해 자유학교가 변화하는 시대를 따라가지 못하는 진부한 교육이라는 비판에 맞서 싸우

고 있었다. 마찬가지로 우리 교육에 대해 주체적으로 고민하고 대안을 마련
해야 할 책임은 우리에게 있지 않나 싶다.

부족하기 그지없는 내가 짧은 시간에 덴마크 교육을 이해할 수 있게 해
준 송순재 단장님과 통역을 맡은 양은주 교수님, 궂은일을 도맡았던 마당쇠
김부곤 선생님을 비롯해 함께했던 일행 모두에게 감사의 인사를 전한다.

나의 교육 탐방 ❷

핀란드

핀란드 교육을 보러 가다
왜 우리는 핀란드 교육에 주목하는가
핀란드 교육의 성공 비결은 무엇인가

핀란드 교육을 보러 가다

2010년 6·2 지방선거가 끝나고 진보신당 울산시당 위원장직을 사퇴한 후 새로운 출발을 모색하던 중 북유럽(스웨덴·핀란드) 교육 탐방에 함께하자는 제의가 있었다. 경제적인 면을 비롯해 편하게 여행을 갈 형편이 아니었고, 더구나 내가 하는 일에 대부분 지지를 표명하던 남편도 다음 기회에 가는 게 어떻겠냐는 의견이 있어서 무거운 마음으로 출발했다. 그러나 갔다 온 지금 '가기를 잘했다'는 생각이 든다. 지친 심신을 위로받고 새로운 상상을 할 수 있는 계기가 되었기 때문이다.

탐방은 9월 25일부터 10월 3일까지 8박 9일 일정이었는데, 교육감 당선자, 교육청 공무원, 교육의원, 교사, 학부모 등 교육에 관심을 가진 33명의 다양한 사람들이 함께했다. 주로 학교와 지자체 연합회를 방문하고 세미나를 진행하는 방식으로 진행되었다. 2004년 교육위원 시절 덴마크 교육 탐방을 다녀온 적이 있어 북유럽 교육에 대한 대체적인 이해와 더불어 나라별 차이를 나름대로 느낄 수 있었다.

그간 우리의 공교육은 미국 유학파 교육 관료들에 의해 좌지우지되어 오면서 극도의 경쟁과 교육 불평등으로 인한 교육 주체들 간의 갈등 탓에 희망을 얘기하기가 어려웠다. 그런데 최근 진보 교육감들이 당선되면서 사회 민주주의 복지를 바탕으로 하는 북유럽, 특히 핀란드 교육 모델에 관심이 쏠리고 있다. 이번 교육 탐방에는 서울·강원·전남·광주 교육청 관계자들도 함께 참여해 교육청 차원에서 핀란드 교육을 우리 교육에 어떻게 접목할지에 대한 구체적인 고민이 이어졌다.

왜 우리는 핀란드 교육에 주목하는가

우리나라는 물론이고 많은 나라에서 핀란드 교육에 주목하면서 방문이 줄을 잇고 있다. 핀란드를 주목하게 된 계기는 국제 학업 성취도 평가(PISA) 결과 때문이다. 핀란드는 2000년, 2003년, 2006년 3회에 걸쳐 국제 학업 성취도 평가에서 부동의 1위를 차지하고 있다. (2000년 국제 학업 성취도 평가 결과가 발표된 해인) 2001년 이전에는 핀란드에서도 자신들이 잘하고 있는지를 확신하지 못해, 다른 나라에서 시행하고 있는 경쟁 교육을 도입해야 하는 게 아니냐는 얘기가 많았다고 한다. 그러나 2001년 발표된 결과에 자신들도 놀라며 핀란드에서 진행 중인 교육개혁이 옳다고 확신하게 되었다고 한다.

우리나라도 이 평가에서 핀란드와 결과는 비슷했지만 그 내용을 자세히 살펴보면 커다란 차이가 있음을 발견할 수 있다. 우리나라의 성과가 천문학적인 사교육비와 살인적인 입시 경쟁 및 공부 시간을 통해 얻어진 것이라면, 핀란드는 사교육이 없는 것은 물론이고, 공부 시간도 우리의 절반에 불과하며, 경쟁 대신 협동을 바탕으로 한 교육을 통해 이룬 성과이다. 또 우리나라는 결과가 상위였음에도 학교에 대한 학생들의 흥미는 최하위로 나타났다. 오후 3시 30분경 방문한 핀란드의 어느 고등학교에서는 이미 수업이 끝나 참관하지 못하기도 했다. 사교육도 없고 경쟁도 없는 핀란드에서 어떻

2010년 11월 10일 핀란드 교육 탐방 보고회. 입시 경쟁 교육으로 힘겨워하는 학부모와 교사들이 많이 참석해, 우리 교육의 미래에 대해 고민하는 시간을 가졌다.

게 이런 성과를 얻었는지에 대해 세계가 주목하고 있다. 핀란드 교육에 대해 이야기하려면 핀란드 사회를 이해해야 한다. 도대체 핀란드는 어떤 나라인가?

우리나라에서는 대부분의 교사와 학부모들이 경쟁을 통하지 않고 경쟁력을 높이기란 불가능하다고 생각할 것이다. 이들에게 핀란드를 보라고 말하고 싶다. 타인과 경쟁하는 대신 어제의 자신과 경쟁하고, 동료들과 협력하는 교육을 통해 경쟁력을 높일 수 있음을 확인할 수 있다. 핀란드는 '아이들이 우리의 전부'라는 교육철학을 바탕으로 한 명의 낙오자도 인정하지 않는 교육으로도 유명하다. 이것이 국제 학업 성취도 1위의 비결이다.

위·아래: 2010년 11월 10일, 핀란드 교육 탐방 보고회를 가지면서 관련 사진과 서적들을 전시했다.

핀란드 교육의 성공 비결은 무엇인가

사회적 합의에 바탕을 둔 지속적인 교육개혁 추진

핀란드 교육의 성공 비결로는 1972년부터 1991년까지 국가교육청장으로 재직한 에르키 아호(Erkki Aho)가 주도한 교육개혁을 통해 사회 전체가 합의하는 교육개혁안을 만들어, 정치권력이 바뀌어도 흔들리지 않고 이를 지속했다는 점을 들 수 있다. 그 핵심은 9년제 종합학교(우리의 초등학교·중학교 과정)로, 어떤 차별도 없이 모두에게 완전 무상교육과 무상 급식을 실시하고 통합 교육을 실시한 데 있다. 1960년대 말 9년제 종합학교안을 중심으로 하는 교육개혁안에 대해 교사·학부모·정치권 등의 합의를 끌어낸 결과라고 할 수 있다.

신분상의 불이익을 이유로 개혁안에 반대하는 교사들과 지속적으로 대화하고 토론하면서 교사들의 요구를 수용했고, 교사를 개혁의 대상이 아니라 개혁의 주체로 세워 냈기에 정치적 변화에도 흔들리지 않고 40년간 지속될 수 있었다고 한다. 무상 급식, 혁신 학교, 학생 인권 조례 등 교육 현안이 발생할 때마다 교육 주체들 간의 갈등으로 소모적인 논쟁을 하고 있는 우리의 현실이 떠오르면서, 모두가 공감하는 사회적 합의의 중요성을 다시 한 번 깨닫게 되었다.

전문성을 바탕으로 무한한 신뢰를 받고 있는 교사에 의한 교실 혁명

핀란드는 교사에 대한 신뢰가 남다르다. 이는 교사의 전문성 때문이기도 하다. 헬싱키 대학을 방문해 교사 양성 과정에 대해 들었는데, 교사를 양성하는 사범대학의 교수는 2년 이상의 초·중·고등학교 교사 경험이 있어야 하며, 교사들 또한 대부분 석사 학위 소지자라고 한다. 1990년대 중반 그동안 교사를 통제해 왔던 장학지도와 감사 제도를 모두 폐기하고 교사들에게 완전한 자율성을 부여해, 교사들이 지성에 근거한 책임감을 가지고 아이들을 지도할 수 있도록 했다고 한다.

자신감과 열정에 찬 모습으로 아이들을 지도하는 교사들을 어느 학교에서나 만날 수 있었다. 물론 임용 고시도 없고 전보도 없어서 한 학교에 30년 이상 교장으로 근무하는 사람도 있었다. 부적격 교사를 가려내고 교사의 질을 높이겠다고 교원 평가를 도입했던 우리나라와는 반대로, 핀란드에는 교원 평가는 없고 3년에 한 번씩 학교 자체 평가가 있을 뿐이라고 한다. 교장에서부터 평교사에 이르기까지 어디서나 활기차고 자신감에 찬 교사들을 볼 수 있었다.

한 명의 낙오자도 만들지 않는, 경쟁이 없는 교육

우리나라는 흔히 한 명의 인재가 수십만 명을 먹여 살린다면서 영재교육에 열을 올린다. 과학고·외국어고 등의 특목고나, 다양성을 운운하며 자립형이니 자율형이니 하는 학교를 계속 만들고 있다. 그러나 핀란드는 아무리

핀란드 교육 탐방 때 방문한, 7~9학년이 다니는 꿈의 학교 음악 수업 풍경.

지적 능력이 뛰어난 아이라도, 보편적인 민주 시민으로서 전인교육을 받는 것보다 중요한 교육이 있다고 생각하지는 않는다고 한다.

이는 1972년부터 1991년까지 19년간 교육청장을 역임한 에르키 아호의 "경쟁은 경쟁을 낳아 결국 유치원생들까지 경쟁의 소용돌이 속에 말려들게 될 것이다. 학교는 좋은 시민이 되기 위한 교양을 쌓는 과정이고, 경쟁은 좋은 시민이 된 다음의 일이다."라는 말에서 그대로 드러난다. 모든 아이들이 자신의 능력을 최대한 발휘하도록 하는 것이 국가의 경쟁력이 된다고 믿고 있는 것이다.

또 모든 아이들이 일정한 수준에 도달할 수 있다고 믿으며, 여기에 도달하지 못한다면 거기에는 그만한 이유가 있다고 여겨 문제를 해결해 주려고 노력한다고 한다. 이민자 자녀나 학습 부진아에 대해서는 예산을 더 지원하면서까지 (형식적인 평등을 넘어서는) 실질적인 평등 교육을 실시하고 있었다. 3명의 이민자 자녀를 따로 교육시키는 모습은 감동적이기까지 했다. 이런 특수교육을 받는 아이들이 전체의 20퍼센트가 된다고 한다.

또한 특별한 학교를 만들지 않으며 평등한 교육을 시행하면서도, 학생들은 다양한 교육을 받고 있었다. 학기 초 교사·학생·학부모가 모여, 배우고 싶은 것과 학습 목표를 정한 뒤 남과 경쟁하지 않고 자신이 정한 목표에 도달했는지 여부를 평가하며 자기 자신과 경쟁한다고 한다. 1980년대 중반에는 다른 나라에서 한창 도입되던 일제 고사와 같은 신자유주의 경쟁 교육을 완전히 폐기하고 협동을 통한 교육을 실시했는데, 이 또한 교육 성공의 비결이라고 할 수 있다.

완전한 남녀평등, 부패가 없고 검소한 복지국가

핀란드는 이웃 스웨덴과 러시아에 각각 650년, 1백 년의 지배를 받으면서도 고유의 언어와 민족성을 유지해 왔다. 핀란드는 완전한 남녀평등을 이루고 있으며 부패가 없다. 사회 지도층의 도덕성이 높고 검소하게 생활하는 것으로도 유명하다. 몇 가지 예를 들어보면 핀란드의 대통령은 2000년 당선되어 2006년 재선된 타르야 할로넨(Tarja Halonen)이라는 여성이다. 단지 여성이어서가 아니라 혼자 딸을 낳아 키우다 자신의 보좌관과 15년 동안 동거한 후 대통령이 되어서야 결혼했으나 아무런 문제가 되지 않는 나라다.

19명의 장관 중 12명이 여성이고, 2백 명의 국회의원 중 84명이 여성이다. 할로넨 대통령은 2002년 우리나라에도 방문한 적이 있는데 자신이 사용하던 다리미를 가져와 사용한 것은 물론, 머리도 직접 손질해 주변 사람들을 놀라게 했다고 한다. 대통령 관저 주변 노점에서 커피를 마시며 커피값을 신용카드로 계산할 정도로 세금 또한 투명하게 납부한다고 한다.

한편 핀란드에서는 소득에 따라 벌금 액수를 달리하는데, 과속 범칙금으로 소시지 산업 상속자는 2억5천만 원을, 노키아 부사장은 1억3천만 원을 냈다고 한다. 우리나라의 기준으로 보면 놀라운 일이 아닐 수 없다.

핀란드 교육의 성공 비결은 무엇보다도 (높은 조세 부담으로 가능하게 된) 복지 정책에 바탕을 둔 사회민주주의 정치를 들 수 있다. 핀란드는 북유럽형 복지국가의 전통을 따라 "모든 국민의 교육은 국가가 책임진다."며 유치원부터 대학원까지 무상교육을 실시한다. 50년 전부터 무상 급식을 하고 있다는 한 교장 선생님의 답변을 듣노라니 무상 급식이 논란이 되고 있는 우리의 현실이 떠오르며, 매사에 딱 그만큼의 차이가 있는 게 아닐까 하는 생각이 들었다.

학력과 직업에 따른 사회적 차별이 있다거나 임금격차가 나는 것이 아니니 구태여 모두가 대학을 갈 필요가 없었다. 그래서 학교는 배움을 위해 존재할 수 있었다. 그리고 특이한 것은 스웨덴과 핀란드 모두 '지자체 연합회'라는 단체가 있어서 우리나라처럼 지자체별로 형평성 없이 진행되는 행정을 막을 수 있었다. 이런 장치들이 마련되어 있다는 데서 민주주의의 발달을 느낄 수 있었다.

우리는 어디서부터 무엇을 할 것인가

핀란드 부모들은 어려서부터 많이 놀아야 아이들이 집중력이 생겨서 공부도 잘하고, 특히 바깥에서 뛰놀아야 안에 들어와 차분해진다고 믿으며 아이들을 최대한 놀게 한다. 우리나라보다 두 배 이상 잘사는 나라에서 그 추운 날씨에도 손을 비벼 가며 자전거를 타고 등교하는 아이들, 오지선다형 시험 대신 에세이와 프레젠테이션으로 이루어지는 수업.

교육 탐방을 마치고 돌아오면서 우리 어른들이 아이들에게 하고 있는 것이 무엇인가 하는 생각이 들었다. 아동 학대에 가까운 과도한 학습 노동을 시키면서 자녀 사랑, 제자 사랑이라는 이름으로 자위해 왔던 것은 아닐까?

이번 교육 탐방에는 4개 교육청 공무원들이 함께했다. 그리고 우리가 다녀온 뒤에는 서울시 곽노현 교육감이 핀란드를 방문해 에르키 아호 전 국가교육청장을 만났다. 진보 교육감을 통해 위로부터 교육개혁의 바람을 일으키는 것도 중요하다. 우리는 아래에서부터 준비해 가자. 우선 핀란드 교육에 대해 공부하는 모임을 만들어 상상력을 키워 보면 어떨까 싶다. 상상하지 않으면 이룰 수도 없다. 어떤 교육을 원하는지에 대한 상상력을 바탕으로 한 사회적 합의를 준비해 갔으면 좋겠다.

9

다른 사람이 말하는
노옥희

사랑하는 노옥희 선생님께

박진한
현대공고 졸업, 오성교회 목사

거의 30년 만에 선생님께 이렇게 편지를 쓰게 될 줄은 차마 생각도 못했습니다. 이렇게 편지로나마 제 마음을 전할 수 있어 다행스럽고 또 한편 짐을 벗는 기분입니다.

한 가정을 꾸미고, 또 한 교회의 목사로 살면서 제 인생을 얘기할 때마다 선생님을 입에 올렸습니다. 자랑스러운 선생님이었고 자랑하고 싶은 선생님이었기 때문입니다.

제 인생의 기구함을 다 말씀드리진 않았지만 선생님을 만나기 전까지 제 머리 위에는 항상 먹구름이 있었습니다. 어린 시절 먹구름이 지나가기를 바라며 한창 조국이 근대화의 피치를 올리던 1970년대 말, 저는 포니 자동차에 대한 막연한 사랑과, 먹고살기 위해 공부보다 직장을 먼저 가져야 하는 애달픔을 안고 현대공고에 진학했습니다.

바로 그해 양친은 모두 돌아가셨고 저는 혼자 세상을 헤쳐 나가야만 한다는 마연함과 두려움으로, 옥교동 시내 한복판 리어카에서 과일 장사를 하며 고등학교를 다녔습니다. 부모의 그늘 없이 살아가야 한다는 중압감이 저를 짓눌렀지만 사지가 멀쩡하니 인생을 개척해 나갈 수 있을 것이라고 스스로에게 최면을 걸며 학교생활을 했고, 약한 모습을 보이기 싫어 일부러 웃으며 살기로 했습니다. 그래도 현실은 현실인지라 두려움을 떨치지 못했습니다.

바로 그때 제 인생에 한 줄기 빛처럼 등장한 선생님이 계셨지요. 저를 가르치는 선생님이 아니었기에 만나지 못할 수도 있었다는 점에서 선생님과의 만남은 운명이었다고 생각합니다(물론 잘못된 만남이었다고 혼자 생각하지만 말이지요).

노옥희 선생님은 학교 매점을 관리하는 선생님으로, 저는 학교 매점에서 아르바이트를 하는 '빵돌이' 학생으로 만났지요. 그것이 전부였으면 좋았을 것을……. 노 선생님은 괜스레 사람을 아끼고 사랑해 주신 분이었지요. 그것이 화근이었습니다. 그것이 잘못이었습니다.

그저 학생을 적당하게 가르치고 적당하게 사랑하고 적당하게 대하서야 했습니다. 그러나 그러지 못하셨습니다.

저는 선생님의 과분한 사랑 때문에 제 인생에 가장 큰 빚을 지고 살아가야 했습니다. 그 때문에 저는 거의 30년 가까이 선생님의 얼굴을 뵙지도 못한 채, 해마다 스승의 날이 되면 빚쟁이 도망치듯 그날이 빨리빨리 지나가기를 바라며 살았습니다. 아직도 선생님을 만날 용기가 나지 않아, 그저 결심만 할 뿐 찾아뵙지는 못하고 있습니다(섭섭하게 생각하셨을 것입니다만 이 자리를 빌려 용서의 말씀과 함께 변명의 말씀을 드리고 싶습니다).

선생님, 제가 그렇게 아주 심성이 나쁜 놈은 아닐 것이라 믿으시죠?

그럼에도 제가 오랫동안 선생님을 찾아뵙지 못하는 이유가 있었습니다. 저 때문에 선생님께서 가시밭길을 걷게 되었다고 생각했습니다. 그냥 대학 마치고 교사로서 적당히 일하며 편안히 먹고사셨다면 자주 찾아갔을지도 모릅니다. 교사로서 적당히 인생을 품위 있게 살아갈 수 있으셨을 텐데 제가 끼어들어 선생님을 가시밭길로 밀어 넣었다는 죄책감이 선생님을 뵐 면목이 없게 하는 이유입니다.

선생님께서 대학을 마치고 처음 교사의 길로 들어서셨을 때까지만 해도 지금과 같은 길을 걸어가리라고 상상하지는 못하셨을 것이라 생각합니다. 제가 산업재해로 손을 잃고도 보상은커녕 법적 보호조차 받지 못하자, 선생님은 사방팔방으로 뛰어다니셨지요. 울산과 부산을 오가면서 제자의 억울한 문제를 풀어 주기 위해 이곳저곳 찾아다니며, 산업재해가 무엇이며 노사문제가 무엇이며 세상은 어떻게 이렇게 지 맘대로 돌아가는지 가슴 치며 함께 울어 주셨던 것을 기억합니다.

그때는 그랬습니다. 조국 근대화라는 명목 아래, 공돌이는 비싼 기계보다 못한 근대화의 부속품이었습니다. 산업재해로 손 하나를 잃었어도 조용히 지내기를 바라는 조국의 어르신들괴 조국의 녹을 먹는 양반들 때문에 아무런 보상도 받을 수 없던 때였습니다. 오히려 아프다고 슬프다고 억울하다고 고함지르는 사람들을 잡아 가두는 시대였습니다. 저조차 한두 번 고함치고는 지쳐 나자빠졌을 때, 오히려 선생님께서 자신의 일처럼 사방팔방 뛰어다니며 도움을 주려고 하셨습니다. 그때 선생님의 발걸음들을 잊을 수 없습니다. 그 일을 시작으로 선생님은 많은 제자들이 처해 있는 노동자의 문제에 뛰어드셨고 그 일들로 구치소에 드나드셨지요(언젠가 딱 한 번 구치소에 있던 선생님을 찾아가 뵌 적이 있습니다. 그때도 저는 고개를 들 수가 없었습니다. 구치소 안에서도 창살 밖에 있는 저의 생활을 걱정해 주시는 말씀을 듣고 돌아온 그 이후로 다시는 선생님을 뵐 수가 없었습니다).

저 때문에 노동운동가가 되고, 저 때문에 고통을 당하시고, 저 때문에 가시밭길을 가시게 되었구나 하고 생각하면 먼발치에서 선생님의 소식을 들을 때마다 가슴이 아팠습니다.

언론을 통해 이런저런 일들을 하실 때마다 하나님께서 도와주시라고 많이 기도했습니다.

그러나 저는 잊지 않고 있습니다. 선생님께서 가시는 발걸음 하나하나가 어떤 발걸음일지라도, 그것이 정치든 교육이든 그 어떤 일이든 여전히 자신을 위한 발걸음이 아니라는 것을, 함께 울어 주고 대신 울어 주는, 그리고 눈물을 닦아 주는 일을 하고 계신다는 것을 압니다. 아직도 가야 할 길이 있기에, 아직도 울어 주어야 할 사람들이 있기에 선생님은 더 건강하셔야 합니다.

선생님께서 건강하시기를 기도합니다.

우리가 청년일 때 처음 만났던 것처럼 건강한 중에 만나 뵙기를 바라면

서 항상 마음으로부터 존경하는 나의 선생님께 영원한 제자이고 싶은 박진

한 올립니다.

선생님은 제게 동지입니다

안현호
현대공고 졸업, 현대자동차 근무

노샘은 현대공고(현 현대정보과학고) 1학년 때 담임선생님으로 만났습니다. 재수를 해서 고등학교에 진학했던 저는, 선생님께서 제 고입 수험 번호를 묻기에 제가 기억하고 있는 것을 말했더니 "현호는 수학 잘하겠네."라면서 제 이름을 불러 준 것이 첫 대화이자 첫 만남이었습니다. 저는 기장에서 통학했는데 그때는 지금보다 교통이 불편해 시간이 더 많이 걸려 만년 지각생이었습니다. 늘 지각해도 선생님은 나무라지 않으시고, 힘들게 학교 다니는 통학생들을 잘 이해해 주셨습니다.

선생님과 가까워진 사건이 하나 있었습니다. 항상 별나게 구는 친구가 한 명 있었는데, 어느 날 그 친구가 수학 시간에 선생님께 못된 소리를 하며 대드는 겁니다. 속이 상한 선생님께서는 눈물을 보이셨고요. 저는 그게 너무 마음이 아팠습니다. 그래서 또래보다 나이가 한 살 더 많은 제가 그 친구에게 한마디 해줬는데 그 친구가 싸움을 청하는 겁니다. 그러더니 수업을 마치고 잘나가는 애들이 와서 저더러 끝나고 교실에 남으라고 하는 겁니다. 그래서 친구들과 크게 한판 했는데, 이 일이 제가 처음 선생님을 위해서 했던 행동인 것 같습니다(그 일이 있고 15년이 지나 당시 별난 친구의 단짝이 술에 취해서는 그때 자기들이 잘못했다며 사과를 하더군요).

제가 기억하는 노샘은 한마디로 학생들에게 좋은 선생님이셨습니다. 저는 초등학교 때부터 선생님 운이 좋은 편인데 노샘도 학생들에게 강압적이지 않았고, 매를 드는 일은 없었던 걸로 기억합니다.

어느 날 친한 친구 셋이 2학년에 올라갈 즈음에 술을 마시고 밤에 노샘 집을 찾아간 일이 있었습니다. 당시 선생님은 학교 근처 교사 아파트에 살고 계셨는데 노샘은 5층에 예쁜 양호 선생님과 기거하고 계셨습니다. 우리는 두 여선생님을 두고 "니가 좋아하니 내가 좋아하니" 하면서 다투기도 했습니다. 당시 선생님은 미혼이었거든요.

졸업 후 공고생은 군대 갔다 오면 취업이 더 잘된다고 해서, 병역 특례를 받지 않고 군대를 갔습니다. 1987년도에 제대한 후 이력서를 가지고 학교를 찾아갔다가 선생님이 1986년도에 해고되셨다는 소식을 들었습니다. 모교 실습동에 계신 선생님들께 "노샘이 왜 해고되셨냐?"고 여쭈었더니 아무도 대답을 안 하시더군요.

이후 현대정공에 입사하고 난 뒤 노샘이 지역에서 노동운동을 하고 계시는 것을 알게 되었습니다. 저도 노동운동에 뛰어들어 집회에서 선생님과 같이 단상에 올라가 차례로 발언하기도 했습니다(제게는 영광이었지요).

현대정공에 입사하기 전까지 여러 회사를 다녔습니다. 당시 현대공고 졸업생은 데모를 많이 해서 취업이 안 된다는 소문이 파다했습니다. 처음 양산에 있는 타이어 공장에 들어가 대의원을 했습니다. 그때는 전노협 시절이었지요. 어용 노조 위원장에게 파업 안 한다고 대들다 회사에서 "잘릴래, 그냥 나갈래?" 하며 협박을 당했습니다. 그래서 열 받아 엎어 버리고 고향에서 노가다(막노동)나 해야겠다며 사표를 던져 버렸지요.

그 뒤 고향에서 노가다를 하며 살았는데, 이게 아니라는 생각이 들어 처음으로 책을 읽기 시작했습니다. 그 책이 『전태일 평전』이었습니다. 일터에서 풍물을 배우고 있었는데 그곳 동료가 『마침내 전선에 서다』라는 책을 권해 주더군요. 몇 번이나 읽었습니다. 그 책에 나오는 노동자들이 사는 것처럼 살아야지 하는 생각을 많이 했습니다.

그러다 신문광고를 보니 현대중공업 직업훈련원에서 훈련생을 모집하더군요. 이력서를 들고 면접을 보러 갔는데, 면접관이 학교 생활기록부를 보고는 이렇게 말하는 것이었습니다.

면접관 노옥희 선생님을 아느냐?

안현호 당연히 안다. 담임이었다.

면접관 뭐 하는지 아느냐?

안현호 학교에서 해직되신 걸로 안다. 그러나 사유는 잘 모른다.

면접관 노동조합에 대해 아느냐?

안현호 관심 없다.

면접관 공고생은 직업훈련원에서 받아들이기 어렵다. 근데 왜 신청하느냐?

안현호 직장을 얻어 잘살아 보려고 왔다.

기다려 보라고 하더니 결국 현대중공업 직업훈련원 83기로 합격했습니다. 다른 직업훈련원생들과 같이 용접 배우는 생활이 시작되었고, 직업훈련원에서 반장도 지냈으나 결국 직업훈련원을 졸업하고도 취업이 되지는 않았습니다. 당시에는 연줄로 취업하기도 했는데 별다른 연줄이 없어 취업이 어려웠습니다. 현중 해고자인 설남종 씨가 일하던 자리에서 훈련생 신분으로 일하기도 했는데, 당시 중공업 활동가들은 활동을 참 잘한다고 생각했습니다.

직업훈련원 졸업 후 현대그룹에서 신입사원을 모집하면 추천해 주겠다는 직원훈련원 측의 말을 듣고 저는 서산으로 갔습니다. 그러다가 1991년도에 현대정공 용접사 모집 공고를 보고 이력서를 제출했습니다. 당시 나이 제한이 있었는데 제가 턱걸이로 입사가 되었습니다. 추천받은 직업훈련원생 중 저만 합격했습니다. 나중에야 알았는데 현대중공업 회사의 추천을 받고 제가 입사하긴 했지만, 당시 현대정공이 파업 중이라 회사가 뒷조사를 못했다고 합니다.

수습 기간이 끝나고 제가 직접 찾아가서 현대정공 노동조합에 가입하고 현총련(현대그룹노동조합총연합)에도 가입했습니다. 그리고 입사한 지 한 달

만에 나이가 어린 탓에 소위원이 되었습니다. 당시 소위원 회장이 민주파였는데 관리자들과 친한 것 같아 회장 자리에서 자진 사퇴시켜 버렸지요.

그러자 선배들이 "회장을 니가 잘랐으니, 니가 회장 해라."라고 하는 겁니다. 당시 고참들은 깃발만 꽂으면 물불 가리지 않는 진짜 노동자였습니다. 이렇게 해서 결국 제가 소위원회 회장이 되었습니다. 수련회, 지역 집회, 활동가 교육, 대자보 작성, 현장 소위원 조례 등의 일에 한 번도 빠지지 않고 선배들과 활동가 모두가 같이하게 되었습니다.

노동조합에서 활동 지침을 내려 주는 대로 열심히 했습니다. 6개월쯤 뒤에는 7대 대의원 선거에 출마했습니다. 자취방에서 유세문을 달달 외웠는데도 유세장에 가니 아무것도 안 보이고 아무 생각도 나지 않는 겁니다. 그저 더듬더듬했죠. 그래도 나이 드신 선배들이 "평소에 잘하니 성의만 보이면 된다."는 겁니다. 그래서 1백 퍼센트 신임을 받고 대의원에 당선되었습니다. 출근하면 공장 전체를 누비며 대의원 아침 조례 투쟁을 하곤 해서 관리자들에게는 압력도 받고, 선배 활동가들에게는 몸조심하라는 지적도 많이 받았습니다. 그래서 선배들이 "현호 지켜 주려면, 동지회(현장 조직)에 가입시켜야 한다."라며 나서 주었고, 그때부터 관리자에게 불려 가면 선배 소위원들이 현장 사무실에 올라와 같이 싸워 주고 그랬습니다.

8대 대의원 경선에서 1백 퍼센트 지지를 받아 당선되었는데, 이때 구조 조정이 시작됐습니다. 노조는 희망퇴직과 현대 계열사 전출을 받는 데 동의했고, 이에 반대하던 사람들은 징계를 받았습니다. 당시 오동석 동지와 함께 대의원을 했는데 오동석 동지는 3개월 징계를 받고, 저는 45일 징계를 받았습니다.

오동석 동지는 그때 중공업으로 전출되고, 저는 징계가 끝나고 복직되어 다시 활동을 시작했습니다. 그리고 9대 대의원에 당선됩니다. 당시 부서가 통폐합되어 경쟁이 치열해졌고 컨테이너 공장을 없앤다며 잔업 특근을 없애는 등 난리도 아니었습니다. 그때 투쟁하다 1994년 12월 25일 해고되었습니다. 대우정밀 해고자 조수원 열사 투쟁 때는 전해투 선봉대를 하면서 정말 치열하게 싸웠습니다. 1996년 2월 1일 복직되어 대의원에 출마했고, 동지회 회장이 되었고, 그해 11월 위원장에 당선되었습니다.

이게 짧게 정리한, 제가 지금껏 살아온 노동운동의 삶입니다.

노샘은 잘되셔야 합니다. 한마디로 정리할 수는 없지만, 활동을 하며 긴 세월 동안 저의 가슴속에 노샘에 대한 신뢰가 자리 잡았습니다. 늘 투쟁의 현장에 같이 있는 동지이기도 하고요. 선생님께서 지금까지 살아오신 모습 그대로의 정치인이 되시기를 바랍니다. 편하고 쉬운 길보다 노동자의 삶을 선택하신 것처럼, 큰일을 하면서도 작은 일에 큰 배려를 아끼지 않으신 것처럼, 사심 없이 한결같은 마음으로 대중과 주위를 보며 생각하고 판단하셨으면 합니다. 권력이 탐나서 정치를 하시는 게 아니라는 것을 잘 압니다. 노동자와 가난하고 힘없는 사람들을 제대로 대변하시길 바랍니다.

저는 정치에 큰 관심은 없지만 존경하는 선생님과 함께할 수 있다는 것이 저에게는 영광입니다. 그래서 호칭은 선생님이지만 제게는 동지입니다.

서민이 당당하게 살 수 있는 현실을
만들어 주면 좋겠다

정익화
대송중 교사

내가 노옥희 선생님을 처음 만난 것은 YMCA중등교육자협의회라는 단체를 통해서였다.

1983년 대구에서 음악 대학을 졸업하고 안동에서 교직 생활을 하다가 1985년 결혼하며 울산으로 오게 되었다. 울산 YMCA를 찾아가 교사 모임에 대해 알아보니 현대공고의 노옥희라는 여교사가 활동하고 있다고 하여 간사와 함께 점심을 먹으면서 첫 대면을 한 기억이 난다.

학창 시절, 박정희가 죽어도 광주민중항쟁이 일어나도 나와는 상관없는 일이고, 예술가는 정치를 모르는 게 당연한 것처럼 회피했던 나는 뒤늦게 교육 현장에 나와서야 서서히 부조리한 현실에 눈뜨게 되었다. 다행히 주변에 기독교 학생운동 등을 통해 대학 시절 사회 현실을 빨리 깨우친 교사들이 있어 사회와 교육의 모순을 같이 고민할 수 있었다.

신우회라는 성경 공부 모임을 하며 숨죽여 광주의 진실을 알게 되었고, YMCA를 통해 다른 지역의 교사 모임도 알게 되었으며, 민중교육지 사건이 생겨 모금을 하기도 하면서 서서히 사회 현실에 눈을 떴다. 전두환의 5공 시절에는 종교 성격을 띠지 않고는 모이기도 힘들었다는 이야기를 뒤늦게 알았다.

지금 민주노총과 여성 노조 등 활발히 노동운동을 하는 명숙 씨를 그 당시 YMCA를 통해 알게 되었는데, 대구에서 음악 하는 지인이 친구라며 소개하는 사람이 명숙 씨여서 세상이 좁다는 것을 새삼 느꼈다. 그리고 같은 뜻을 가진 교사들을 만나고 싶었는데, 학창 시절 운동을 한 선생님이 있다고 해 만나 보니 'movement'가 아니라 'sports'를 즐겨 했던 교사여서 웃음 지은 생각도 난다.

독서 모임을 하며 이따금 만나다가 1986년 5월 10일 교육 민주화 선언에 동참했는데, 물론 노샘은 나에게 그날 행사를 알려 주면서 부담을 줄까 봐 걱정했다고 하지만, 나도 이미 사회변혁의 물결을 보며 조금이라도 사회에 이바지해야겠다고 결심한 터라 자연스레 참석했다. 당시 정작 노샘 자신은 홀몸이었음에도 이미 가정을 꾸린 사람까지 걱정하는 모습에서 동지의 끈끈한 정을 느꼈다.

그 후 9월 교육 민주화 실천 결의 대회 이후 해직된 노샘은 노동운동에 전념해 수배되기도 했고, 3자 개입을 금지하는 전근대적인 악법으로 고초를 겪기도 했다. 현대중전기에서 이른바 위장 취업으로 해고된 노동자가 있다고 들었는데, 나중에 보니 현대중공업의 석남신장 테러 사건으로 고초를 겪은 천청수 선생님이었다.

노옥희 선생이 수배 기간 우리 집에 머물렀을 때 보니 음식 솜씨가 상당했다. 늦게까지 활동하다가도 집에 들어오면서 사온 총각무로 김치를 담그거나, 나물 반찬이나 무침을 뚝딱 만들어 내기도 했다.

진영이와 진주 두 자녀를 키우는 동안 어려움이 많았을 텐데도 내색하지 않고 꿋꿋이 잘 키워 많은 이들의 선망의 대상이라는 점에서도, 사회운동과 가정이라는 두 마리 토끼를 잘 잡은 모범적인 사례라 할 것이다.

노동운동의 메카라는 울산, 특히 동구가 어용 노조라는 불명예를 쓰고 있고, 비정규직이 양산되어도 바로잡지 못하는 현실을, 노샘이 앞장서 서민이 당당하게 살 수 있는 현실로 만들어 주면 좋겠다. 재벌이 판치는 세상이 아니라 평범한 사람이 지도자로 앞장서고 또한 그를 믿고 따를 수 있는 좋은 세상이 되었으면 한다. 대중 속으로 뛰어들어 남성 노동자들만이 아니라 동네 아줌마와 할머니들까지 보듬으며 사랑받는 정치인이 되어야 할 것이다.

또한 울산 동구만이 아니라 공업 도시 울산이 환경적으로도 쾌적한 도시가 되기를 바란다. 태화강을 살린다고 하면서 눈에 보이는 강물에만 주목할 것이 아니라, 악취가 심한 울산의 대기오염 문제도 해결해 숨쉬기 좋은 울산이 되게끔 환경문제에도 신경을 써주었으면 한다.

노동자 정치의 큰길을 개척해 주시길 바랍니다

박준석
전 민주노총 울산본부장, 현대자동차 근무

내가 노옥희 선생님을 처음 뵌 것은 87년 6월 항쟁 직후 7월 노동자대투쟁
이 시작될 때 울산 지역의 기독교교회협의회를 중심으로 구성된 울산사회
선교실천협의회 산하의 울산노동상담소에서 일하실 때였다. 내가 다니던
형제교회의 한 선배로부터 상담소에서 발행한 소식지를 노동 현장에 배포
해 달라는 부탁을 받고 갔다가 처음 뵙게 되었다. 장태원 선생님이 소장을
하셨고, 뒤에 민주노총 울산본부의 정책국장을 한 김명숙 동지가 함께 일하
고 있던 것으로 기억한다. 현대 계열사와 태광산업의 파업 투쟁 소식이 담
긴 16절 크기의 소식지를 배포해 지역 내 다른 사업장에도 투쟁 현황을 알
리려는 것이었는데, 모화의 태화방직과 용연의 선경합섬 앞에서 배포하다

가 두 번 모두 경찰에 연행되었다. 한 번은 훈방되고, 다른 한 번은 즉심에 회부되어 5일간 구류 처분을 받았다. 구류 기간 동안 항의 단식투쟁까지 했기에 기억이 생생하다.

내가 현대정공에서 활동을 시작하면서 전교조 창립 초기에 우정동 사무실을 방문하기도 했는데, 노옥희 선생님은 현대 계열사와 울산 지역의 노동자 투쟁에 늘 함께해 주셨다.

1998년 내가 민주노총 울산본부 사무처장으로 일하면서 지역 활동을 함께했고, 2000년 민주노총 울산본부장으로 출마했을 때 수석부본부장으로 함께 출마해 주셨다. 순전히 내가 사업장 규모가 큰 현대자동차 소속이라는 이유로 본부장을 한 것이고 운동 역량이나 경력으로는 비교할 수 없었음에도 흔쾌히 수석부본부장을 맡아 주신 것이다. 민주노총 울산본부 직선 1기 지도부로서 민주노총 지역본부의 위상을 강화하고 조직력을 높여 내는 데 선생님이 큰 힘이 되어 주셨다. 내가 삼산동의 근로자 복지 회관 투쟁으로 구속되었을 당시 학교의 현직에 계셨음에도 본부장 직무 대행을 맡아 울산본부를 잘 이끌어 주셨고 화섬 3사 연대 투쟁에 지역본부를 중심으로 적극 지원하셨다.

노옥희 선생님은 지난 20여 년 동안 늘 노동자들과 함께했음은 물론, 투쟁의 현장에도 늘 함께하셨다. 노동자들과 같이 고민하고 토론하고 울고 웃었다. 제조업 현장 노동자가 아니었음에도 현장의 문제에 대한 이해가 깊고 상황 인식과 판단이 빨라, 대책에 대한 명쾌한 의견과 입장을 내셨다. 그래서 늘 든든한 조언자이자 지원자 역할을 해주신 것이다. 노동 현장에 대한

314

이해가 가장 깊고 정확한 분이기에 노동자 정치를 구현할 것이라는 믿음과 신뢰를 품을 만한 분이라고 생각한다.

울산시 교육위원으로 왕성하게 활동하시던 때에 울산시장 선거가 있었다. 노동자 정치 세력화의 토대를 넓히기 위해 교육위원직을 중도 사퇴하면서까지 출마하는 큰 결단을 해주신 것을 잊을 수 없다.

노동자를 위한 정치, 노동자의 정치를 위해 선생님이 큰일을 하실 것이라 굳게 믿는다.

큰 키만큼이나 노동자들의 어려움과 아픔을 받아 안아 줄 넉넉한 생각을 가진 분이다. 노동자 정치 세력화와 진보 정치의 험난한 길을 걸어오신 선생님을 생각하면 마음이 무겁다. 척박한 정치 현실과 변화하는 조건 속에서도 흔들림 없이 선생님의 스타일과 장점을 지키고 승리해 큰 정치를 펼쳐 주시기를 바란다. 누구보다 노동자의 아픔과 현실을 잘 아는 분이기에 반드시 정치인으로서 성공해 노동 현실을 바꿔 내는 데 큰 역할을 해주시기를 바란다.

나는 이렇게 노옥희와 '엮었다'

조용식
전국교직원노동조합 울산 지부장

태화동 어디쯤으로 기억된다. 다소 어두컴컴한 사무실에 들어섰는데, '키가 참 크다'는 느낌부터 가졌던 것 같다. 그렇게 나는 노옥희 선생님과 첫 인사를 나눴다. 당시 전교조 사무장 역할을 하던 한 선생님과 함께였다.

지금 생각해 보면 참 부끄럽기 짝이 없는 학생운동 경험을 무슨 훈장이라도 되는 듯이 생각한 적이 있다. 학생운동의 중심 학년이었을 때 전교조가 생겼다. 결성식 날 성동경찰서에 연행되어 맞기도 많이 맞았다. 그러나교사들은 예외였다. '나도 선생이 되면 최소한 맞지는 않겠구나.' 하는 생각을 했다.

졸업하고 군대를 다녀온 뒤 발령받은 학교는 참 '놀기' 좋았다. 골치 아픈 전교조보다 학교 친목회가 편하고 좋았다. 그러나 정해숙 위원장의 탈퇴 선언을 보면서 밤새 술을 마신 것을 보면 '그 끈'을 결코 놓지는 못한 모양이다.

학교운영위원회가 제도화되면서 생긴 '학교운영위원연합회'(이하 '학운협')라는 조직에서 사무장 역할을 열심히 했다. 물론 내 생각은 분명했다. 학운협이 전교조의 외연을 확대하고 전교조가 추구하는 목표들을 실현해 가는 하나의 징검다리이지, 전교조를 대체하거나 전교조와 대립하는 것은 아니라는 것.

노옥희 선생과의 공식적인 대면은 학운협 활동을 하면서 시작되었다. 그러던 어느 날, 당시 내가 근무하던 학교로 찾아온 노 선생님과 점심을 함께했다. 정확한 이야기는 기억할 수 없다. 학운협에서의 나의 역할에 대해 이야기를 나눴고 '전교조 조직 내에서 함께 일하자'는 얘기였던 것으로 기억된다. 노 선생님은 많은 말을 하지 않았다. 자기 말을 하기보다 듣는 편이었다. 딱히 설명할 순 없지만 이야기를 나누면서 그녀의 권유를 받아들이지 않을 수 없다는 생각이 들었다. 전교조에 대한 냉소와 근거 없는 나 자신의 우월감이 그렇게 사라졌다. 그렇게 나는 노옥희 선생님과 '엮였다'.

노 선생님이 지부장을 하실 때 나는 교육국장 역할을 맡았다. 누구보다 조직 내 교육을 강조하는 분인지라 전폭적인 지원을 받으며 재량권을 갖고 일할 수 있었다. 지금도 내 휴대폰에 저장되어 있는 유명한 강사 분들을 그때 대부분 노 선생님에게서 소개받았다.

노 선생님이 교육위원이 되고 나서는 주로 실무적인 일을 도왔다. 덴마크 교육 탐방 보고를 위해 사진 영상을 편집하고 자료를 만들었던 기억이 난다. C/S 서버 사건을 파헤치면서 학교를 돌아다니며 본체를 열고 사진을 찍어 증거를 확보하기도 했다.

노 선생님이 교육감 선거에 출마했을 때 연설과 토론 준비 등을 함께했다. 다른 후보들의 연설문은 주로 정책 담당자가 작성하는 데 비해 노 선생님은 본인이 직접 쓰고, 그것을 나와 함께 수정하는 과정을 거쳤다. 연설 시간을 정확하게 맞출 수 있었던 가장 큰 이유는 아마 본인이 연설문을 직접 작성했기 때문일 것이다.

그런 노 선생님이 울산시장 후보로 나서서 결국 정치 현장으로 뛰어 든 것에 아쉬움을 갖는 전교조 조합원들이 아직도 많다. 그리고 나 또한 노 선생님을 '등 떠민' 사람으로 지금까지 '곱지 않은' 시선(?)을 받고 있다. 그러나 '등 떠밀려서' 어떤 판단을 하는 사람이 아님을 알기에 그런 눈총은 개의치 않는다.

진보 진영의 활력을 되찾고 울산 시민들에게 새로운 희망과 비전을 제시하기 위해서는 새로운 시장 후보를 만들어야 하고, 이런저런 사람들과 면담하다 보니 '노옥희가 딱이다'라는 말을 여러 사람이 한다는 것에 나는 설득되었다. 우여곡절과 드라마틱한 경선을 거쳐 노샘이 시장 후보가 되고 나서, 나는 짐 싸들고 한 달 동안 시장 선거 사무실을 지켰다.

그러나 나는 2010년 치러진 시장 선거에서는 노 선생님의 사퇴를 강권하기도 했다. 서운했을 것이다. 그런데도 그런 내색이 없으니, 오히려 내 맘이 불편하다. 아직도.

노 선생님과 나는 초등학교 몇몇 선생님들과 작은 모임을 만들어 함께 공부하기도 했고, 창원대학교 노동대학원을 2년 동안 같이 다니기도 했다. 당시 서울에서 근무하던 부군 천창수 선생님을 김해공항에서 '픽업'해 함께 다녔다. 각종 현장 활동으로 피곤한 '늙은' 학생들은 졸기도 많이 졸았다. 그렇게 우리는 이 사회를 '찜 쪄먹는' 학벌 구조하의 '동문'을 만들었다.

군자의 사람됨을 일러 화이부동(和而不同)이라고 한다. 참 엄청난 말이다. 내가 이런 언사로 노 선생님의 사람됨을 칭찬한다고 해서 내게 이로울 게 없으니 아첨하는 말은 아닐 것이다.

그녀는 담대하면서도 감성적이고 진솔하다. 단체교섭 투쟁을 할 때 교육부 청사 뒤편 작은 봉고차 안에서 숙식하며 농성을 진행한 적이 있다. 하루는 경찰들이 봉고차 안에 사람이 있음에도 차를 흔들고 곤봉으로 차를 두드리며 공포 분위기를 조성했다. 노 선생님은 내게 전화를 걸어 "이 소리 들려요?"라며 그 상황을 중계하듯 전했다. 전화 속에서 들려오는 소리만으로도 나는 긴장되고 걱정이 앞섰는데 노샘은 아무렇지 않은 듯 그렇게 내게 전화를 했다.

한번은 학부모 성추행 사건이 발생해 울산교육청을 항의 방문한 적이 있는데 당시 부교육감의 고압적인 자세에 분노해 노샘이 울음을 터트렸다. 분노 없는 저항은 없으며, 진정성 없는 눈물은 없다. 나는 그때 그 눈물을 보면서 노 선생님이 현안 하나하나를 진정성 있게 대한다는 느낌을 강하게 받았다.

노샘은 전화를 자주 한다. "홈페이지 어떤 게시판에 이런 글이 있는데 보셨어요?"라는 식이다. 보통 사람은 잘 찾지도 못하는 저 한 귀퉁이 글을 읽고는 그것의 내용과 전교조의 대응에 대해 이야기하곤 했다. 전교조를 비난

하는 하찮은 글에도 세심하게 신경 써야 한다며 주의를 주곤 했다. 듣는 사람은 피곤하기도 하지만, 똑같이 회의하고 뒤풀이했는데 귀가해서 그런 글을 찾아내 점검하는 것을 보면 참 대책 없이 꼼꼼한 사람이다.

그녀는 대상이 누구든 진심으로 존중하고 남의 말을 경청할 줄 안다. 회의 때마다 느꼈지만 자신의 견해를 먼저 밝히거나 강요하는 것을 본 적이 없다. 그래서 회의는 길어지고 새벽까지 간 경우가 많다. 대상이 누구든 꼬박꼬박 경어를 사용하는 모습에서 자기 절제와 자기 관리의 엄격함을 본다.

그녀는 공부와 토론을 좋아한다. 우리의 주장과 의견을, 비판적 입장에서, 반대하는 사람의 입장에서 얘기해 보곤 한다. 때론 얄미울 정도다. 그런 문제 제기와 토론을 통해 논리를 보강하고 허점을 메워 간다. 나의 의견과 주장을 강조하다 보면 우격다짐이 나올 수도 있는데 그녀에게 그런 경우는 없다.

무엇보다 그녀는 스스로를 버리고 헌신할 줄 아는 사람이다. 13년 만에 돌아간 학교를 '교육위원이 되어 교육개혁을 이루라'는 조직적 요구에 따라 그만두었고, 재선이 확실한 교육위원 자리를 노동자 정치 세력화를 위해 던졌다. 당락을 떠나 민중적 대의를 실현해야 한다는 일념으로 교육감과 시장, 국회의원 선거에 나서서 힘들고 어려운 과정을 모두 감내했다.

온갖 홍보물을 싣고 다니는 그녀의 짐짝 같은 자동차가 10년을 훌쩍 넘기고도 그대로인 것처럼 그녀의 올곧은 원칙과 포용력만큼은 아직도 그대로다. 조화롭게 두루두루 어울리며 고단한 민중과 함께하지만 뽐내고 폼 잡는 사람과는 확실히 다르다. 그래서 화이부동이다.

이런 노샘이 나는 한마디로 교육 전문 정치인이 되었으면 좋겠다. 교육 현안이 발생하면 언론 섭외 1순위인 정치인, 교육부 장관이어도 손색이 없을 정치인이 되었으면 좋겠다. 제주도에서 강원도 고성에 이르기까지 교사와 학부모들이 가장 만나고 싶어 하는 교육 전문 정치인이 되었으면 좋겠다. 가끔은 교실 수업으로 현장의 숨결을 느낄 줄 아는 정치인이 되었으면 더욱 좋겠다.

내가 본 노옥희 선생님

정찬모
울산광역시의회 교육의원

산이나 그림 등의 사물은 보는 위치에 따라 사뭇 다르게 보이기 마련이다. 사람도 예외는 아니라고 본다. 그림의 가장 아름다운 모습을 보려면 적당한 거리를 유지해야 한다. 또 자세한 모습, 확실한 모습을 보기 위해서는 가까이에서 보아야 한다. 멀리서 보았을 때와 가까이에서 보았을 때의 모습이 너무 다른 사람 중의 한 사람이 노옥희 선생님인 것 같다.

　내가 노옥희 선생님을 처음 만난 것은 해직 교사 시절 성남동의 울사협 사무실에서 전교조 상근 활동을 할 때였던 것 같다. 그동안 노옥희 선생님에 대해서는 말로만 전해 듣고 있을 때였다. 당시 노 선생님은 나보다 2년 정도 먼저 이른바 Y교사 선언(Y중등교협 교육 민주화 선언)으로 울산 현대공고

322

에서 해직된 상태였다. 어느 날부터 전교조 사무실에서 같이 활동하게 되었다. 그러면서 전교조가 합법화되던 해에는 울산 지부의 지부장을, 나는 부지부장을 맡으면서 합법화 원년 집행부에서 함께 활동했다. 좀 더 소중한 면을 보게 된 것은 2002년 8월 제3기 울산광역시 교육위원 선거에서, 각각 강북과 강남에서 당선되어 의정 활동을 같이할 때였다. 나이만 따지면 나보다 후배였지만 의정 활동을 하면서 노 선생님의 행동과 자세에서 많은 것을 배우고 느꼈다.

첫째, 강할 땐 한없이 강하고 약할 땐 가슴이 따뜻한 어머니의 모습이었다. 시위 현장이나 사무실을 강제 수색하는 경찰 앞에서는 성난 사자처럼 가로막고 저지했다. 어려울 때일수록 꽁무니를 빼지 않고 솔선수범하는 태도를 보였다. 의정 활동에서는 전혀 다르게 너무나 침착했다. 흥분하지도 당황하지도 않았다. 초선이 아니라 다선의 베테랑 같았다. 질의하다가 자료를 찾는다고 말이 중단되면 몇 초라도 너무 길게 느껴져서 당황하기도 하고 서둘러 말을 마치기도 하는데 끝까지 찾아서 확인시키고 마무리할 정도로 침착했다.

둘째, 유창한 달변가였다. 미리 원고를 준비한 것도 연습한 것도 아니면서 즉석에서 자료를 보고 일문일답을 하는데도 경우에 합당한 말을 정말 잘 구사했다. 이런 모습을 보고 교육청 공무원들은 당연히 전공과목이 국어인 줄 알고 있었다. 수학이라고 하니 몹시 놀라는 사람들도 있었다.

셋째, 시작과 끝이 분명했다. 의회에서 시정 질문을 할 때 집행부가 미처 준비되지 못했다면서 서면으로 답하겠다고 양해를 구하고 넘어가는 경우가 종종 있었다. 일일이 메모해 두었다가 챙기지 않으면, 집행부에서도 그냥 넘어가려고 한다. 나도 챙기지 못한 것이 종종 있었다. 그러나 노 선생님은 일일이 기록했다가 반드시 끝까지 챙겨 마무리했다. 그래서 집행부에서는, 대충 넘어가는 일이 없고 시작하면 끝을 본다는 의미에서 '거머리'라는 별명을 붙이기도 했다.

넷째, 자기 자랑이나 공치사를 하지 않았다. 회의 때는 굉장히 많은 질문을 하고 열띤 논쟁을 벌여 정연한 논리로 상대를 설복시킨다. 성과도 상당히 많았고 무용담도 있었다. 보통 사람이라면 뒷날 사석에서 자랑 삼아 이야기할 법도 한데 노 선생님은 일절 그러지 않았다. 밖에서는 말이 적고 입이 무거운 사람이었다. 정의의 사도처럼 말하는 사람들도 정작 이야기해야 할 자리에서는 이 눈치 저 눈치 보면서 말을 못하기 마련인데, 노 선생님은 그런 사람들에게 모범을 보였다.

다섯째, 사회적 악법에 대해서는 온몸을 던져 가며 거부하지만 공익에 해당하는 것은 철저히 지키는 사람이었다. 일례로 하루는 함께 차를 타고 갈 일이 있었는데, 내가 기침하다가 무심결에 차창 밖으로 가래를 뱉었다. 나보고 지적을 했다. 이럴 때 노 선생님은 어떻게 하느냐고 물었다. 화장지에 싸두었다가 휴지통에 버리거나 삼킨다는 것이다. 그때 이후로 나도 그렇게 하고 있다.

여섯째, 쉬운 일이든 어려운 일이든 본인이 할 수 있는 일은 솔선수범하는 실천가였다. 어려운 사람, 약한 사람에게는 언제나 친절하고 따뜻하게 상담하는 것을 자주 보았다. 자신도 어렵게 살면서, 어려움을 호소하는 주변 사람에게 많은 돈을 빌려주고 상당한 기일이 지났음에도 한 번도 독촉하지 않았다고 했다. 이런 따뜻한 인간미를 이제는 주변에서 찾아보기도 힘들다.

멀리서 보면 강하고 거칠고 차가워 보인다고 말하는 사람이 많다. 그러나 내가 가까이에서 수년 동안 지켜본 노옥희는 전혀 그렇지 않다. 참으로 안타까운 점이다. 지도자로서 인격과 덕망, 청렴성과 도덕성의 리더십을 완벽히 갖추고 끊임없이 자기를 관리하고 수양하는 인간 노옥희라고 결론짓고 싶다. 한 해 두 해 연륜이 쌓이면서 더욱더 완숙해지고 언제 어디서라도 쉽게 무너지거나 흐트러지지 않으며 유혹당하지 않을 초연함이야말로 그를 영원히 존경받는 사람으로 만들 것이라고 본다.

우리가 노샘을 추대한 이유

명숙
울산여성문화공간 대표

나는 2005년 11월 민주노동당 울산시당(이하 '시당')으로부터 비상대책위원으로 활동해 달라는 제안을 받아 당 활동을 새롭게 시작했다. 창당 초기에는 민주노총 울산본부 정책기획실장이자 중앙위원으로 활동했었다. 2005년 당시 시당은 정파 갈등으로 당 활동이 거의 마비될 정도로 상황이 심각했고, 당 혁신을 위해 지도부가 모두 사퇴하고 비상대책위 체제로 운영하기로 결정한 상태였다.

2006년 정파 간 타협으로 현대자동차노동조합 위원장을 지낸 김광식을 시당위원장으로 선출하고 지도부를 개편했는데, 나는 비대위 위원 활동에 이어 시당 부위원장 활동을 하게 되었다.

326

여전히 정파 갈등이 심각한 상황이어서 시당은 '당 혁신, 개혁'을 부르짖고 있었으나 당장 닥친 주요 현안인 5·31 지방선거에 대한 논의는 공개적으로 진행되지 않았다. 최소한 시장 후보에 대한 당내 토론은 반드시 필요하다고 생각해 공식적으로 거론했으나 그 문제는 징파적으로 알아서 할 일이라는 이유로 거부되었다.

당시 당내에서는 정파별로 후보를 준비하고 있었다. 김창현 전 동구청장의 출마가 예정되어 있었고, 정창윤 전 시당 위원장, 윤인섭 변호사가 후보로 거론되고 있었다. 노샘은 지난 선거 때부터 거론되었으나 본인이 불출마 의사를 분명히 하고 있었다.

나는 시당 부위원장으로 이 상황을 그냥 지켜보고만 있을 수가 없어서 고민을 거듭했지만, 끝내 얻은 결론은 아주 단순하고 상식적인 지혜였다.

나의 계획은 5·31 선거 승리를 위해 어떤 후보가 시장 후보로 가장 적합한지를, 거론되고 있는 모두를 후보군으로 삼아 의견 조사를 하자는 것이었다. 당 혁신과 선거 승리를 위해서는 정파 갈등이 심각한 이 상황에 당을 통합할 수 있는 후보가 좋다고 판단해 이에 적합한 후보가 누구인가에 대해 설문 조사를 진행하자는 것이었다. 외부 영입이 아닌 이상 정파로부터 자유로울 수 없으나 상대적으로 더 당을 통합해 낼 수 있는 후보가 누구인지 함께 발굴하자는 것, 당내 권력을 가진 소수 정파 지도자들 몇몇이 후보를 결정하는 것이 아니라 다수가 결정하자는 것, 그렇게 결정된 분을 후보로 추대하는 방식으로 활동을 전개하자는 것이었다.

그래서 시장 후보 문제를 공론화하기 위한 제안서를 작성해 『울산노동뉴스』에 게재하고 지역 활동가들에게 메일로 보냈다. 그리고 노샘을 만나 제안서를 전달하면서 시장 후보 논의 방향을 설명하고 시장 후보 결정을 함께하자고 제안했다. 이 자리에서 노샘은 출마는 불가하다고 지신의 입장을 말했고 닌 내 방식대로 논의를 공개적으로 발전시켜 가겠다고 했다.

제안서를 발표하자 당내 주요 지도부들(양 정파 모두)은 '뭔 뜬금없는 짓이냐?'는 반응이었다. '쓸데없이 에너지를 낭비하고 있다'는 반응 말이다.

제안서를 발표하고 나서부터 2월 28일까지 지역 활동가 30여 명을 대상으로 10여 명의 시장 후보군 중에 가장 적합한 후보가 누구인지에 대한 의견 조사를 추진했다. 김창현 전 동구청장을 후보로 확정한 분들을 빼고 정파를 초월해서 두루두루 만나 직접 물었다.

이렇게 10여 명 후보군 중에 누가 시장 후보로 출마했으면 좋겠느냐는 질문에 내가 만난 지역 활동가 거의 대부분이 '노옥희가 최상의 후보'라고 말했다.

지역 활동가들의 의견을 확인하면서 적극적인 노샘 지지자들로 추대 소모임을 결성하고 이후 조직적으로 추대 모임 활동을 착착 진행했다. 3월 5일 노샘에게서 출마 거부 의사를 분명히 하는 메일을 받았으나, 추대 모임이 가시화되지 않은 상태에서는 당연한 반응이라 생각하고 추대 모임을 진행했다. 이후 노동 현장 활동가들이 적극적으로 결합하면서 추대 모임 활동은 점차적으로 확대되어 갔다.

그리고 시장 후보로 거론되는 정창윤 전 시당위원장, 윤인섭 변호사를 포함해 지역 활동가 10명과 만났다. 노샘이 출마하지 않겠다는 의사가 확고

328

한데 추대 활동을 하는 것은 바람직하지 않다는 주장과, 출마 여부는 개인적인 문제가 아니므로 조직적·대중적으로 출마를 요구하면 받아들일 거라는 나의 주장이 맞았다. 소득이라면 노샘이 출마를 결심하면 적극적으로 함께하겠다는 것을 확인한 것이었다.

나는 3월 11일 노샘에게 편지를 보냈다. 편지를 통해 지역의 정치적 구심을 형성하기 위해 노샘이 어떤 역할을 할지를 고민해 줄 것을 요구했다. 내용은 대략 다음과 같았다.

(5·31 지방선거 후보 선정 과정에서) 민주노총·민주노동당 등 대중조직의 주인인 대중은 구경꾼·들러리로 전락해 있습니다. 조직 내 대중 토론은 거의 없습니다. 예비 경선에 후보로 누가 나오는지 아무도 모릅니다. 5·31 선거가 중요하다고 대중 집회 때마다 지도부가 마이크를 잡고 외치면서도 정작 5·31 승리에 대해 토론의 장을 열지 않습니다.

정파 지도부에서 정하고 그 구도 속에 줄서기만 강요하면서 진행하고 있습니다.

대중은 새 희망을 열망하고 있습니다.

민주노동당 당원과 민주노총 조합원 모두 우리의 힘을 모아 힘 있게 우리의 권력을 만들어 가기를 열망하고 있습니다. 이 열망을 모아 나가야 합니다.

동지들을 만날 때마다 이런 열망을 확인하고, 제게도 그런 열망이 있어서 지금까지 힘든 줄 모르고 집중해서 추진할 수 있었습니다.

그러고는 3월 13일 오후 7시부터 10시까지 현장 활동가 16명이 모여 추대 소모임을 열고 "5·31 지방선거 어떻게 할 것인가"라는 주제로 토론을 했다. 내가 간단하게 경과를 보고하고 발제했다. 이 자리에서 16명은 대중이 새로운 희망을 갖고 선거에 참여해 이후 정치 세력화의 토대를 쌓기 위해서는 그동안 대중과 함께 활동해 온 노샘의 출마가 필요하다는 게 현장의 분위기임을 확인했다.

토론이 끝나고 시간 여유가 없다는 다수의 판단에 따라 당일 밤 10시경 바로 노샘을 만났다. 화봉동에서 10명의 현장 활동가들이 노샘을 만나 새벽 1시 30분까지 긴 논의를 진행했다. 앞서 진행한 모임의 내용을 전달하고, 민주노총과 민주노동당의 위기를 극복하고 대중이 희망을 갖는 당의 모습으로 혁신하는 계기를 만들기 위해 출마를 호소했다. 노샘은, 그것은 과도한 기대이며 자신 또한 정파적 견해를 가진 사람이기 때문에 정파를 넘어선 통합을 실현하는 데 적절하지 않다고 했다. 그러나 끝내 다수의 사람들이 자신이 적절한 후보라고 판단한다면 그 판단을 따르겠다고 결단해 주었고, 15일로 예정되어 있는 추대 모임에 맡기겠다고 했다. 나는 이때의 감동을 담아 추대 소모임 동지들에게 편지를 보냈다.

마침내 3월 15일, 지역의 동지들 44명이 '노동자·서민의 희망을 만들어 가는 울산시장 후보 추대 모임'을 공식 결성하고 노옥희 동지를 시장 후보로 선출했다. 그리고 16일 전교조에 제안서를 공식 전달했다. "노옥희 동지가 울산 교육위원 선거의 전교조 조직 후보 등의 역할이 아닌 노동자·민중의 희망을 일구어 가는 새로운 역할을 부여받을 수 있도록 논의를 진행해 주시길 바랍니다."라는 내용이었다.

난 그야말로 아주 단순하고 상식적인 지혜, 내가 노동운동을 하면서 배운 기초 상식에 따라 조직적·대중적으로 후보 선출에 임했다. 내가 한 일은 지역 활동가와 현장 활동가 다수가 노샘의 출마를 원하고 있음을 확인하고 그 열망을 조직화해서 노샘에게 출마를 제안한 것이었다. 난 진보 정치 운동은 그렇게 해야 한다고 배웠고, 배운 대로 믿고 실천했다. 그런 진보 정치를 함께할 수 있고 신뢰할 수 있는 분이 노샘이었다.

그러나 노샘은 시장 후보 제안을 수용하면서 당신이 예상한 것보다 훨씬 더 험난한 진보 정치 활동의 가시밭길을 개척해 가는 운명을 맞이하게 되었다. 그러나 어찌하랴.

제대로 된 진보 정치가가 되어야 하는 것이 노샘의 운명이라면 (그리고 그게 우리의 진정한 바람이기에) 노샘이 그런 자신의 운명적 삶을 더 긍정하고 더 행복하게 활동하시길 바랄 뿐이다. 더 멀리 더 넓게 보면 언젠가 그런 날이 올 것이다. 그때 우리 추대 모임의 결정과 노샘의 결정이, 우리 사회를 대표하는 진보적 대중 정치가를 탄생시키기 위한 힘든 산고의 한 과정이었음을 인정받았으면 좋겠다.

그런 날이 빨리 오기를 진심으로 바라고 소망한다. 그날을 위해, 우리는 다시 뛴다. 이제 다시 시작이다.

후마니타스의 책 | 발간순

와이키키 브라더스를 위하여 | 이대근 지음
존 메이너드 케인스 1·2 | 로버트 스키델스키 지음, 고세훈 옮김
존 메이너드 케인스(세트) | 로버트 스키델스키 지음, 고세훈 옮김
시장체제 | 찰스 린드블룸 지음, 한상석 옮김
권력의 병리학 | 폴 파머 지음, 김주연·리병도 옮김
팔레스타인 현대사 | 일란 파페 지음, 유강은 옮김
자본주의 이해하기 | 새뮤얼 보울스·리처드 에드워즈·프랭크 루스벨트 지음,
　　　　　　　　 최정규·최민식·이강국 옮김
한국 정치의 이념과 사상 | 강정인·김수자·문지영·정승현·하상복 지음
위기의 부동산 | 이정전·김윤상·이정우 외 지음
산업과 도시 | 조형제 지음
암흑의 대륙 | 마크 마조워 지음, 김준형 옮김
부러진 화살 | 서형 지음
냉전의 추억 | 김연철 지음
만들어진 현실 | 박상훈 지음
정치와 비전 2 | 셸던 월린 지음, 강정인·이지윤 옮김
현대 일본의 생활보장체계 | 오사와 마리 지음, 김영 옮김
복지한국, 미래는 있는가(개정판) | 고세훈 지음
분노한 대중의 사회 | 김헌태 지음
정치 에너지 | 정세균 지음
워킹 푸어, 빈곤의 경계에서 말하다 | 데이비드 K. 쉬플러 지음, 나일등 옮김
거부권 행사자 | 조지 체벨리스 지음, 문우진 옮김
왜 사회에는 이견이 필요한가 | 카스 R. 선스타인 지음, 박지우·송호창 옮김
초국적 기업에 의한 법의 지배 | 수전 K. 셀 지음, 남희섭 옮김
한국 진보정당 운동사 | 조현연 지음
근대성의 역설 | 헨리 임·곽준혁 엮음
브라질에서 진보의 길을 묻는다 | 조돈문 지음
동원된 근대화 | 조희연 지음
의료 사유화의 불편한 진실 | 김명희·김철웅·박형근·윤태로·임준·정백근·정혜주 지음
대한민국 정치사회 지도(수도권 편) | 손낙구 지음
인권을 생각하는 개발 지침서 | 보르 안드레아센·스티븐 마크스 지음, 양영미·김신 옮김
불평등의 경제학 | 이정우 지음

왜 그리스인가 | 자클린 드 로미이 지음, 이명훈 옮김

민주주의의 모델들 | 데이비드 헬드 지음, 박찬표 옮김

노동조합 민주주의 | 조효래 지음

대한민국 정치사회 지도(집약본) | 손낙구 지음

유럽 민주화의 이념과 역사 | 강정인·오향미·이화용·홍태영 지음

우리, 유럽의 시민들? | 에티엔 발리바르 지음, 진태원 옮김

민주화 이후의 민주주의(개정2판) | 최장집 지음

지금, 여기의 인문학 | 신승환 지음

비판적 실재론 | 앤드류 콜리어 지음, 이기홍·최대용 옮김

누가 금융 세계화를 만들었나 | 에릭 헬라이너 지음, 정재환 옮김

정치적 평등에 관하여 | 로버트 달 지음, 김순영 옮김

한낮의 어둠 | 아서 쾨슬러 지음, 문광훈 옮김

모두스 비벤디 | 지그문트 바우만 지음, 한상석 옮김

진보와 보수의 12가지 이념 | 폴 슈메이커 지음, 조효제 옮김

한국의 48년 체제 | 박찬표 지음

너는 나다 | 손아람·이창현·유희·조성주·임승수·하종강 지음

       (레디앙, 삶이보이는창, 철수와영희, 후마니타스 공동 출판)

정치가 우선한다 | 셰리 버먼 지음, 김유진 옮김

대출 권하는 사회 | 김순영 지음

인간의 꿈 | 김순천 지음

복지국가 스웨덴 | 신필균 지음

대학주식회사 | 제니퍼 워시번 지음, 김주연 옮김

국민과 서사 | 호미 바바 편저, 류승구 옮김

통일 독일의 사회정책과 복지국가 | 황규성 지음

아담의 오류 | 던컨 폴리 지음, 김덕민·김민수 옮김

기생충, 우리들의 오래된 동반자 | 정준호 지음

깔깔깔 희망의 버스 | 깔깔깔 기획단 엮음

노동계급 형성과 민주노조운동의 사회학 | 조돈문 지음

시간의 목소리 | 에두아르도 갈레아노 지음, 김현균 옮김

법과 싸우는 사람들 | 서형 지음

작은 것들의 정치 | 제프리 골드파브 지음, 이충훈 옮김

경제 민주주의에 관하여 | 로버트 달 지음, 배관표 옮김